GERHARD CASPER

Juristischer Realismus und politische Theorie im amerikanischen Rechtsdenken

Schriften zur Rechtstheorie

Heft 10

Juristischer Realismus und politische Theorie im amerikanischen Rechtsdenken

Von

Dr. Gerhard Casper

DUNCKER & HUMBLOT / BERLIN

Gedruckt 1967 bei Frankensche Buchdruckerei, Berlin 65
Printed in Germany

Meinen Eltern

Inhaltsverzeichnis

Vorwort

Die politische Wissenschaft und die Rechtswissenschaft in Amerika haben in den letzten 40 Jahren kaum in einem Dialog gestanden. Die politische Wissenschaft, soweit sie vor allem zu einer empirischen Wissenschaft geworden ist, hat das Interesse an normativen Fragen verloren oder stellt sie auf eine von der Rechtswissenschaft verschiedene Art. Aber auch eine normativ-orientierte politische Theorie neigt dazu, die Rechtswissenschaft als Begriffsjurisprudenz und daher als irrelevant einzuschätzen. Nur der juristische Realismus hat auf die politischen Wissenschaftler eine nachhaltige Wirkung ausgeübt: der Grund hierfür war allerdings, daß er ihnen zu bestätigen schien, was sie ohnehin wußten. Recht und Politik sind dasselbe, und es ist sinnvoller, Recht vom politischen oder wirtschaftlichen als vom juristischen Standpunkt aus zu betrachten. Ich halte dieses Verständnis des Realismus für einseitig. Blickt man aus der heute möglichen Distanz auf ihn zurück, so scheinen naturrechtliche Momente den juristischen Realismus zutreffender zu charakterisieren als sein vorgeblicher Empirismus.

Es hat bis heute nur einen einzigen Versuch gegeben, einen systematischen und empirischen Funktionalismus in der Rechtswissenschaft zu entwickeln; er stellt gleichzeitig die Ausnahme von dem Desinteresse der politischen Theorie gegenüber dem Recht dar: ich meine die Arbeiten von Harold Lasswell, die sich als eine Fortentwicklung des Realismus und eine Überwindung seiner Schwächen verstehen. Lasswells und McDougals „value-oriented jurisprudence“ bricht fast völlig mit der rechtswissenschaftlichen Tradition und setzt eine eklektische „Wissenschaftlichkeit“ an die Stelle, die ihre Grundlage in einem Recht der psychoanalytisch erforschten Sozialnatur des Menschen findet. Der zweite Teil der Arbeit versucht Analyse und Kritik dieses Beitrags der politischen Theorie zur Rechtswissenschaft.

Die Arbeit hat der Rechts- und Staatswissenschaftlichen Fakultät der Albert-Ludwigs-Universität, Freiburg im Breisgau, als Dissertation vorgelegen. Herrn Professor Erik Wolf, meinem Lehrer, bin ich großen

Dank schuldig für die mir gelassene Freiheit und seine wertvolle Kritik. Ebenso danke ich dem Korreferenten, Herrn Professor Horst Ehmke. Das Jahr, das ich als ausländischer Student an der Yale Law School verbracht habe, war eine der wirkungsreichsten Erfahrungen meines rechtswissenschaftlichen Studiums. Professor Lasswell und Professor McDougal danke ich für viele Diskussionen, bei denen ihre Freundlichkeit den Hintergrund für unsere gegenseitige Kritik bildete.

A. Juristischer Realismus

I. Einführende Bemerkung zur rechtstheoretischen Bestimmung des „Legal Realism"

Die seit den siebziger Jahren des 19. Jahrhunderts zum Teil außerordentlich leidenschaftlich geführte Auseinandersetzung um Methodologie und Wertorientierung in der amerikanischen Philosophie[1] und Rechtswissenschaft[2] ist in Deutschland im ganzen wenig beachtet worden[3]. Erst in neuerer Zeit ändert sich dies[4]. Es steht in direktem Gegensatz zu dem Interesse, das die Rechtstheorie in den Vereinigten Staaten von Anfang an der „umfassenden Bewegung"[5] entgegenge-

---

[1] Eine lebendige und kurze Darstellung findet sich in Ludwig *Marcuse*, Amerikanisches Philosophieren, S. 121 ff.

[2] Sehr komprimierte Schilderung in Karl N. *Llewellyn*, Jurisprudence, p. 42 ff. Max *Radin*, Legal Realism, 31 Columbia Law Review 824 (1931); Eugene V. *Rostow*, The Sovereign Prerogative, p. 3 ff.; Julius *Stone*, The Province and Function of Law, p. 412 ff. (es war dem Verfasser nicht mehr möglich, *Stones* dreibändige Neuausgabe zu berücksichtigen; ein Hinweis findet sich im Literaturverzeichnis).

[3] Dies, obwohl bereits 1933 einer der führenden Realisten eines seiner Bücher auf Deutsch veröffentlicht hatte: *Llewellyn*, Präjudizienrecht und Rechtsprechung in Amerika, Leipzig 1933; vgl. dazu jetzt *Llewellyn*, The Common Law Tradition, p. 517.

[4] Zu erwähnen ist insbesondere *Essers* Diskussion von „Grundsatz und Norm" im amerikanischen Recht: Josef *Esser*, Grundsatz und Norm in der richterlichen Fortbildung des Privatrechts, S. 183 ff. Neuestens: die Darstellung der pragmatischen Rechtsphilosophie von Thomas *Löffelholz*, Die Rechtsphilosophie des Pragmatismus. Siehe auch Helmut *Coings* ausführlichen Bericht „Neue Strömungen in der nordamerikanischen Rechtsphilosophie", ARSP 38, 536 (1949). Manfred *Rehbinder*, Karl N. Llewellyn als Rechtssoziologe, Kölner Zeitschrift für Soziologie und Sozialpsychologie 18, 532 (1966).

[5] Gustav *Radbruch*, La théorie anglo-américaine du droit vue par un juriste du continent, Archives de Philosophie de droit 6, 29 (41) (1936).

bracht hat, die mit den Namen Jhering[6], Ehrlich[7], Gény[8], Nussbaum[9], der Freirechtsschule und der Interessenjurisprudenz[10] verbunden ist.

Der amerikanische „Aufstand gegen den Formalismus“[11] lenkt die Aufmerksamkeit von den „paper rules“ auf das faktische Geschehen innerhalb der Rechtsgemeinschaft[12]. Oliver Wendell Holmes, in mancher Weise ein Vorläufer des juristischen Realismus[13], stellt sich auf den Standpunkt des „bösen Menschen“, der sich nicht moralisch durch das Recht verpflichtet fühlt und „keinen Heller für Rechtsgrundsätze oder logische Ableitungen gibt“. Damit kommt er zu einem Rechtsbegriff, der die Voraussage von Gerichtsentscheidungen zum Inhalt hat. „Unser Freund, der böse Mensch“, möchte lediglich wissen, wie sich die Gerichte Massachusetts oder Englands wahrscheinlich verhalten werden: "The prophecies of what the courts will do in fact, and nothing more pretentious, are what I mean by the law[14]."

---

[6] Jerome *Frank* z. B. verweist auf die sich in Deutschland unabhängig vom Realismus entwickelnde Freirechtsschule und hebt den „großen Einfluß“ Jherings auf das amerikanische Rechtsdenken hervor; *Frank*, Law and the Modern Mind, p. 279, 217. Gehen wir weiter zurück, so findet sich bei *Bentley* die Bemerkung: Wer die soziale Funktion des Rechts verstehen will, muß den „Zweck im Recht“ Seite für Seite gelesen haben; Arthur F. *Bentley*, The Process of Government, p. 56 ff. *Holmes*, der über seine Lektüre Buch führte, vermerkte im Dezember 1877, daß er in der deutschen Ausgabe von *Jherings* „Geist des römischen Rechts“ gelesen habe (im Februar desselben Jahres hatte er bereits die französische Übersetzung in der Hand gehabt). Im Oktober 1879 verweist *Holmes* auf die Lektüre der englischen Übersetzung von „Der Kampf ums Recht“; *Holmes*, The Early Readings of Justice Oliver Wendell Holmes, ed. by Eleanor N. Little, 8 Harvard Library Bulletin 163 (197, 202) (1954). Zu dem Einfluß *Jherings* vgl. auch Felix S. *Cohen*, The Legal Conscience, p. 113.

[7] Zu *Ehrlich* vgl. etwa Filmer S. C. *Northrop*, The Complexity of Legal and Ethical Experience, p. 248/249.

[8] *Cardozo* unter vielen anderen beruft sich sehr häufig auf die deutsche Freirechtsschule und *Gény*, er spricht auch von *Jherings* „großem Beitrag zur Rechtslehre“; Benjamin N. *Cardozo*, The Nature of the Judical Process, p. 16 ff., 69 ff., 102. *Génys* Einfluß wird untersucht von Jaro *Mayda*, Gény's Méthode after 60 Years, p. XXXV ff.

[9] *Nussbaum* lehrte nach seiner Vertreibung an der Columbia Law School, wohin ihn Llewellyn geholt hatte.

[10] Weitgehend mit der Interessenjurisprudenz stimmt *Pounds* „sociological jurisprudence“ überein. *Pound* erwähnt *Heck* allerdings nur beiläufig; Roscoe *Pound*, An Introduction to the Philosophy of Law, p. 301; siehe dazu auch W. *Friedmann*, Legal Theory, p. 293. Auf Pound hat *Kohler* einen großen Einfluß gehabt; vgl. dazu *Stone*, op. cit. p. 356.

[11] Morton *White*, Social Thought in America, p. 11.

[12] Siehe z. B. *Llewellyn*, Jurisprudence, p. 23, 53 n.

[13] Der Begriff „Realismus“ wurde zum erstenmal von *Llewellyn*, A Realistic Jurisprudence — The Next Step, 30 Columbia Law Review 431 (1930) verwandt; wieder abgedr. in *Llewellyn*, Jurisprudence, p. 3; vgl. auch p. 47 n. Den Ausdruck „spirit of realism“ verwendet aber z. B. auch *Cardozo* schon 1921; *Cardozo*, op. cit., p. 157.

[14] *Holmes*, Collected Legal Papers, p. 172/173.

Insoweit ist die realistische Rechtstheorie als soziologische Rechtsbetrachtung zu kennzeichnen[15]. Diese Charakterisierung genügt aber nicht, denn es geht um eine umfassende rechtsphilosophische Neubesinnung[16]. Der Versuch des juristischen Realismus, das Verhältnis von Recht und Gesellschaft, Recht und Politik, Recht und Rechtsidee neu zu bestimmen, hat sehr verschiedene Wurzeln. Ebenso wie die vergleichbaren europäischen Strömungen ist er von dem naturwissenschaftlichen Empirismus der Biologie, der Psychologie und der Soziologie beeinflußt. Darüber hinaus besteht eine enge Verbindung zu Ideen der amerikanischen Aufklärung, zu der „Common Law Tradition", zum Utilitarismus, zu der Philosophie des Pragmatismus und zu sozialen Reformbewegungen in den Vereinigten Staaten.

„Pragmatismus", „juristischer Realismus" und „soziologische Rechtsschule" werden im folgenden wesentlich als *ein* Phänomen betrachtet. Damit soll nicht gesagt werden, daß sie eine monolithische Einheit darstellen, sondern daß die gesellschaftliche Bedeutung dieser verschiedenen Strömungen trotz aller Differenzen über Akzentuierungen und trotz der Unbeteiligtheit der meisten amerikanischen Juristen an der philosophischen Fachdiskussion nur verstanden werden kann, wenn man das ihnen Gemeinsame sieht, ohne die Unterschiede zu verwischen. Dieses Gemeinsame läßt sich vielleicht am besten in einer Bemerkung des juristischen Realisten Llewellyn über die „sociological jurisprudence" Roscoe Pounds und über den Pragmatisten Dewey zusammenfassen: "Pound has contributed, for my guess, more than any other individual (unless perhaps John Dewey) to making legal thought in this country result-minded, cause-minded and process-minded[17]." Diese Untersuchung wird allerdings stärkeres Gewicht auf die juristischen Realisten im engeren Sinne legen, von denen Nussbaum schreibt, daß die „realistischen" und „soziologischen" Theorien in Amerika häufig dadurch unterschieden werden, daß man das Attribut realistisch für die radikalere Strömung verwendet[18]. Die Aufmerksamkeit wird den Realisten gelten, weil gerade ihre größere Radikalität gegenüber der rechtswissenschaftlichen Tradition einen schärferen Brennpunkt gewährt.

---

[15] Das von den Realisten entwickelte Verständnis des Rechts gleicht in mancher Weise *Webers* soziologischem Rechtsbegriff; siehe etwa Max *Weber*, Rechtssoziologie, S. 53 ff. *Llewellyn* ist von *Weber* beeinflußt; vgl. *Llewellyn*, Jurisprudence, p. 22, 103.

[16] Das wird von *Llewellyn* in polemischer Absicht bestritten; vgl. *Llewellyn*, The Common Law Tradition, p. 510; ebenso *Llewellyn*, The Bramble Bush, p. 9/10. Siehe dazu aber *Radbruchs* oben zitierten Aufsatz und *Radbruch*, Der Geist des englischen Rechts, S. 54.

[17] *Llewellyn*, Jurisprudence, p. 501. Siehe auch *Pound*, 1 Jurisprudence 249.

[18] Arthur *Nussbaum*, Fact Research in Law, 40 Columbia Law Review 189 (1940).

Eine Studie aus jüngster Zeit[19] gibt einen umfassenden Überblick über die Dogmatik der pragmatischen Philosophie und die Einwirkung ihres Wahrheits- und Wertverständnisses auf die pragmatische Rechtstheorie und ihre Methodik. Die Arbeit ist vornehmlich eine dogmatische Untersuchung[20]. Sie legt das Schwergewicht der Auseinandersetzung auf das Gebiet der Erkenntnistheorie. Obwohl der Pragmatismus vorgibt, im wesentlichen Erkenntnistheorie zu sein, kann diese Methode nicht befriedigen, weil sie das revolutionäre Element der pragmatischen Philosophie nicht hinreichend akzentuiert.

Löffelholz legt zu Recht die Ablehnung jedes absoluten Rechtsbegriffs durch den Realismus dar[21], beachtet dabei aber nicht, daß trotz dieser theoretischen Position historisch gesehen der Pragmatismus die philosophische Schule ist, die mit dazu beigetragen hat, die Ideale politischer Freiheit und sozialer Gerechtigkeit in den Vereinigten Staaten unter veränderten Umständen zu verwirklichen. So paradox es klingt, gerade die „anti-idealistische" pragmatische Philosophie ist wesentlich „naturrechtlich". Und zwar trifft dies in einem doppelten Sinn zu: sie fragt nach dem legitimierenden Grund des positiven, des empirisch vorgefundenen Rechts und nach seinem normierenden Richtmaß[22], sie ist also der Funktion nach Naturrechtslehre. Aber darüber hinaus weist die pragmatische Rechtsphilosophie durch das Absolutsetzen des Experiments auch materiale Naturrechtselemente auf. Nirgends wird dies deutlicher als in Deweys Charakterisierung des liberalen Geistes: "Belief in the conclusions of intelligence as the finally directive force in life; in freedom of thought and expression as a condition needed in order to realize this power of direction by thought, and in the experimental character of life and thought[23]."

Entgegen Löffelholz' Ansicht[24] spielen Vorstellungen von dem, was Recht sein *soll*, eine große Rolle im juristischen Realismus, zwar nicht im Gewande absoluten Rechts, aber nichtsdestoweniger höchst wirkungsvoll. Die Akzentuierung des faktischen Geschehens, die Trennung von Sein und Sollen, dient einer Untersuchung der Bedingungen, unter denen normative Vorstellungen verwirklicht werden können[25]. Vom Richter wird verlangt, daß er, was Holmes seine „rechtspolitischen An-

---

[19] Thomas *Löffelholz*, Die Rechtsphilosophie des Pragmatismus, Meisenheim/Glan 1961.

[20] Lediglich am Anfang weist *Löffelholz* kurz auf die geistesgeschichtlichen Zusammenhänge hin; siehe *Löffelholz*, a. a. O., S. 6 ff.

[21] *Löffelholz*, a. a. O., S. 65 ff.

[22] Dazu Erik *Wolf*, Das Problem der Naturrechtslehre, S. 197.

[23] John *Dewey*, Justice Holmes and the Liberal Mind, in: Mr. Justice Holmes, ed. by Felix Frankfurter, p. 33.

[24] *Löffelholz*, a. a. O., S. 67.

[25] *Llewellyn*, Jurisprudence, p. 39, 55/56.

sichten" (views of public policy) nannte[26], nicht unausgesprochen lasse. Es ist dies für die juristischen Realisten nicht nur ein Erfordernis der Rechtssicherheit, der Berechenbarkeit der Entscheidungen, sondern ein ethisches Gebot. Nur ein bewußtes Abwägen der in den Präjudizien überlieferten „verknöcherten" Ethik einer vergangenen Zeit gegen die menschlichen Nöte der Gegenwart gewährleistet das „richtige" Ergebnis[27]. McDougal sagt von den juristischen Realisten, sie hätten hart gearbeitet, „um gewisse humanitäre und demokratische Ideale von einem mittleren oder relativ geringen Abstraktionsgrad zu verwirklichen, denen die meisten von uns heute zustimmen: Freiheitsrechte, soziale Sicherheit, größere Streuung des Wohlstandes, gesunde Wohnbedingungen, Erhaltung und volle Ausnutzung der Bodenschätze, kollektive Arbeitsverträge, Sicherheit für die Bauern, allgemeine Krankenversicherung, Schutz der Konsumenten, Schutz der Kapitalanlage, billigen und besseren Rechtsschutz usw."[28].

Der Pragmatismus verzichtete auf „hochtrabend-vage Generalitäten" und konzentrierte sich stattdessen auf die Kreatur, „die vom Idealismus so hochmütig übersehen war"[29]. Es muß vorerst offen bleiben, ob dem juristischen Realismus die „Konkretisierung" gelungen ist. Einer vorwiegend erkenntnistheoretischen Kritik des Pragmatismus ist jedenfalls entgegenzuhalten, daß sie das „Anliegen" (und das Wort ist für den Reformeifer z. B. Deweys richtig gewählt) dieser philosophischen Schule verkennt. „Deweys Pragmatismus ist nichts als eine Zerstörungs-Maschine am theoretischen Front-Abschnitt, muß als solche gewürdigt und darf nicht als logische Grundlegung des Neuen Glaubens mißverstanden werden[30]."

---

[26] *Holmes*, The Common Law, p. 35.

[27] Myres S. *McDougal*, Fuller v. American Legal Realists: An Intervention, 50 Yale Law Journal 827 (834) (1941).

[28] *McDougal*, op. cit., p. 835. Den naturrechtlichen Charakter der sozialreformerischen Züge des Realismus hebt auch Friedrich *Kessler*, Natural Law, Justice and Democracy, 19 Tulane Law Review 32 (54) (1944) hervor.

[29] *Marcuse*, Amerikanisches Philosophieren, S. 135.

[30] *Marcuse*, a. a. O., S. 129. Im juristischen Realismus gilt dies etwa für Wesley A. *Sturges*, über den *Northrop* bemerkt, die Anwendung der Methoden der empirischen Wissenschaft auf das Studium von Gesetzen und Fällen habe für ihn in der Folgerung resultiert, daß das Ergebnis von juristischen Entscheidungsprozessen niemals durch Rechtsgrundsätze irgendwelcher Art bestimmt werde und daß die Suche nach Grundsätzen ein bloßer, gefühlsbedingter Überrest der Vergangenheit sei, dessen man sich so schnell wie möglich entledigen sollte; *Northrop*, The Complexity of Legal and Ethical Experience, p. 24. Vgl. dazu *Llewellyn:* „Trotz des Vergnügens, das *Sturges* daran hatte, durch seine Ausdrucksweise zu schockieren, war sein eigenes Werk (sogar auf dem Gebiet der Schiedsgerichtsbarkeit) durch Rechtsregeln bestimmt ..."; *Llewellyn*, The Common Law Tradition, p. 289, n. 284 b. *Garlan*, Legal Realism and Justice, p. 16, bezeichnet die Diskrepanz „between what realists are doing and the impression they give of what they are doing" als unglücklich.

Löffelholz' Auseinandersetzung mit dem pragmatischen Wahrheitsbegriff stützt sich auf das bekannte Argument, daß die pragmatische Erkenntnistheorie ihre Wahrheit nur in der Bewährung, in der konkreten Situation beweisen kann, „daß es folglich unzulässig ist, sie als wahr zu postulieren. So kommt es zu dem Paradox (das in abgewandelter Form für alle relativistische Erkenntnistheorie gilt), daß sie ‚gerade dann nicht wahr sein kann, wenn ihre Anhänger recht haben sollten'[31]."

Es ist die Frage, ob diese Art der Beweisführung zu überzeugen vermag, das kartesianische de omnibus dubitandum est, „je doute donc je suis", überwunden ist[32]. Der Pragmatismus ist insoweit jedenfalls dem Radbruchschen Relativismus entfernt verwandt. Kann er in der Nachfolge Kants Allgemeingültigkeit nur noch dem Formalen zubilligen, so ist ihm doch das Schweigen der theoretischen Vernunft gerade der stärkste Appell an die praktische Vernunft: „Es strebe von euch jeder um die Wette, die Kraft des Steins in seinem Ring an den Tag zu legen[33]." Der Pragmatismus und der juristische Realismus sind ein Versuch, „den Konflikt zwischen einem feststehenden mechanischen Rechtsbegriff und dynamischen, fortschrittlichen politischen Ideen" zu lösen[34].

---

[31] *Löffelholz*, a. a. O., S. 33, 102.

[32] Vgl. dazu Hannah *Arendt*, Vita Activa, S. 267 ff.

[33] *Radbruch*, Rechtsphilosophie, S. 104, benutzt das Lessingzitat, um seine eigene Position zu bezeichnen. Zum Pragmatismus siehe *Marcuse*, a. a. O., S. 126.

[34] Henry Steele *Commager*, The American Mind, p. 374. Vgl. auch die Bemerkung *Wieners:* Trennen wir die wissenschaftlichen und erkenntnistheoretischen von den politischen Aspekten des Pragmatismus, „dann erhalten wir einen engen Positivismus und einen isolierten Individualismus, die unfähig sind, den institutionellen Aspekten von Wissenschaft und Gesellschaft gerecht zu werden"; Philip P. *Wiener*, Evolution and the Founders of Pragmatism, p. 29.

II. „Common Law Tradition" und Aufklärung im juristischen Realismus

1. Llewellyns Unterscheidung von „Grand Style" und „Formal Style"

Der juristische Realismus ist niemals eine organisierte „Schule" gewesen[1], am zutreffendsten wird er als ein „movement"[2] charakterisiert, das sich aus untereinander sehr verschiedenen Denkern zusammensetzt[3]. Gemeinsam war den Realisten vor allem die Ablehnung eines Rechtsverständnisses, das sie als „formal", „autoritär", „logisch" qualifizierten[4]. Sie widmeten sich der kritischen Analyse der vorherrschenden juristischen Methode, um die Juristen „von dem emotionellen Zwang antiquierter juristischer Lehrsätze zu befreien"[5].

Im Mittelpunkt des Interesses steht für die juristischen Realisten der „judicial process", das Verhältnis des Richters zum Präjudiz. In seinem letzten Werk, „The Common Law Tradition — Deciding Appeals"[6], hat Llewellyn zwei verschiedene Entscheidungsstile herausgearbeitet, die er drei Epochen des amerikanischen common law zuordnet: den „Grand Style" für die Zeit von etwa 1820 bis 1860, den „Formal Style" bis um das Jahr 1920, seitdem eine Wiederkehr des „Grand Style"[7].

---

[1] Unter den amerikanischen juristischen Fakultäten begegnete die Yale Law School dem Realismus mit besonderer Aufgeschlossenheit. Zu ihrem Lehrkörper gehörten oder gehören u. a. Thurman W. *Arnold*, Charles E. *Clark*, Felix S. *Cohen*, Walter W. *Cook*, Arthur L. *Corbin*, George H. *Dession*, William O. *Douglas*, Myres S. *McDougal* und Wesley A. *Sturges*.

[2] *Llewellyn*, Jurisprudence, p. 54.

[3] Vgl. auch Grant *Gilmore*, Legal Realism: Its Cause and Cure, 70 Yale Law Journal 1037 (1038) (1961).

[4] *Llewellyn*, op. cit., p. 183, auch p. 53. Vgl. *McDougal*, The Law School of the Future: From Legal Realism to Policy Science in the World Community, 56 Yale Law Journal 1345 (1349) (1946/47).

[5] *McDougal*, Fuller v. American Legal Realists: An Intervention, 50 Law Yale Journal 827 (834) (1941).

[6] Zu „The Common Law Tradition" vgl. die Rezensionen von *Breitel*, *Lasswell* und *Westwood* in 61 Columbia Law Review 931 (1961); Charles E. *Clark* und David M. *Trubek*, The Creative Role of the Judge: Restraint and Freedom in the Common Law Tradition, 71 Yale Law Journal 255 (1961).

[7] Die Unterscheidung dieser Stile findet sich angelegt bereits in *Llewellyns* „Bramble Bush". Dort spricht er von der „orthodoxen" und der „lockeren" Entscheidungsart. Die „orthodoxe" Weise der Behandlung von Präjudizien besteht darin, die Entscheidung eines Falles ganz auf seinen besonderen Sachverhalt zu beschränken, während der „lockere" Stil zur autoritativen Feststellung allgemeiner Rechtsprinzipien bereit ist; *Llewellyn*, Bramble Bush, p. 66 ff.

Der „Grand Style" ist gekennzeichnet durch eine dreifache Überprüfung jedes Präjudiz: (1) Die Autorität des Richters, der die Urteilsbegründung verfaßt hat, wird erwogen; (2) das Präzedenz wird an common law „principles" gemessen; unter „principle" versteht Llewellyn „a broad generalization which must yield patent sense as well as order"[8]; (3) Rechtspolitische Erwägungen über die Wirkungen des Präjudiz und die möglichen Folgen seiner Anwendung werden angestellt. Der „Grand Style" bezeichnet „a functioning harmonization of vision with tradition, of continuity with growth, of machinery with purpose, of measure with need"[9].

Für die Jahre ab 1860 beobachtet Llewellyn das Eindringen einer „orthodoxen Ideologie" in die juristische Methode, eines „Formal Style", der ohne rechtspolitische Erwägungen auszukommen glaubt, „principles" sind nur noch Ordnungselemente, Urteile werden unter Anwendung einer rein deduktiven Logik gewonnen[10].

Eine Überprüfung dieser Einteilung würde eine umfassende rechtshistorische Untersuchung erfordern, die hier nicht vorgenommen werden kann. Sie erscheint auch für eine rechtstheoretische Erörterung erläßlich zu sein, weil wir davon ausgehen müssen, daß die juristischen Realisten die Formalisierung als gegeben betrachten. Für die noch ausführlich zu behandelnde Wirtschaftsrechtsprechung läßt sie sich mit Sicherheit nachweisen, gerade auf den Zusammenhang zwischen wirtschaftlichen Entwicklungen und Begriffsjurisprudenz kommt es aber entscheidend an, denn dies Phänomen beschäftigt die Realisten vor allem.

---

[8] Zu dem Verhältnis von „principle" und „rule" im common law vgl. *Esser*, Grundsatz und Norm in der richterlichen Fortbildung des Privatrechts, S. 195: „...das principle hat im case law die Bedeutung eines materiellen, die rule bestimmenden Leitgedankens."

[9] *Llewellyn*, The Common Law Tradition, p. 36/37. Ein Beispiel für das, was Llewellyn unter „Grand Style" versteht, ist das Votum des New Yorker Richters *Cowen* in „Hartfield v. Roper", einer Schadensersatzklage wegen fahrlässiger Körperverletzung: Ein Kind hatte im Winter auf der Straße gespielt und war von einem Pferdeschlitten überfahren worden, der kurz hinter einer Hügelabfahrt auf das Kind getroffen war. Die Klage wurde mit der Begründung abgewiesen, die Eltern, nicht der Lenker des Schlittens, hätten auf das Kind aufpassen müssen, denn „to keep a constant look out, would be more than a driver could do, even if he were continually standing and driving on a walk ... The roads would thus become of very little use in the line for which they were principally intended"; Hartfield v. Roper, 21 Wend. 614 (618) (N. Y. S. Ct. 1839). *Llewellyn* stimmt der Entscheidung nicht zu, worauf es ihm aber ankommt, ist die Überprüfbarkeit des aufgestellten Rechtssatzes: „If you are a later court, you meet here rules resting on and limited by their reasons. If you do not find those reasons to have been good, or to remain good, and no other adequate reasons occurred to you, then manifestly you have no business going along ..."; *Llewellyn*, op. cit., p. 426.

[10] *Llewellyn*, op. cit., p. 38.

2. Gründe für die Formalisierung des Rechts

a) Das Streben nach Rechtssicherheit

Den Grund für die Formalisierung des Entscheidungsstils sieht Llewellyn unter anderem in dem Bestreben, die Berechenbarkeit des Rechts in einer sich ständig verändernden Umwelt zu vergrößern, wozu das Denken in formal strukturierten Systemen als das geeignete Mittel erscheint, weil es Klarheit und Sicherheit zu gewähren vorgibt[11].

Jerome Frank versucht eine psychoanalytische Deutung, er nimmt „ein subjektives Bedürfnis nach Glauben an eine beständige, annähernd unveränderliche Rechtswelt — die Welt eines Kindes . . .“ an. Das Recht übernimmt die Rolle des Vaters, der für das Kind der unfehlbare Richter ist und der unantastbare Verhaltensregeln aufstellt. Das heißt, erwachsene Menschen haben das Verlangen, durch das Wiederfinden des Vaters die beherrschbare Kinderwelt zurückzugewinnen[12].

Franks psychoanalytische Kritik ist kaum haltbar. Sie übernimmt Begriffe der Individualpsychologie und wendet diese auf gesellschaftliche Phänomene an, ohne die Legitimität dieses Vorgehens zu prüfen. Es ist hier auf Freuds Zurückhaltung gegenüber solchen „Anwendungen“ der Psychoanalyse zu verweisen. Außerdem kann das, was für „Vaterreligionen“ möglich sein mag, kaum gleichermaßen für eine so abstrakte Erscheinung wie das Recht gelten. Selbst wenn man psychoanalytische Kategorien in das Rechtsverständnis einführen wollte, müßte man die Ambivalenz in der Einstellung gegenüber dem Vater berücksichtigen. Schließlich übersieht diese Kritik, daß die Rechtssicherheit, die Berechenbarkeit staatlichen und richterlichen Handelns unabdingbare Voraussetzung jeder Rechtsordnung ist[13].

Llewellyn fragt, wem dieser Ruf nach Beständigkeit und Folgerichtigkeit zustatten kam. Damit lenkt er die Aufmerksamkeit auf die Ver-

---

[11] *Llewellyn*, Jurisprudence, p. 184.

[12] Jerome *Frank*, Law and the Modern Mind, p. 35, 18, 76. Eine nicht ganz unähnliche Interpretation findet sich bei Thurman W. *Arnold*, The Symbols of Government, p. 6, 33 et passim. Vgl. schon *Benthams* Angriffe gegen *Blackstones* Festhalten an Präjudizien, dem er mechanische Verehrung von Altertümern und den Wahn vorwirft, im Recht ein lebendes Geschöpf zu sehen, es zu personifizieren: Jeremy *Bentham*, A Fragment on Government and An Introduction to the Principles of Morals and Legislation, p. 9/10.

[13] *Franks* Thesen haben unter den juristischen Realisten auch keinen Anhang gefunden; vgl. die Kritik bei *Cohen*, The Legal Conscience, p. 178; *Llewellyn*, Jurisprudence, p. 150; siehe auch *Löffelholz*, Die Rechtsphilosophie des Pragmatismus, S. 97 ff. Über Frank im allgemeinen Julius *Paul*, The Legal Realism of Jerome N. Frank; zu den hier erwähnten Fragen insbesondere pp. 33 ff.

bindung zwischen dem Laissez-faire-Kapitalismus und der Formalisierung des Rechts, denn wenn das bestehende Rechtssystem Lösungen für alle Fälle bereit hält, eindeutige Grundlage der Rechtsprechung ist, sind rechtspolitische Erwägungen überflüssig. Laissez-faire „does encourage a feeling for minimum interference“[14].

Weber hat darauf hingewiesen, daß die Rationalisierung und Systematisierung des Rechts eine der wichtigsten Vorbedingungen für ökonomische Dauerbetriebe ist, speziell solche kapitalistischer Art, die der juristischen „Verkehrssicherheit“ bedürfen[15]. Auch der Zusammenhang zwischen einer Überbewertung der formalen Rechtssicherheit und der Wahrung des wirtschaftlichen status quo ist oft hervorgehoben worden[16]. Das „feeling for minimum interference“ wurde in den Vereinigten Staaten noch durch den Einfluß des Sozialdarwinismus verstärkt. Traditioneller Individualismus, Laissez-faire und Spencers Philosophie gingen gemäß Hofstadters Formulierung Hand in Hand[17]. Für die Sozialdarwinisten war der uneingeschränkte „Kampf ums Dasein“, die „natürliche Zuchtwahl“, das Mittel zur Verwirklichung des größten Glücks für alle[18]. Der Versuch, Armut und Elend zu beseitigen, wurde als Widerspruch zur natürlichen Evolution bekämpft[19]. Pragmatismus und juristischer Realismus hatten einen entscheidenden Anteil an dem Unternehmen, „den Darwinismus den Händen der Sozialdarwinisten zu entwinden“[20].

---

[14] *Llewellyn*, op. cit., p. 185/186.

[15] *Weber*, Rechtssoziologie, S. 278.

[16] In Deutschland ist an die sozialreformerischen Argumente der Freirechtsbewegung gegen eine starre Anwendung des Gesetzes zu denken.

[17] Richard *Hofstadter*, Social Darwinism in American Thought, p. 46; auch Bernard *Crick*, The American Science of Politics, p. 37 ff. Zu den juristischen Aspekten siehe insbesondere Thurman W. *Arnold*, The Folklore of Capitalism; etwa das Kapitel über „The Personification of Corporation“: “The laissez faire religion, based on a conception of a society composed of competing individuals, was transferred automatically to industrial organizations with nation-wide power and dictatorial forms of government”; op. cit., p. 189.

[18] Vgl. etwa Herbert *Spencer*, Social Statics, p. 322 ff; William Graham *Sumner*, The Challenge of Facts, p. 90.

[19] *Sumner*, op. cit., p. 207.

[20] *Hofstadter*, op. cit., p. 5. Die erste Antwort auf den Sozialdarwinismus gab Lester *Ward* mit einem Werk, dessen Titel schon seine Tendenz verrät: „Dynamic Sociology“. *Ward* würdigt zwar *Spencers* Evolutionstheorie, insoweit sie die kausale Verknüpfung aller natürlichen Phänomene erkennt, kritisiert aber scharf die Passivität, die der Natur alle Änderungen überläßt: „Bevor wir wahre Gesellschaftswissenschaft treiben können, müssen wir eine zusätzliche Anstrengung machen und die aktiv-dynamische Stufe erreichen, auf der gesellschaftliche Phänomene als der vernünftigen Kontrolle durch die Gesellschaft in ihrem eigenen Interesse zugänglich erachtet werden“; Lester F. *Ward*, 1 Dynamic Sociology VI.

b) Die „naturwissenschaftliche“ Forderung nach exakter Beweisbarkeit

Die von Llewellyn beobachtete Entwicklung einer rein fachjuristischen, „Systeme“ konstruierenden Logik ist allerdings nicht auf bloß wirtschaftliche Ursachen zu reduzieren. Sie findet ihren Grund paradoxerweise auch in der Übernahme des Empirismus durch die Rechtswissenschaft, die zunächst eben gerade nicht zur Beobachtung von „Tatsachen“, sozialen Phänomenen, historischen Entwicklungen geführt hatte. Jerome Frank gibt hierfür ein Beispiel aus einem 1889 erschienenen juristischen Lehrbuch: „Juristische Methodik stellt ab auf Beobachtung der äußeren Erscheinungen und das heißt der Gesetze und insbesondere der Entscheidungen. Sie formuliert dann das ihnen zugrundeliegende unsichtbare Gesetz[21].“ Erik Wolf hat dieses für die positivistische Begriffsjurisprudenz in Deutschland und die Formalisierung der juristischen Methode in Amerika gleichermaßen zu beobachtende Phänomen damit erklärt, daß die neue Forderung nach „sicherer Abgrenzung des Stoffgebietes“ zu einer Isolierung der Rechtswelt führte, während die weitere Forderung nach exakter Beweisbarkeit auch rechtswissenschaftlicher Aussagen die Juristen zu einer Überschätzung und Überspitzung der logischen Konstruktion verführte, „wo es doch gerade zu einer Umwandlung der Jurisprudenz in eine ‚Tatsachenwissenschaft‘ kommen sollte“[22].

3. Der analytische Positivismus

a) Die realistische Kritik an der „command theory“

In England hatte die Auseinandersetzung des Empirismus mit den mittelalterlichen Überlieferungen des common law ihren Ausdruck in Benthams Forderung nach gesetzgeberischen Reformen und Austins Versuch, eine systematische „jurisprudence“ zu entwickeln, gefunden[23]. Austins analytischer Positivismus wurde in der Folgezeit im ganzen englischen Sprachraum als rechtswissenschaftliche Theorie einflußreich. Auch der juristische Realismus folgte Hobbes, Bentham und Austin in der Trennung von Recht und Moral[24], allerdings nur um die soziolo-

---

[21] *Frank*, Law and the Modern Mind, p. 97; siehe auch Walter W. *Cook*, Scientific Method and the Law, 13 American Bar Association Journal 303 (308) (1927). *Cook* weist darauf hin, daß das Bestreben, umfassende Naturgesetze zu entdecken, die auf alle denkbaren Fälle anwendbar sind, aus der Naturwissenschaft des 20. Jahrhunderts verschwunden sei. Das juristische Denken sei insoweit immer noch in naturwissenschaftlichen Vorstellungen des 19. Jahrhunderts befangen; op. cit., p. 307.

[22] Erik *Wolf*, Große Rechtsdenker der deutschen Geistesgeschichte, S. 625.

[23] Vgl. dazu Julius *Stone*, The Province and Function of Law, p. 56.

[24] *Bentham*, A Fragment on Government and An Introduction to the Principles of Morals and Legislation, p. 95 ff.; John *Austin*, The Province of Jurisprudence Determined, p. 184 ff. Dazu H. L. A. *Hart*, Positivism and the Separation of Law and Morals, 71 Harvard Law Review 593 (600) (1958).

gische Erscheinung des Rechts zu erfassen, nur „zeitweilig", wie Llewellyn sagt[25], und im vollen Bewußtsein, daß das Recht „the witness and external deposit of our moral life" sei[26]. Im übrigen war der britische Empirismus den Realisten nicht empirisch genug[27]. Sie kritisierten sowohl Austins Befehlstheorie wie auch sein Vertrauen auf die „logische" Deduzierbarkeit des Rechts.

Austins „command theory" zufolge ist alles positive Recht von einem Monarchen oder einer souveränen Körperschaft mit Geltung für einen einzelnen oder mehrere Personen gesetzt, die zu seinem Autor in einem Unterwerfungsverhältnis stehen. Dies gilt auch für überliefertes Recht, denn mit Hobbes ist nicht derjenige Gesetzgeber, kraft dessen Autorität das Recht zunächst geschaffen wurde, sondern der gegenwärtige Souverän, kraft dessen Autorität es fortgilt[28]. In einer seiner frühesten Veröffentlichungen bezieht Holmes bereits Stellung gegen Austin, indem er darauf verweist, daß die Anwälte unter „Recht" nur von den Gerichten anerkanntes Recht verständen, weil es allein praktische Bedeutung für sie habe. Zwar sei es richtig, daß Rechtssätze, denen auf diese Weise Geltung verschafft werde, nicht in allen Fällen in ihrer Wirksamkeit von den Gerichten abhingen, dennoch sei es eine bloße Fiktion anzunehmen, daß sie philosophisch oder rechtlich notwendig als Recht von dem Willen des Souveräns herrührten. Die Befehlstheorie wird in seinen Augen der rechtsschöpferischen Tätigkeit der Gerichte nicht gerecht[29].

---

[25] *Llewellyn*, Jurisprudence, p. 55.

[26] *Holmes*, Collected Legal Papers, p. 170.

[27] Morton *White*, Social Thought in America, p. 24.

[28] *Austin*, op. cit., p. 193; siehe auch p. 133. Vgl. *Hobbes*, Leviathan, ch. 26.

[29] *Holmes*, Review of Frederic Pollock, Law and Command, in 6 American Law Review 723 (1872); vgl. auch den Brief *Pollocks* an *Holmes* vom 3. Juli 1874 in Mark DeWolfe Howe (ed.), 1 Holmes-Pollock Letters 3. Zur modernen, nicht „realistischen" Kritik an der Befehlstheorie siehe *Hart*, op. cit., p. 603 ff. Es wird in der Auseinandersetzung allerdings häufig übersehen, daß *Austin* keine „unrealistische« Einstellung zu der Rolle der Gerichte hatte. In „The Province of Jurisprudence Determined" etwa nimmt *Austin* kritisch zu einer Entscheidung Lord *Mansfields*, den er selbst einen „großen Mann" nennt, Stellung, um dann sofort zu versichern, daß er nicht etwa dagegen Einwendungen mache, daß *Mansfield* die Aufgaben des Gesetzgebers wahrgenommen habe. Ausdrücklich kritisiert er *Benthams* Begriff des „judge-made law", „denn ich halte es für unverständig, etwas mit einem Mißachtung andeutenden Namen zu benennen, was mir außerordentlich nützlich, ja sogar absolut notwendig zu sein scheint". Und ein wenig später sagt *Austin:* „Ungeachtet meiner großen Bewunderung für Mr. Bentham bin ich der Ansicht, daß er die Richter nicht dafür hätte tadeln sollen, daß sie als Gesetzgeber fungiert haben, sondern dafür, daß sie es auf eine so ängstliche, enge Weise getan haben, die nichts als Stückwerk geschaffen hat"; *Austin*, op. cit., p. 191. Vgl. hierzu auch Erik *Wolf*, Das Problem der Naturrechtslehre, S. 157/158. *Austin* hat jedoch nicht analysiert, in welcher Weise das „judicial law making" vor sich gehen solle; dazu vgl. W. *Friedmann*, Legal Theory, p. 216.

Es ist diese rechtsschöpferische Tätigkeit der Gerichte, die die juristischen Realisten gegen Austins systematisch-analytischen Versuch kämpfen ließ, den „Bereich der Jurisprudenz“ abstrakt zu bestimmen, sie hielten nichts von Austins „System“, dem „organischen Ganzen“, der „Landkarte“ des Rechts[30], sie bezweifelten den Nutzen der von Austin geforderten Übungen im Deduzieren und Treffen von Analogieschlüssen[31].

b) Die Kritik an der Isolierung der Rechtswelt vom Gesellschaftsprozeß

Indem der Realismus hervorhebt, daß das Recht nichts anderes als ein bestimmter Aspekt des allumfassenden Gesellschaftsprozesses sei[32], wendet er sich gegen die Isolierung und Absperrung der Rechtswelt. Dies ist die Grundlage von Holmes' Bemerkung, daß das Wachstum des Richterrechts seinem Wesen nach gesetzgeberischer Natur sei. “The very considerations which judges most rarely mention ... are the secret root from which the law draws all the juices of life. I mean, of course, considerations of what is expedient for the community concerned. Every important principle which is developed by litigation is in fact and at bottom the result of more or less definitely understood views of public policy; most generally, to be sure, under our practice and traditions, the unconscious result of instinctive preferences and inarticulate convictions but none the less traceable to views of public policy in the last analysis[33].”

Der Zusammenhang zwischen dem Recht und dem „process of government“ wurde besonders von Bentley, einem der bisher am wenigsten gewürdigten pragmatisch-realistischen Denker betont[34]. Bentley versteht Recht als einen Prozeß von Wechselwirkungen, die zwischen Gruppenanschauungen und Regierungsverhalten stattfinden. Recht ist „activity“[35], ein Gruppenprozeß, Formung, Systematisierung, Kampf

---

[30] *Austin*, op. cit., p. 379.

[31] *Austin*, op. cit., p. 386/387.

[32] Eine der umfassendsten Formulierungen ist die von Woodrow *Wilson*, The Law and the Facts, 5 American Political Science Review 1 (1911): „Das Recht folgt den Tatsachen, aber Recht und Tatsachen sind aufeinander bezogen: nicht im Sinne von Ursache und Wirkung, sondern vielmehr als das Leben und seine Interpretation.“

[33] *Holmes*, The Common Law, p. 35/36.

[34] *Llewellyn* schrieb kurz vor seinem Tode: „Unglücklicherweise ist Bentleys 1908 erschienenes Buch ‚The Process of Government‘ ein Beispiel für unbeachtet gebliebene Veröffentlichungen.“ *Llewellyn* meint, daß die Entwicklung mit *Bentley* schon 1932 ihren gegenwärtigen Stand hätte erreichen können; *Llewellyn*, The Common Law Tradition, p. 14. Zu *Bentley* vgl. neuerdings Leo *Weinstein*, The Group Approach: Arthur F. *Bentley*, in Herbert J. Storing (ed.), Essays on the Scientific Study of Politics, p. 153 ff.

[35] *Bentley*, The Process of Government, p. 276.

und Ausgleich von Gruppeninteressen[36]. Bentley erläutert dies an dem Beispiel der in den kritischen ersten Jahren der Union mit Hilfe einer extensiven Auslegung der Verfassung vom Obersten Gerichtshof unter der Präsidentschaft John Marshalls vorgenommenen Stärkung des Bundes gegenüber den Einzelstaaten[37]. Man könne, was wirklich geschah, nur erfassen, wenn man sich einer Analyse der großen Interessengruppen widmet, die sich auf dem für die Rechtsentwicklung kritischen Gebiet betätigten; wenn man untersucht, auf welche Weise sich die Nation in den Persönlichkeiten der Richter und ihren Entscheidungen widerspiegelte; und wenn man schließlich dies alles begreift als ein druckerzeugendes Zusammenspiel von Fällen, Verfassungstheorien, Präjudizien und Menschen. Hätte die Wirklichkeit der Interessengruppierungen Marshalls Anschauungen nicht entsprochen, so wären seine Entscheidungen umgestoßen worden. „Nicht weil irgendeine andere Verfassungstheorie besser gewesen wäre, ... sondern kraft der zugrundeliegenden Interessen, die in eine Theorie alle Logik hineinpumpen, derer sie fähig ist[38]."

---

[36] *Bentley,* op. cit., p. 272.

[37] Zu den wichtigsten Entscheidungen gehören „McCulloch v. Maryland" und „Gibbons v. Odgen". In dem ersten Fall ging es darum, ob die Errichtung der zweiten „Bank of the United States", deren das Großkapital begünstigende Kreditpolitik außerordentlich umstritten war, mit der Verfassung übereinstimme und, wenn dies der Fall wäre, ob die Einzelstaaten das Recht hätten, die Bank zu besteuern. *Marshall* bejahte die erste Frage, obwohl die amerikanische Verfassung dem Bund das Recht, eine Bank zu errichten, nicht ausdrücklich einräumt, und verneinte die zweite unter Benutzung der berühmt gewordenen Formel „The power to tax involves the power to destroy"; McCulloch v. Maryland, 4 Wheaton 316 (431) (1819). Der zweite Fall betraf ein von New York gesetzlich verliehenes Dampfschifffahrtsmonopol für Schiffahrtslinien, die auch den Staat New Jersey berührten. Auf Grund eines Bundesgesetzes war Gibbons eine das Monopol einschränkende Lizenz gewährt worden, die vor einem New Yorker Gericht angegriffen wurde. *Marshall* entschied, das New Yorker Gesetz verletze das Recht des Bundes, den „interstate commerce" zu regeln; „commerce" sei nicht der bloße Handel; Gibbons v. Ogden, 9 Wheaton 1 (1824).

[38] *Bentley,* op. cit., p. 389/390. Charles A. *Beard* unternahm fünf Jahre nach *Bentleys* „The Process of Government" die berühmt gewordene, in ihrer Einseitigkeit aber schon früh kritisierte „economic interpretation" der amerikanischen Verfassung, die er als das Produkt rein wirtschaftlicher Interessenkämpfe verstand: "The social structure by which one type of legislation is secured and another prevented — that is, the constitution —, is a secondary or derivative feature arising from the nature of the economic groups seeking positive action and negative restraint"; *Beard,* An Economic Interpretation of the Constitution of the United States, p. 13. Es ist nicht uninteressant, daß beide, *Bentley* und *Beard,* rühmend auf *Lassalle* und *Jhering* Bezug nehmen; *Bentley,* op. cit., p. 296, 56 ff.; *Beard,* op. cit., p. 14. Die erste umfassende kritische Analyse des Zusammenhangs von Wirtschaft und „institutions" in Amerika stellt Thorstein *Veblens* 1899 erschienenes Werk „The Theory of the Leisure Class" dar; vgl. insbesondere p. 188 ff. über „Industrial Exemption and Conservatism". Siehe aber auch schon James *Madison,* The Federalist Nr. 10, Jacob E. Cooke (ed.), The Federalist, p. 58/59.

Bentleys Kategorien „Prozeß", „Gruppe", „Interesse" sowie die Wechselwirkungen zwischen ihnen bleiben freilich im einzelnen ungeklärt. Die Stadien des „process of government", die Art und Weise, wie es zu einem Interessenausgleich kommt, werden ebensowenig erläutert wie das, was man unter dem „Gruppeninteresse" und unter einer „Interessengruppe" zu verstehen hat[39]. Es wird lediglich ein Eindruck von der ununterbrochenen Bewegung des Gesellschaftsprozesses, von andauernder „activity", vermittelt. Bentleys „The Process of Government" ist insoweit ein typisches Beispiel für die Betonung der dynamischen Elemente in der Rechtsentwicklung[40]. Das Recht ist selbst ein Prozeß, in ständiger Veränderung befindlich, und nichts anderes als ein Teil des allumfassenden Gesellschaftsprozesses. Indem Pragmatismus und Realismus die Geschichtlichkeit des Rechts hervorheben[41], es als eine unendliche Reihe von Experimenten für die Lösung menschlicher Konflikte verstehen[42], wollen sie die Illusion zerstören, das Recht sei ein den Gesetzen der Logik folgendes System.

4. „Logic" und „experience" in der Rechtsentwicklung

a) Die Identifizierung von „Logik" mit syllogistischen Schlüssen

Gegen den analytischen Positivismus wendet sich Holmes in den berühmten Einleitungssätzen zu „The Common Law": "It is something to show that the consistency of a system requires a particular result, but it is not all. The life of the law has not been logic: it has been experience. The felt necessities of the time, the prevalent moral and political theories, intuitions of public policy, avowed or unconscious, even the prejudices which judges share with their fellow-men, have had a good deal more to do than the syllogism in determining the rules by which men should be governed. The law embodies the story of a nations development through many centuries, and it cannot be dealt with as

---

[39] Vgl. die Kritik *Weinsteins*, op. cit., insbesondere p. 191 ff.

[40] Norman *Jacobson* hat kürzlich gezeigt, daß man vorsichtig sein muß, wenn man den Mangel an systematischer Erklärung in *Bentleys* Werk kritisiert. *Jacobson* argumentiert, daß es *Bentley* vor allem darum ging, die wesentliche Offenheit, Indeterminiertheit des politischen Prozesses zu betonen; *Jacobson*, Causality and Time in Political Process: A Speculation, 58 American Politican Science Review 15 (1964).

[41] Dies führt zu einer besonderen Akzentuierung der Rechtsgeschichte: "The rational study of law is still to a large extent the study of history. History must be a part of the study, because without it we cannot know the precise scope of rules which it is our business to know. It is a part of the rational study, because it is the first step toward an enlightened scepticism, that is, towards a deliberate reconsideration of the worth of those rules"; *Holmes*, Collected Legal Papers, p. 186/187; siehe auch *Holmes*, The Common Law, p. 2.

[42] *Frank*, Law and the Modern Mind, p. 98.

if it contained only the axioms and corollaries of a book of mathematics[43]."

Wie diese Stellungnahme gegen die „Logik" zu interpretieren ist, soll im folgenden untersucht werden. Die beiden zuletzt zitierten Sätze erläutern, was Holmes unter „Logik" versteht: es ist das Denken in Syllogismen, die formale Folgerichtigkeit, das Gewinnen einer Schlußfolgerung aus der Subsumtion eines Untersatzes unter einen Obersatz. Die Konfrontierung von „logic" und „experience" bedeutet nicht, daß die Rechtsentwicklung als ein irrationales Geschehen aufgefaßt wird, sondern daß eine Denkweise, die die Begriffe von den durch sie ausgedrückten Sachverhalten isoliert, dem „good sense" gegenübergestellt wird: "The whole outline of the law is the resultant of a conflict at every point between logic and good sense — the one striving to work fiction out to consistent results. The other restraining and at last overcoming that effort when the results become too manifestly unjust[44]." Holmes behauptet also nicht, daß das juristische Denken ohne Logik auskommen könne[45], sondern verwirft eine Art des Deduzierens, die keine Rücksicht auf das Ergebnis nimmt[46]. Holmes' „rule skepticism" enthält zwei Elemente: (1) Er richtet sich gegen die „illusion of certainty"[47] und fordert (2) einen „enlightened skepticism", das heißt eine „deliberate reconsideration of the worth of those rules"[48].

b) Die Unmöglichkeit bloßer Subsumtion

aa) Verschiedene „precedent techniques"

In „The Common Law" schreibt Holmes: "The official theory is that each new decision follows syllogistically from existing precedents[49]." Holmes, wie nach ihm die gesamte realistische Literatur, hält diese Theorie für „gefährlich"[50], weil sie die Illusion hervorruft, juristisches

---

[43] *Holmes*, op. cit., p. 1.

[44] *Holmes*, Collected Legal Papers, p. 50. Der Angriff gegen die „Logik" ist ein Angriff gegen die „Begriffsjurisprudenz". *Jherings* „juristischer Begriffshimmel" taucht in der Auseinandersetzung des juristischen Realismus mit dem analytischen Positivismus immer wieder auf; vgl. z. B. *Cohen*, The Legal Conscience, p. 33/34.

[45] *Holmes*, op. cit., p. 180.

[46] Vgl. dazu John *Dewey*, Logical Method and Law, 10 Cornell Law Quarterly 17 (20/21) (1925); Felix S. *Cohen*, Ethical Systems and Legal Ideals, p. 38 ff.

[47] *Holmes*, op. cit., p. 126.

[48] *Holmes*, op. cit., p. 186/187.

[49] *Holmes*, The Common Law, p. 35.

[50] *Holmes*, Collected Legal Papers, p. 180.

Denken sei mit mathematischem Denken identisch[51]. Die Realisten heben hervor, daß der Richter eine Vielzahl von Verhaltensmöglichkeiten gegenüber einem Präjudiz habe, seine Entscheidung durch sehr verschiedene Faktoren bestimmt werde. Llewellyn unterscheidet vierundsechzig „precedent techniques“, das heißt Arten der Anwendung oder Vermeidung von Präjudizien. Dazu gehören das strenge Befolgen des in einem Präzedenzfall aufgestellten Rechtssatzes, der rule; seine bewußte Erstreckung auf einen neuen Sachverhalt; das Fehlen eines Präzedenzfalles wird als Anlaß genommen, das behauptete Recht zu verneinen; das Fehlen eines widersprechenden Präzedenzfalles wird als Anlaß genommen, das behauptete Recht zu gewähren; dem Präjudiz wird ein Rechtsgrundsatz entnommen, der bisher nicht formuliert worden war; ein dictum wird als Rechtssatz zitiert und angewandt; der Sachverhalt des zu entscheidenden Falls wird von dem des Präzedenzfalls unterschieden (to distinguish); die rule des Präjudiz wird auf einen bestimmten Sachverhalt beschränkt; die rule des Präjudiz wird als Fehlanwendung des ihr zugrundeliegenden Rechtsgrundsatzes interpretiert; ein Präjudiz wird aufgegeben (to overrule)[52].

bb) Konkurrierende „rules“

Die Realisten verweisen darauf, daß logisch jedes Präjudiz ebenso viele rules enthalten könne, wie Kombinationen einzelner Sachverhaltselemente möglich sind[53]. Insbesondere heben sie immer wieder hervor,

---

[51] *Holmes*, op. cit., p. 126; ders., The Common Law, p. 1.

[52] *Llewellyn*, The Common Law Tradition, p. 77 ff.; vgl. auch *Friedmann*, Legal Theory, p. 431 ff.

[53] *Cohen*, op. cit., p. 35. *Stone*, op. cit., p. 187/188 zeigt dies an Hand des englischen Falls „Donoghue v. Stevenson“, (1932) A. C. 579. In diesem berühmten Fall war nach dem Konsum in einer undurchsichtigen „ginger beer“-Flasche eine tote Schlange gefunden worden. Die Klägerin erlitt eine Gesundheitsschädigung, für die sie den Produzenten erfolgreich in Anspruch nahm. *Stone* legt dar, daß „logisch“ eine Vielzahl verschiedener „rules“ aus „Donoghue v. Stevenson“ folgen könne: Die ersten der Alternativen *Stones* machen die Haftung davon abhängig, daß eine tote Schlange oder überhaupt eine Schlange oder irgendein unangenehmer fremder Gegenstand überhaupt oder irgendeine unerwartete Eigenschaft vorhanden sei in einer undurchsichtigen Flasche oder in irgendeiner Getränke enthaltenden Flasche oder in irgendeiner für den Konsum bestimmten beweglichen Sache oder in jeder beweglichen Sache, die für den menschlichen Gebrauch bestimmt ist, oder in jeder Sache überhaupt (also auch in Grundstücken und Gebäuden). —

Stone erkennt natürlich, daß die „creative evaluation“ zwischen „wesentlichen“ und „unwesentlichen“ Sachverhaltselementen unterscheidet, diese Unterscheidung ist aber eben „evaluation“, keine „mechanical application“ mehr. Die Entscheidung begründete in England die unmittelbare Haftung des Produzenten als „neighbour in law“, weil er die Folgen seines Verhaltens für den Konsumenten mit erwägen muß, bzw. weil er allein die Kontrolle über den in Massenproduktion erzeugten Artfkel ausübt. Der entsprechende amerikanische Fall wird noch zu erwähnen sein.

daß eine bloße Subsumtion bei einander widersprechenden Entscheidungen oder Rechtsgrundsätzen auf keine Weise zu vollziehen sei[54]. Bemühen sich die Anwälte der einander bekämpfenden Parteien, den Richter zu einer bestimmten Begründung seines Urteils zu bewegen, so gibt es, wie Cook darlegt, kein zwingendes Gesetz reiner Logik, das ihn nötigen würde, einer der beiden Begründungen den Vorzug zu geben. In dieser logischen Situation bleibt dem Richter nichts anderes übrig, als den Gesetzgeber zu spielen[55].

cc) Die Forderung nach einer genauen Analyse juristischer Begriffe

Die einfache Subsumtion scheitert aber auch an den sprachlichen Mehrdeutigkeiten, die viele Rechtssätze enthalten, oder an der Ungenauigkeit juristischer Begriffe[56]. Dieser Aspekt der „illusion of certainty" zeigt, daß die juristischen Realisten weit davon entfernt waren, „begriffliche" Probleme zu unterschätzen. Dem Vorschlag von Wesley Newcomb Hohfeld folgend, hat der Realismus immer wieder eine genaue Analyse juristischer Begriffe gefordert[57]. Hohfelds Unterscheidung von „jural opposites"[58] und „jural correlates"[59] schließt in einer Weise

---

[54] Das am häufigsten genannte Beispiel ist der Gegensatz von „pacta sunt servanda" und „clausula rebus sic stantibus". Probleme der Subsumtion sind wegen der Fülle relevanter, wenn auch nicht im strengen Sinne „bindender" Entscheidungen (authorities) in den Vereinigten Staaten besonders ausgeprägt. Für den Richter in New York z. B. haben Urteile der Gerichte anderer Einzelstaaten und des Bundes sowie Englands und des übrigen Commonwealth zumindest rechtsvergleichende Bedeutung. Grant *Gilmore*, Legal Realism: Its Cause and Cure, 70 Yale Law Journal 1037 (1047) (1961) sieht in dem Ruf nach „Vereinfachung" die Hauptursache des juristischen Realismus. Vgl. auch *Cook*, Scientific Method and the Law, 13 American Bar Association Journal 303 (1927). *Gilmores* These ist zu einseitig, siehe dazu Charles E. *Clark* und David M. *Trubek*, The Creative Role of the Judge: Restraint and Freedom in the Common Law Tradition, 71 Yale Law Journal 255 (267) (1961).

[55] *Cook*, op. cit., p. 308; vgl. auch Herman *Oliphant*, A Return to Stare Decisis, 14 American Bar Association Journal 71 (1928); ebenfalls John Chipman *Gray*, The Nature and Sources of the Law, p. 99/100.

[56] Vgl. dazu etwa Myres S. *McDougal* and Associates, Studies in World Public Order, p. 80 ff.

[57] Siehe Wesley Newcomb *Hohfeld*, Some fundamental legal conceptions as applied in judicial reasoning, 23 Yale Law Journal 16 (1913/14). Zu *Hohfeld* vgl. Manfred *Moritz*, Über Hohfelds System der juristischen Grundbegriffe, passim.

[58] „Jural opposites" nennt *Hohfeld* einander ausschließende Begriffe: „right" und „no-right", „privilege" und „duty", „power" und „disability", „immunity" und „liability". Es geht ihm darum, den niedrigsten „gemeinsamen Nenner" rechtlicher Erscheinungen zu finden.

[59] „Jural correlates" umfassen die beiden notwendigen Seiten eines „Rechtsverhältnisses": „right" und „duty", „privilege" und „no-right", „power" und „liability", „immunity" und „disability". Siehe *Hohfeld*, op. cit., p. 30.

unmittelbar an Austins sprachanalytische Bemühungen an[60] und erinnert außerdem an Windscheid[61]. In neuester Zeit haben diese Untersuchungen zu einer eingehenden Beschäftigung mit der von Bertrand Russell und Wittgenstein beeinflußten britischen Sprachphilosophie, insbesondere der symbolischen Logik geführt[62].

Ein anderes Beispiel für die von den Realisten verlangte Analyse juristischer Kategorien ist die Kritik an Begriffen, die deshalb irreführen, weil Bezeichnung und Funktion divergieren, ein „misnomer“ vorliegt. Dies kann an dem Problem des Kausalzusammenhangs im Schadensersatzrecht exemplifiziert werden. Daß kein Urteil „a ist kausal für b“ ohne Beziehung auf Wertvorstellungen für einen Ordnungszweck sozialer Art brauchbar sein kann, wurde in der amerikanischen Rechtssprechung in dem Fall „Palsgraf v. Long Island Railroad“ erkannt. Die Klägerin war auf einem Bahnhof der Long Island Railroad von einer Waage verletzt worden, die infolge einer Explosion an dem entgegengesetzten Ende des Bahnsteigs umstürzte. Zu dieser Detonation war es gekommen, als jemand auf einen fahrenden Zug springen wollte und ein Bahnbeamter bei dem Versuch, dem Mann in den Wagen zu helfen, ihm versehentlich ein Paket mit Explosionskörpern aus der Hand schlug. Für die rechtliche Beurteilung ging es nach common law an sich darum, ob die schadenstiftende Handlung eine „proximate“ oder „remote“ cause war (die Problematik entspricht unserem „adäquaten Kausalzusammenhang“). Richter Cardozo führte in seiner Urteilsbegründung aus, es handele sich nicht um eine Frage der Kausalität, sondern darum, ob der Klägerin in diesem Fall ein Anspruch auf Schadensersatz ge-

---

[60] Auch hier ist allerdings *Benthams* fortwirkender Einfluß zu berücksichtigen, insbesondere dessen „Theory of Fictions“. Vgl. dazu im einzelnen die Einführung von C. K. *Ogden*, Bentham's Theory of Fictions, mit anschließendem Text; siehe insbesondere p. CXIII ff.

[61] Vgl. dazu *Stone*, op. cit., p. 117 ff.

[62] Layman E. *Allen*, Symbolic Logic: A Razor Edged Tool for Drawing and Interpreting Legal Documents, 66 Yale Law Journal 833 (1957); ders., Some Uses of Symbolic Logic in Law Procedure, 1962 Modern Uses of Logic in Law 119; ders., The A. A. L. S. Jurimetrics Committee, Scientific Investigation of Legal Problems, ARSP 1962, 367. Die mathematische Quantifizierung juristischer Begriffe will nicht nur dazu beitragen, Mehrdeutigkeiten bei der Auslegung juristischer Normen zu klären, solche Mehrdeutigkeiten bei der Fassung von Gesetzen und Verordnungen zu vermeiden, sondern hat vor allem auch die Programmierung von Computern zum Ziel, die der Speicherung von Informationen, insbesondere von Entscheidungen dienen sollen. Vgl. dazu John R. *Brown*, Electronic Brains and the Legal Mind, Computing the Data Computer's Collision with Law, 71 Yale Law Journal 219 (1961). Von der bloßen Speicherung der Präjudizien zu unterscheiden ist die sog. „statistische“ Voraussage von Gerichtsentscheidungen. Auf sie wird noch einzugehen sein.

währt werden solle, also um die Bewertung des Sachverhalts[63]. "The law of causation, remote or proximate, is thus foreign to the case before us[64]." "Negligence is not a tort unless it results in the commission of a wrong, and the commission of a wrong imports the violation of a right.. Bodily security is protected not against all forms of interference or aggression, but only against some. One who seeks redress at law does not make out a case of action by showing without more that there has been damage to his person[65]." — Das Beispiel zeigt, daß für die Realisten die begriffliche Analyse zum Bestandteil einer umfassenden „rechtspolitischen" Orientierung wurde[66].

dd) Die Rolle von Vorurteilen in der juristischen Interpretation

Ein bereits am Anfang der Auseinandersetzung mit dem analytischen Positivismus beachtetes Sachproblem der Rechtssprache ist die „emotive meaning" juristischer Begriffe[67]. Gemeint ist damit die Tatsache, daß die in der juristischen Argumentation benutzten Sprachsymbole jeweils sehr verschiedene Assoziationen auslösen können[68]. In seinem Aufsatz „Field Theory and Judicial Logic" hat Felix S. Cohen dargelegt, wie die Wiedergabe eines Sachverhalts oder Präjudiz starken Veränderungen unterliegt, „as it passes through value-charged fields"[69]. Damit wird auf die Tatsache Bezug genommen, daß nicht so sehr einzelne Sprachsymbole als die „habits of thought" die Interpretation von Präjudizien beeinflussen[70].

Cohen führt aus, das Problem der Wechselwirkungen in „Wertfeldern" müsse auf dieselbe Weise angegriffen werden wie die Feld-

---

[63] Nicolas St. John *Green*, einer der Mitbegründer des noch zu behandelnden „Metaphysischen Klubs", des Geburtsorts des Pragmatismus, hatte bereits 1869 in einem Aufsatz über „Proximate and Remote Cause" geschrieben: "The law, in the application of this maxim is not concerned with philosophical or logical views of causation. When the maxim is applied the whole body of facts has been ascertained by testimony. The facts are the subject of inquiry for a single purpose. That purpose is to determine the rights and the liabilities of the respective parties to the proceedings . . ."; *Green* (unsigned), Proximate and Remote Cause, 6 American Law Review 201 (213/214) (1869).

[64] Palsgraf v. Long Island RR Co., 248 N. Y. 339 (346) (1928).

[65] 248 N. Y. 339 (345).

[66] Vgl. *Cardozo*, The Nature of the Judicial Process, p. 37; *Allen*, ARSP 1962, 367 (382; Anm. 3).

[67] Vgl. Wesley A. *Sturges* und Samuel O. *Clark*, Legal Theory and Real Property Mortgages, 37 Yale Law Journal 691 (1928).

[68] Dazu *Arnold*, The Folklore of Capitalism, passim, besonders p. 165 ff. Zu dem Problem der „emotive meaning" ethischer und juristischer Begriffe siehe Charles L. *Stevenson*, Ethics and Language, passim, besonders p. 294 ff.

[69] *Cohen*, The Legal Conscience, p. 121 (127).

[70] Hessel E. *Yntema*, The Hornbook Method and the Conflict of Laws, 37 Yale Law Journal 468 (480) (1927/1928).

theorie in der Physik diese Art von Fragen behandle. "The real importance of Einstein is his development of formulae by which many different accounts of the same physical event may be correlated with each other, so that from the position and direction of an event in any physical system we can calculate its position and direction in any other system[71]." Es erscheint als sehr fraglich, ob diese „Anwendung“ der Feldtheorie irgend einen methodischen Fortschritt enthält. Im Grunde wird nichts anderes getan, als auf das Problem der „Entstellung“ durch Vorurteile zu verweisen. In dem Bestreben, „empirisch“, „naturwissenschaftlich“ zu sein, erliegt der Realismus gelegentlich der Gefahr, naturwissenschaftliche Analogien zu benutzen, die zur rechtstheoretischen Diskussion nichts beitragen.

In dem Kampf gegen den analytischen Positivismus haben Sozialpsychologie und Soziologie eine hervorragende Rolle gespielt[72]. Zwei Angriffspunkte sind in der realistischen Literatur zu unterscheiden, die am besten mit dem schon verwandten Begriff „rule skepticism“ und der analogen Wortbildung „fact skepticism“ bezeichnet werden.

Der „fact skepticism“ Jerome Franks setzt mit seinen Vorbehalten gegenüber der Automatik richterlicher Urteilsbildung bereits bei der Ermittlung des Sachverhalts durch das Gericht ein. "No matter how certain the legal rules may be, the decision remains at the mercy of the courts' fact finding. If there is doubt about what a court in a law-suit will find were the facts, then there is least equal doubt about its decision[73]." Frank verneint die Möglichkeit sicherer Voraussage von Gerichtsentscheidungen, weil sie genaue Kenntnisse der psychischen Konstitution des Richters und aller übrigen Beteiligten an jedem Prozeß voraussetzen würde[74].

Franks besondere Kritik gilt den Schwurgerichten und ihrem Einfluß auf den Ausgang von Prozessen. "The general-verdict jury trial in practice negates that what the dogma of precise legal predictability maintains to be the nature of law. A better instrument could scarcely be imagined for achieving uncertainty, capriciousness, lack of uniformity, disregard of former decisions — utter unpredictability[75]."

Angriffe dieser Art haben erst relativ spät zu empirischen Untersuchungen geführt. Zu ihnen gehört das „jury project“ der University

[71] *Cohen*, op. cit., p. 126.

[72] Der Einfluß der Psychologie wird von *Llewellyn*, The Common Law Tradition, p. 12 ff., hervorgehoben.

[73] Jerome *Frank*, Courts on Trial, p. 15. Zu *Franks* „fact skepticism“ vgl. insbesondere Edmond *Cahn*, Jerome Frank's Fact-Skepticism and Our Future, 66 Yale Journal 824 (1957).

[74] *Frank*, op. cit., p. 203.

[75] *Frank*, Law and the Modern Mind, p. 172.

of Chicago Law School unter der Leitung von Harry Kalven und Hans Zeisel. Die erste zusammenfassende Auswertung der Ergebnisse ist 1966 vorgelegt worden. Kalven und Zeisel wollen ihr Werk ausdrücklich als einen Beitrag zum juristischen Realismus verstanden wissen[76].

„The American Jury" beruht auf einem Vergleich zwischen Entscheidungen von Schwurgerichten in 3576 Fällen und der von Kalven und Zeisel durch Fragebogen ermittelten Stellungnahme der präsidierenden Richter zu den Sprüchen der Geschworenenbänke. Das wichtigste Ergebnis der Studie, angesichts der von Frank geäußerten Zweifel, ist die Tatsache, daß Richter und Geschworene in 75% der Fälle übereinstimmen und daß in 16% der untersuchten Fälle die Geschworenen milder urteilen als der Richter, somit vielleicht gerade die Funktion erfüllen, die ihnen im anglo-amerikanischen Strafprozeß zukommt.

In einem Versuch, der noch nicht endgültig ausgewertet wurde, hat das „jury project" unternommen, die Rationalität der Geschworenenberatungen genauer zu messen. Unter anderem wurde 20mal 12 auf Grund von Geschworenenlisten „at random" ausgewählten Männern und Frauen die Bandaufnahme eines Strafprozesses vorgespielt. Die Auswertung der anschließenden Beratung erfolgte u. a. unter dem Gesichtspunkt der Schulbildung (Besuch der Volks- oder Oberschule bzw. des College). Dabei ergab sich ein sehr hoher Prozentsatz (rund 75%) von „accurate and pertinent comments" aller Geschworenen über Fragen des Sachverhalts und seiner Auslegung. Unterschiede zwischen den drei Gruppen zeigten sich vor allem bei der Heranziehung der „instruction" (der Rechtsbelehrung des Richters an die Geschworenen), auf die überhaupt nur 8% der Beratungszeit verwandt wurden (15% dienten der Erörterung des Sachverhalts, 25% dem „procedere" der Geschworenen, die Hälfte der Diskussion allgemeiner Lebenserfahrung und den „opinions on the facts of the case"). Unter Berücksichtigung der Fehlerquellen und Ungenauigkeiten solcher Untersuchungen bleibt der Eindruck, „that all jurors, regardless of status, indicate a real concern for carrying out the prescribed task in a thorough and conscientious manner". Einen Unsicherheitsfaktor stellt allerdings die geringe Beachtung der „rechtstechnischen" Seite des Verfahrens dar[77].

Frank stellte den Wert von Präjudizien deshalb in Frage, weil die Urteilsbegründung nichts darüber sagt, „what the judge did experience in trying a case"[78]. An dieser Stelle berührt sich der „fact skepticism" mit dem „rule skepticism", der sich gegen die Auffassung von dem an

---

[76] *Kalven* and *Zeisel*, The American Jury, p. 11.

[77] Die Untersuchungsergebnisse bei Rita M. *James*, Status and Competence of Jurors, 64 American Journal of Sociology 563 (1959).

[78] *Frank*, Law and the Modern Mind, p. 150.

Präjudiz und Gesetz gebundenen Richter außer mit den schon dargelegten Argumenten mit dem Hinweis wendet, sie übersehe das komplexe Gebilde an Instinkten, Gefühlen, Gewohnheiten und Überzeugungen, das die Persönlichkeit des Richters ausmache[79]. Ob Richter X eine bestimmte Entscheidung als „durch die Erfordernisse des Staatsschutzes geboten" oder als „Eingriff in die Pressefreiheit" ansehen wird, kann nur dann vorausgesagt werden, wenn man die Persönlichkeit des Richters X in die Betrachtung einbezieht, denn nach Gesetzen der Logik könne die Entscheidung auf jeder der beiden Prämissen beruhen: alles hängt davon ab, welchen verfassungspolitischen Grundsätzen der Richter X den Vorzug gibt[80].

Die Realisten betonen immer wieder, daß die logischen Ableitungen der Richter, die „syntaktischen Operationen", die wirklichen Kriterien richterlicher Entscheidungen verschleierten. Nicht nur, daß die rechtlichen Prämissen an sich schon zweifelhaft sind, sondern das Urteil beginnt häufig gar nicht mit der Prämisse, sondern umgekehrt mit dem gewünschten Ergebnis, das dann nachträglich gerechtfertigt wird[81].

So sagt etwa Jerome Frank: „Die Psychologen weisen uns darauf hin, daß der Vorgang des Urteilens (process of judging) selten mit einer Prämisse beginnt, die als Grundlage der nachfolgenden Konklusionen dient. Das Urteilen beginnt eher anders herum — mit einer mehr oder minder vagen Konklusion[82]."

Frank beschreibt juristische Überlegungen als einen Versuch, nachträglich bereits getroffene Entscheidungen zu rechtfertigen. „Von uns selbst oder anderen aufgefordert, unsere Stellungnahme oder unser Verhalten zu rechtfertigen, produzieren wir ex post facto eine Fülle von Grundsätzen, bezüglich deren wir uns glauben machen, daß sie Folgerungen seien, zu denen wir unter Berücksichtigung von wirklichen Tatsachen der wirklichen Welt und mit Hilfe logischer Operationen gelangt seien ... Solche nachträglichen Begründungen (rationalizations) ... verbergen die wirklichen Grundlagen unserer vorurteilsgeladenen Überzeugungen[83]."

Mit dieser Feststellung ist allerdings die richterliche Urteilsbildung kaum befriedigend dargestellt, denn die Frage ist, auf welche Weise das

---

[79] *Cardozo*, The Nature of the Judicial Process, p. 167; vgl. auch *Llewellyn*, The Bramble Bush, p. 73.

[80] Herman *Oliphant* und Abram *Hewitt*, Introduction to Rueff, From the Physical to the Social Sciences, p. XVI. Das Beispiel stammt vom Verf.

[81] Vgl. *Oliphant* und *Hewitt*, op. cit., p. XVI.

[82] *Frank*, op. cit., p. 100.

[83] *Frank*, op. cit., p. 29/30; vgl. auch *Dewey*, 10 Cornell Law Quarterly 17 (24); siehe auch *Llewellyn*, op. cit., p. 39.

angeblich ursprüngliche „Ergebnis" gewonnen wird. Eine bloße Konstatierung der Tatsache, daß Anlagen und Umwelt dabei eine Rolle spielen, genügt nicht. Es ist zu berücksichtigen, daß die Richter „law-conditioned" sind (um in der Terminologie zu bleiben)[84], größtmögliche Objektivität und Neutralität zu ihrem „behavior pattern" gehören, die soziale Rolle von ihnen die Beachtung der Rechtssätze verlangt, sie ihre Entscheidungen unter Bezugnahme auf Rechtssätze rechtfertigen müssen[85]. Die Hauptfrage bleibt demnach die Art und Weise, wie der Rechtssatz sich auf die Entscheidung auswirkt. Die Antwort des Pragmatismus hierauf liegt in der Charakterisierung juristischen Denkens als Problemdenken.

ee) Rechtsdenken als Problemdenken

"Thinking actually sets out from a more or less confused situation, which is vague and ambiguous with respect to the conclusion it indicates, and ... the formation of both major premise and minor proceed tentatively and correlatively in the course of analysis of this situation and of prior rules ... In strict logic, the conclusion does not follow from premises; conclusions and premises are two ways of stating the same thing[86]."

Das juristische Denken ist pragmatisches Denken, es sucht Problemlösungen, bedient sich dabei der Präjudizien „as statements of generic ways in which it has been found helpful to treat concrete cases"[87]. Holmes' Feststellung, „the life of the law has not been logic: it has been experience", meint genau das, was Dewey mit dem Gegensatz von „experimental" und „mechanical" logic ausdrückt: juristische Prinzipien sind nicht „absolut", bieten keine Lösungen für jeden Fall, lenken die Rechtsentwicklung auch nicht mittels syllogistischer Schlüsse, sondern haben eine heuristische Funktion[88]. Dieses pragmatische Verständnis der Rechtssätze und Rechtsprinzipien als „topoi" stimmt mit den nicht

---

[84] Roscoe *Pound*, An Introduction to the Philosophy of Law, p. 140 spricht von der „trained intuition" und dem „disciplined judgment" des Richters. Vgl. auch *Cardozo*, op. cit., p. 176.

[85] Vgl. dazu *Llewellyn*, op. cit., p. 73, 77 ff. Auch *Frank* selbst, op. cit., p. 100: "If he cannot to his satisfaction find proper arguments to link up his conclusion with premisses which he finds acceptable, he will, unless he is arbitrary or mad, reject the conclusion and seek another."

[86] *Dewey*, op. cit., p. 23.

[87] *Dewey*, op. cit., p. 22.

[88] *Dewey*, op. cit., p. 22, 24, 27.

formalen Tendenzen der „common law tradition“ überein[89]. Für sie ist das Präjudiz „a practical means of marshalling past experience for present choice“[90].

Auf Grund ihrer Auffassung der Präjudizien als „tools“ fordern die Realisten eine „more conscious recognition of the legislative function of the courts“[91]. Rechtssätze sind an ihrer Wirkung zu messen[92], es muß zu einer „deliberate reconsideration“ des Rechts kommen[93]. Um dieses Ziel zu erreichen, muß der Entscheidungsstil geändert werden. Bedienen sich die Gerichte, um so rational und objektiv wie möglich zu erscheinen, der Form nach weiterhin einer syllogistischen Logik, so besteht die Gefahr, daß die „illusion of certitude“ erhalten bleibt[94]; noch

---

89 Vgl. die Charakterisierung der doppelten Funktion von „principles“ im anglo-amerikanischen case law durch *Esser*, Grundsatz und Norm in der richterlichen Fortbildung des Privatrechts, S. 185: „1. als ‚starting points‘ des legal reasoning, die im Problemdenken jeweils die eine Seite der notwendig antinomischen Grundaufgaben einer Einrichtung herauskehren und zur dialektischen Behandlung des sich stets in neuen Fällen bietenden alten Problems auffordern. Sie dienen somit als topoi im Sinne rhetorischer Kasuistik; 2. als Zusammenfassungen heuristischer (nicht begrifflich verbindlicher) Arten der ratio iuris. Sie sollen bestimmte Problemstellungen und die sie behandelnden Entscheidungsreihen teleologisch kennzeichnen“. Zur Rolle der Topik in der Rechtswissenschaft und in offenen Rechtssystemen siehe Theodor *Viehweg*, Topik und Jurisprudenz, passim; *Esser*, a. a. O., S. 44 ff.

90 *Stone*, op. cit., p. 192; Carleton Kamp *Allen*, Law in the Making, p. 287 ff.

91 *Holmes*, Common Law, p. 36.

92 “We must above all desire an objective estimate of the probable practical consequences thereof”; *Yntema*, 37 Yale Law Journal 468 (481); *Cook*, 13 American Bar Association Journal 303 (308 ff.); *Holmes*, Collected Legal Papers, p. 195.

93 *Holmes*, op. cit., p. 186/187. Als Beispiel für mustergültige „deliberate reconsideration“ beruft sich die realistische Literatur immer wieder auf Cardozos berühmte Entscheidung in „McPherson v. Buick“, 217 N. Y. 382 (1916). Der Kläger war bei einem Autounfall zu Schaden gekommen, den ein schadhaftes Rad verursacht hatte. Der Fehler hätte bei einer Inspektion durch die Fabrik entdeckt werden können. Der Produzent wurde von dem Eigentümer des Autos, der bei einem Händler gekauft hatte, unmittelbar in Anspruch genommen. Es handelt sich also um das gleiche Problem wie in dem späteren, oben erwähnten englischen Fall „Donoghue v. Stevenson“. *Cardozo* dehnte die in der Rechtsprechung bereits anerkannte „dangerous instrument exception“ zu der „general rule of no liability to third parties“ auf den Fall des mit einer Stundengeschwindigkeit von fünfzig Meilen fahrenden Autos aus, denn entgegenstehende „precedents drawn from the days of travel by stage coach do not fit the conditions of travel to-day“. “The defendant knew the danger. It knew also that the car would be used by persons other than the buyer ... The things subject to the principle do change. They are whatever the needs of life in a developing civilization require them to be”; 217 N. Y. 382 (391). Vgl. die ausführliche Stellungnahme *Llewellyns*, The Common Law Tradition, p. 430 ff. Eine ausgezeichnete Diskussion dieses und der ihm vorausgehenden Fälle findet sich in Edward H. *Levi*, Introduction to Legal Reasoning, p. 9 ff.

94 *Dewey*, op. cit., p. 24.

schwerwiegender ist aber, daß es zu Verwirrung und Fehlentscheidungen kommt[95]. Die methodologischen Forderungen der Realisten sind in Holmes' Ratschlägen zum Studium der Rechtswissenschaft zusammengefaßt. "The way to gain a liberal view of your subject is ... to get to the bottom of the subject itself. The means of doing that are, in the first place, to follow the existing body of dogma into its highest generalizations by the help of jurisprudence; next, to discover from history how it has come to be what it is; and, finally, so far as you can, to consider the end which the several rules seek to accomplish, the reasons why those ends are desired, what is given up to gain them and whether they are worth the price[96]."

c) *Common Law "reasonableness"*

Es scheint,als ob der Realismus mit dem Aufstellen dieser Forderungen nichts anderes unternahm als eine Herausarbeitung derjenigen Faktoren, die die Entwicklung des common law von jeher auch dort bestimmt haben, wo rechtspolitische Erwägungen nicht offen in den Entscheidungen zutage treten, sondern hinter einer streng juristischen Argumentation verborgen werden. Dann träfe Friedmanns Bemerkung zu, daß „social engineering"[97], „balancing of interests" oder andere von den soziologischen Rechtstheorien der Gegenwart verwandte Formeln im Grunde von dem common law „test of reasonableness" nicht zu unterscheiden seien[98]. Diese These ist jedoch zu bezweifeln, sie berücksichtigt nicht hinreichend, daß die wissenschaftliche Rationalität soziologischer Rechtsbetrachtung ein Element der Planung in das Recht einführt, das der Rationalität der amerikanischen Aufklärung verwandter ist als der common law reasonableness.

Die reason des common law entzieht sich, da an Zeit, Ort und Umstände gebunden[99], zwar einer allgemeinen Definition, sie ist aber dennoch mit Cardozo als ein „growth from precedent to precedent" zu umschreiben. "The implications of a decision may in the beginning be

---

[95] *Llewellyn*, op. cit., p. 133 ff.; ders., Jurisprudence, p. 187.

[96] *Holmes*, Collected Legal Papers, p. 198.

[97] Roscoe *Pounds* berühmter Begriff, siehe z. B. *Pound*, An Introduction to the Philosophy of Law, p. 99: "For present purposes I am content to see in legal history the record of a continually wider recognizing and satisfying of human wants or claims or desires through social control; a more embracing and more effective elimination of vaste and precluding of friction in human enjoyment of the goods of existence — in short, a continually more efficacious social engineering." Vgl. dazu *Stone*, op. cit., p. 782 (besonders die Unterscheidung von „social engineering" und „total planning").

[98] *Friedmann*, Legal Theory, p. 86.

[99] *Pound*, Some thoughts about Comparative Law, in Festschrift für Ernst Rabel, Bd. I, S. 11.

equivocal. New cases by commentary and exposition extract the essence. At last there emerges a rule or principle which becomes datum, a point of departure, from which new lines will be run, from which new courses will be measured[100]." Die reason zeigt sich demnach gerade in der Anwendung substantieller Rechtsnormen[101], sie ist unlösbar mit der Kontinuität verbunden[102]. Trotz der vernunftrechtlichen Züge des common law-Rechtsdenkens[103] ist diese reasonableness nicht ohne weiteres mit aufklärerischer Rationalität zu identifizieren. Der aufklärerische Grundsatz, daß die lebende Generation das Recht habe, sich selbst zu regieren[104], setzt einen radikaleren Akzent.

d) Die pragmatische Rationalität der amerikanischen Aufklärung

"I know also", schreibt Jefferson an Samuel Kercheval, "that laws and institutions must go hand in hand with the progress of the human mind. As that becomes more developed, more enlightened, as new discoveries are made, new truths disclosed, and manners and opinions change with the change of circumstances, institutions must advance also, and keep pace with the past[105]."

Die reason, die sich im „progress of the human mind“ ausdrückt, unterscheidet sich zwar von der „Göttin Vernunft“ der französischen Revolution, denn sie ist nicht Göttin sondern Instrument[106], das benutzt wird, die Gesellschaft neu zu formen, sie ist aber auch etwas anderes als die common law reasonableness. Dahrendorf erfaßt die pragmatische Rationalität der Gründungsväter mit dem Gedanken der „angewandten Aufklärung“, das heißt, „daß der mündige Mensch die Welt

---

[100] *Cardozo*, op. cit., p. 48.

[101] Vgl. *Esser*, a. a. O., S. 68; siehe insbesondere auch *Llewellyn*, The Common Law Tradition, p. 201: "For these 'law' aspects are factors of might in molding the judges notions of what sense, reason, and relevance are.“

[102] Vgl. *Llewellyn*, op. cit., p. 37.

[103] Dazu *Esser*, a. a. O., S. 226; *Friedmann*, op. cit., p. 85.

[104] Vgl. *Jefferson* an James *Madison*, 6. Sept. 1789; Adrienne *Koch* und William *Peden*, The Life and Selected Writings of Thomas Jefferson, p. 491. Thomas *Paine*, The Rights of Man, in: The Complete Writings of Thomas Paine, ed. by Philip S. Foner, Vol. I, p. 254. Siehe auch den Text der „Declaration of Independence“: Die Einwanderer kamen nach Amerika, weil sie ein Recht besaßen, „which nature has given to all men, of departing from the country in which chance, not choice has placed them, of going in quest of new habitations, and of there establishing new societies, under such law and regulations as to them, shall seem most likely to promote public happiness.“

[105] *Jefferson* an Samuel *Kercheval*, 12. Juli 1816; op. cit., p. 674.

[106] Ralf *Dahrendorf*, Die angewandte Aufklärung, S. 27. Vgl. *Paines* Kritik an *Rousseau:* "But having raised his (des Menschen) animation, they do not direct its operations, but leave the mind in love with an object, without describing the means of possessing it"; *Paine*, op. cit., p. 299.

für machbar erklärt, oder doch die machbare Welt für seine erklärt und sich in dieser Einstellung seinem business zuwendet“[107]. Mit dieser Rationalität kommt ein manipulatives Element in das politische Denken Amerikas, das von voluntaristisch-nominalistischen Vorstellungen der Naturwissenschaften des 17. Jahrhunderts beeinflußt ist[108]. Für den Deismus Jeffersons und Franklins ist Gott der „fabricator of all things“[109], ein „mechanic“[110], der die Welt vernünftig, das heißt, zweckmäßig gemacht hat. Der „homage of reason“[111], der diesem Gott geschuldet wird, führt dazu, daß der Mensch selbst den archimedischen Punkt einnimmt, um die Welt zu machen, so wie die Vernunft es gebietet[112].

Es scheint eine direkte Linie zu geben, die von hier zu der amerikanischen politischen Wissenschaft der Gegenwart führt. Norman Jacobson hat darauf hingewiesen, daß die Präokkupation der amerikanischen politischen Wissenschaft mit manifestem Verhalten und seiner rationalen Kontrolle in Madison ihren wichtigsten Vorläufer findet. Der Verfasser des 10. Federalist, ebenso wie die Pragmatisten, konzentrierte seine Aufmerksamkeit ganz auf die Systematik der Gesellschaftsordnung, die Rationalität der Verfassung und die materiellen Grundlagen politischer und gesellschaftlicher Vereinigungen. Gerade diese Verbindung von Verfassung und Wissenschaft ist charakteristisch für den amerikanischen Pluralismus[113].

---

[107] *Dahrendorf*, a. a. O., S. 27, vgl. auch S. 15. Diese Einstellung hat Parallelen in der puritanischen Periode. Der Historiker *Boorstin* führt aus, daß in den Augen der Puritaner Neu-England ihnen Gelegenheit bot, das Christentum anzuwenden, „not to clarifying doctrine but to building Zion“; Daniel J. *Boorstin*, The Americans — The Colonial Experience, p. 7.

[108] Vgl. dazu Francis *Oakley*, Mediaeval Theories of Natural Law: William of Ockham and the Significance of the Voluntarist Tradition, 6 Natural Law Forum 65 (1961).

[109] Vgl. im allgemeinen *Boorstin*, The Lost World of Thomas Jefferson, p. 54.

[110] Vgl. Benjamin *Franklins* Formulierung in seiner für europäische Auswanderer bestimmten „information about America“: “The people have a saying, that God Almighty is himself a mechanic, the greatest in the universe; and he is respected more for the variety, ingenuity, and utility of his handiworks than for the antiquity of his family”; Benjamin *Franklin*, The Autobiography and Selections from his other writings, p. 196.

[111] *Jefferson* an Peter *Carr*, 10. August 1787; *Koch* und *Peden*, op. cit., p. 431.

[112] *Paine*, op. cit., p. 353/354: “What Archimedes said of the mechanical powers, may be applied to reason and liberty: ‘Had we’ said he, ‘a place to stand upon, we might raise the world’. The Revolution in America presented in politics what was only theory in mechanics.”

[113] *Jacobson*, Political Science and Political Education, 57 American Political Science Review 561 (1963).

e) *„Scientific law making“*

Dies bedeutet zunächst noch keine „Verwissenschaftlichung“[114]. Auch die Rechtsentwicklung hatte keinen „wissenschaftlichen“ Charakter, denn die frontier-Situation ließ keinen Raum für ein „refined-scientific law that weighs and balances and deliberates and admits of argument[115]“. Da der frontier spirit die frontier überlebte, kommt es erst in den späten sechziger Jahren des 19. Jahrhunderts zu einer „Verwissenschaftlichung“ des Rechtsdenkens[116], die aber zunächst als die eingangs erwähnte „Formalisierung“ auftritt. Die realistische Gegenreaktion setzt mit Holmes ein. Die jetzt vom Recht geforderte Rationalität ist nicht nur von dem Bewußtsein geprägt, daß die lebende Generation sich ihre eigene Umwelt schaffen müsse[117], sondern hat unter dem Einfluß utilitaristischer und pragmatischer Philosophie einen ausgeprägten „scientific character“.

"Its essence is the supplementation of legal authority on the one hand, and of ordinary common sense on the other, with such technical data of fact and expert opinion as are available, or can in the time at hand be made available, to inform a judgment ... *It is a vital style-factor; it changes the whole relation of a legal craftsman to his work and to his society:* Instead of being *the* expert, by mere command of his own craft, he becomes *one* expert, in immediate command only of his own craft — otherwise a co-worker[118].“

Was hier gemeint ist, läßt sich am Beispiel des sogenannten „Brandeis brief“ zeigen. Im Jahre 1908 stand vor dem Obersten Gerichtshof in dem Fall „Muller v. Oregon“ die Verfassungsmäßigkeit eines den zehnstündigen Arbeitstag als Höchstgrenze für Frauenarbeit einführenden Gesetzes des Staates Oregon zur Entscheidung[119]. Der spätere Richter am Obersten Gerichtshof, Louis D. Brandeis, trat als Anwalt des verklagten Staates auf und legte eine Klagerwiderung vor, deren Stil

---

[114] Vgl. *Dahrendorf*, a. a. O., S. 15.

[115] *Pound*, The Spirit of the Common Law, p. 117. Vgl. Henry Steele *Commager*, The American Mind, p. 7/8.

[116] *Pound*, op. cit., p. 118.

[117] Sein Verhältnis zur Tradition wird am besten durch eine Bemerkung *Holmes'* charakterisiert: "There is, too, a peculiar logical pleasure in making manifest the continuity between what we are doing and what has been done before. But the present has a right to govern itself so far as it can; and it ought always to be remembered that historic continuity with the past is not a duty, it is only a necessity"; *Holmes*, The Mind and Faith of Justice Holmes, ed. by Max Lerner, p. 35. Vgl. dazu Samuel J. *Konefsky*, The Legacy of Holmes and Brandeis, p. 11.

[118] *Llewellyn*, Jurisprudence, p. 189 (Hervorhebung des Verfassers).

[119] Muller v. Oregon, 208 U. S. 412 (1908).

Schule machte[120] und als „Brandeis brief“ in die amerikanische Rechtsgeschichte eingegangen ist. Indem er vor dem Gericht eine Fülle von statistischem, soziologischem und wirtschaftlichem Tatsachenmaterial ausbreitete, versuchte Brandeis nachzuweisen, daß der Eingriff in die Vertragsfreiheit im Fall des zu prüfenden Gesetzes einen eindeutigen Bezug auf die Erfordernisse der öffentlichen Sicherheit und des Gesundheitsschutzes habe und daher keine Verletzung des 14. Zusatzartikels zur amerikanischen Verfassung darstelle[121]. Die ergangene Entscheidung stützt sich auf die von Brandeis zusammengestellte Liste der die Arbeitszeit für Frauen beschränkenden in- und ausländischen Gesetze und erwähnt die über neunzig zitierten Berichte amerikanischer und europäischer Untersuchungskommissionen, Gesundheitsministerien und statistischen Ämter[122]. In seiner richterlichen Tätigkeit hat Brandeis später diesen Realismus mit den Worten charakterisiert: "Knowledge is essential to understanding and understanding should precede judging. Sometimes, if we would guide by the light of reason, we must let our minds be bold[123]."

Der Vernunft, die hier als „guide“ benutzt wird, liegt die Auffassung zugrunde, daß das Recht als Instrument zur Verwirklichung der „desired ends at any given period“ nur eingesetzt werden kann auf Grund einer „scientific study“ „of the actual functioning of modern social, economic, and political life“[124]. Der Pragmatismus betont in Übereinstimmung mit der aufklärerischen Tradition das Experiment (das unter wissenschaftlichen Bedingungen durchzuführen ist)[125] und hebt noch schärfer die manipulativen Aspekte von Vernunft und Recht hervor. Der Einfluß der pragmatischen Philosophie auf den juristischen Realismus soll im folgenden untersucht werden.

---

[120] So verfaßte z. B. Felix *Frankfurter* in dem Fall „Adkins v. Children's Hospital, 261 U. S. 25 (1923), einen „Brandeis brief“ von 1100 Seiten.

[121] Auf die Sachfrage wird unten noch einzugehen sein.

[122] 208 U. S. 412 (419, note).

[123] Burns Baking Company v. Bryan, 264 U. S. 504 (520) (1924). In dem Fall ging es um die Frage, ob der Staat Nebraska „reasonably“, das heißt ohne Verletzung des 14. Zusatzartikels, Standardgewichte für Brot festsetzen durfte. In einem siebzehnseitigen Votum und sechsunddreißig Anmerkungen bewies *Brandeis*, bis zu welchem Grade er sich für die Abgabe seines Votums mit dem Bäckerhandwerk vertraut gemacht hatte; 264 U. S. 504 (517 ff.).

[124] *Cook*, 13 American Bar Association Journal 303 (308).

[125] Auf „scientific experiment“ bezieht sich Richter *Brandeis* 264 U. S. 504 (533).

III. Der philosophische Pragmatismus und das Rechtsdenken

1. Der Metaphysische Klub

Im Jahre 1869 kam in Cambridge bei Boston eine Reihe junger Wissenschaftler mehr oder minder regelmäßig zusammen, die sich — soll man Charles S. Peirce glauben — „half-ironically", „half-defiantly" „The Metaphysical Club" nannten[1]. Unter den „Mitgliedern" befanden sich Charles S. Peirce, Chauncey Wright, William James und drei Juristen: Oliver Wendell Holmes jr., Nicholas St. John Green und Joseph Warner. Gegenstand ihrer Auseinandersetzung waren der britische Empirismus und die Bedeutung des Evolutionismus für die nichtbiologischen Wissenschaften.

Es ist bemerkenswert, daß von sechs Mitgliedern des Metaphysischen Klubs drei Juristen waren[2]. Fisch hat darauf hingewiesen, daß die das Recht mit der Voraussage von Gerichtsurteilen identifizierende „prediction theory" der juristischen Realisten die einzige systematische Anwendung des Pragmatismus geblieben sei[3]. Es kann hier dahingestellt bleiben, ob seine noch weitergehende These, der Pragmatismus sei nichts als eine „Verallgemeinerung eben dieser prediction theory"[4] richtig ist, jedenfalls trifft es zu, daß von Anfang an eine Wechselwirkung zwischen Pragmatismus und Rechtsdenken bestanden hat.

Der bedeutendste unter den Juristen des Metaphysischen Klubs war Oliver Wendell Holmes. Man darf annehmen, daß Holmes vor allem

---

[1] Bezüglich der Widersprüche und Zweifel um den Metaphysischen Klub siehe Philip P. *Wiener*, Evolution and the Founders of Pragmatism, p. 19 ff. Vgl. auch M. H. *Fisch*, Justice Holmes, The Prediction Theory of Law, and Pragmatism, 39 Journal of Philosophy 85 (88) (1942). In einem Brief *James'* an *Holmes* vom 3. Januar 1868 aus Berlin findet sich der folgende Hinweis: "When I get home let's establish a philosophical society to have regular meetings and discuss none but the very tallest and broadest questions — to be composed of none but the very topmost cream of Boston"; William *James*, The Letters of William James, ed. by Henry James, Vol. I, p. 124 (126).

[2] Vgl. *Fisch*, 39 Journal of Philosophy 85 (88).

[3] *Fisch*, op. cit., p. 87.

[4] *Fisch*, op. cit., p. 94.

unter dem Einfluß von Wright[5] und James[6] gestanden hat, daß er aber auch selbst fruchtbar auf das Denken des Metaphysischen Klubs eingewirkt hat. Unter den übrigen Pragmatisten konnte Dewey später Holmes als einen Vorläufer seiner eigenen logischen Theorien in Anspruch nehmen[7], er apostrophierte ihn sogar als „einen der größten amerikanischen Philosophen"[8], während Holmes seinerseits in einem Brief an Pollock von Dewey sagte, daß dessen „view of the universe" ihm näher stände als der irgendeines anderen Philosophen[9].

2. Das „principle of pragmatism"

Trotz ihrer teilweise sehr weitgehenden Differenzen[10] waren sich die Mitglieder des Metaphysischen Klubs über den „Grundsatz des Pragmatismus" einig. Der Begriff „Pragmatismus" ist erst 1898 zum erstenmal von William James in dem berühmt gewordenen Vortrag „Philosophical Conceptions and Practical Results" öffentlich benutzt worden[11]. Geprägt hatte ihn Charles S. Peirce, auf dessen „principle of pragmatism" sich James bezieht. In einem 1878 erschienenen Aufsatz „How to make our ideas clear" heißt es bei Peirce: „Consider what effects, which might conceivably have practical bearings, we conceive, the object of our conception to have. Then, our conception of these effects is the whole of our conception of the object[12]."

Peirce übernimmt den Begriff „pragmatisch" von Kant, der „das praktische Gesetz aus dem Bewegungsgrunde der Glückseligkeit" pragmatisch (Klugheitsregel) nannte. Dieses Gesetz gründet sich nach Kant auf empirische Prinzipien; „denn anders, als vermittelst der Erfahrung,

---

[5] Zu *Wright* und *Holmes* vgl. *Wiener,* op. cit., p. 174. Es ist allerdings anzumerken, daß die Trennung von Recht und Moral bei *Holmes* nicht so eindeutig vorgenommen ist, wie *Wiener* behauptet; vgl. die Bemerkungen *Holmes'* in „The Path of the Law", Collected Legal Papers, p. 170. Zu dem Einfluß *Wrights* auf *Holmes* vgl. ebenfalls den Brief an *Pollock* vom 30. August 1929, 2 Holmes-Pollock-Letters 251 (252).

[6] Siehe aber auch die scharfe Kritik, die *Holmes* gelegentlich an *James* übt; etwa in seinem Brief an Morris R. *Cohen* vom 13. März 1925, The Holmes-Cohen Correspondence, ed. by Felix S. Cohen, 9 Journal of the History of Ideas 44 (1948); dazu *Commager,* The American Mind, p. 385.

[7] Vgl. den Aufsatz „Logical Method and Law", 10 Cornell Law Quarterly 17 (1925).

[8] *Dewey,* Experience and Nature, p. 417.

[9] Brief an *Pollock* vom 26. Juli 1930, 2 Holmes-Pollock Letters 272; vgl. auch den Brief vom 15. Mai 1931, op. cit., p. 286 (287); ebenfalls den Brief an Dr. *Wu* vom 9. Juli 1928, Justice Holmes to Dr. Wu, p. 49.

[10] Vgl. vor allem die Kritik *Peirces* an *James;* Charles S. *Peirce,* Values in a Universe of Chance, ed. by Philip P. Wiener, p. 186.

[11] Vgl. William *James,* Pragmatism, p. 43; Herbert W. *Schneider,* Geschichte der amerikanischen Philosophie, S. 305.

[12] *Peirce,* op. cit., p. 124.

kann ich weder wissen, welche Neigungen da sind, die befriedigt werden wollen, noch welches die Naturursachen sind, die ihre Befriedigung bewirken können"[13]. So wie Kants Definition des „pragmatischen Glaubens"[14] unmittelbar einen Einfluß auf den Metaphysischen Klub ausgeübt hat, betonte insbesondere Nicholas St. John Green[15] immer wieder die Bedeutung von Alexander Bains Verständnis des „belief" als desjenigen „upon which a man is prepared to act"[16].

Anders als Chauncey Wright, der eine streng kantische Trennung von Sein und Sollen sowie von Naturwissenschaften und Metaphysik forderte[17], folgten Peirce und James allerdings nur diesem einen Gedanken Kants[18]. Sie lassen dabei unberücksichtigt, daß Kant gerade keine utilitaristischen Thesen aufstellen wollte, sondern die Mittel-Zweck-Theorie im Gegenteil auf den ihr zukommenden Bereich beschränkte[19]. Stattdessen dehnen sie den Funktionalismus auf den Bereich der Erkenntnistheorie aus. Die Pragmatisten stimmen in einer Einstellung überein, die von „first things, principles, categories, supposed necessities" absieht und sich „last things, fruits, consequences, facts" zuwendet[20]. Formulierungen wie diese von James finden sich bei allen anderen Pragmatisten, bei Wright und Green ebenso wie bei Holmes und später Dewey[22]. Die Mittel-Zweck-Relation ist z. B. Gegenstand der bereits erwähnten Forderung Holmes', „to consider the end which the several rules seek to accomplish, the reason why those ends are desired, what is

---

[13] *Kant,* Kritik der reinen Vernunft, Transzendentale Methoden-Lehre, 2. Hauptstück, 2. Abschnitt (Insel-Ausgabe, Leipzig 1913, Bd. 3, S. 608).

[14] „Wenn einmal ein Zweck vorgesetzt ist, so sind die Bedingungen der Erreichung desselben hypothetisch notwendig. Diese Notwendigkeit ist subjektiv, aber doch nur komparativ zureichend, wenn ich gar keine anderen Bedingungen weiß, unter denen der Zweck zu erreichen wäre ... Ich nenne dergleichen zufälligen Glauben, der aber dem wirklichen Gebrauche der Mittel zu gewissen Handlungen zugrundeliegt, den pragmatischen Glauben"; *Kant,* a. a. O. im 3. Abschnitt (S. 620).

[15] Über *Green* schreibt *Peirce,* daß er ein geschickter und belesener Anwalt von stark ausgeprägter Intelligenz gewesen sei; zitiert bei *Fisch,* op. cit., p. 89.

[16] Vgl. *Fisch,* op. cit., p. 89. Zu der Rolle, die die Psychologie Alexander *Bains* im 19. Jahrhundert gespielt hat, siehe *Fisch,* Alexander Bain and the Genealogy of Pragmatism, 15 Journal of the History of Ideas 413 (417) (1954).

[17] *Wiener,* op. cit., p. 6, 35 ff., 51; vgl. auch *Schneider,* a. a. O., S. 301.

[18] Vgl. *Wiener,* op. cit., p. 23.

[19] Siehe dazu Hannah *Arendt,* Vita Activa, S. 142.

[20] *James,* op. cit., p. 47.

[21] Zu *Wright* vgl. *Schneider,* a. a. O., S. 301. Siehe *Greens* Formulierungen in dem ungezeichneten Aufsatz „Proximate and Remote Cause", 6 American Law Review 201 (213/214) (1869/70).

[22] Der Gedanke des Aufeinanderbezogenseins von Mittel und Zweck durchzieht *Deweys* ganzes Werk; dies wird noch darzulegen sein.

given up to gain them, and wether they are worth the price"[23]. Insoweit steht der Pragmatismus in der unmittelbaren Nachfolge des britischen Utilitarismus. James hat seine, neun Jahre nach dem kalifornischen Vortrag in Boston gehaltenen Vorlesungen über den Pragmatismus John Stuart Mill gewidmet, „von dem ich zuerst die pragmatische Aufgeschlossenheit des Geistes gelernt habe und den ich mir — wäre er heute noch am Leben — gerne als unseren Anführer vorstelle"[24]. Unter den übrigen Mitgliedern des Metaphysischen Klubs war insbesondere Green von Bentham beeinflußt[25].

3. Der Einfluß Benthams

Felix S. Cohen hat darauf verwiesen, daß die Programme der „soziologischen", „institutionellen", „naturwissenschaftlichen" und „realistischen" Rechtsschulen in irgendeiner Weise alle bereits bei Bentham angelegt seien. Dies gelte insbesondere für den Satz, daß die Bedeutung von juristischen Begriffen und Rechtsnormen nicht einfach in ihrer systematischen Beziehung zu anderen Begriffen und Normen gesehen werden könne, sondern daß es auf ihre Folgen für den Menschen ankomme[26]. Es ist zusätzlich zu bemerken, daß der Pragmatismus philosophisch kaum über Bentham hinausgeführt hat und denselben Fragen ausgesetzt bleibt wie dieser.

Bentham hatte gefordert, alle staatlichen Maßnahmen müßten der Utilität dienen, ihr Wert sei danach zu beurteilen, inwieweit sie die Tendenz hätten, das Glück (happiness) der Betroffenen zu vergrößern oder zu vermindern[27]. Allein das Utilitätsprinzip könne als Maßstab des Handelns in Betracht kommen, einen Hinweis darauf geben, was richtig sei[28]. Die Umstände sind zu untersuchen, „die berücksichtigt werden müssen, wenn man den Wert von Lust oder Schmerz ermessen will"[29], auf dieser Grundlage ist zu beurteilen, ob ein bestimmtes Gesetz notwendig oder wünschenswert sei[30].

Die utilitaristisch-pragmatische Hinwendung zu den Folgen menschlicher Rechtsetzungsakte, das Abstellen auf die verfolgten Zwecke, führt zu der Frage: welches sind erstrebenswerte Zwecke, wer setzt sie, wer

---

[23] *Holmes,* Collected Legal Papers, p. 198.

[24] *James,* op. cit., p. 11.

[25] Vgl. *Fisch,* op. cit., p. 89.

[26] *Cohen,* The Legal Conscience, p. 179 ff. Vgl. dazu auch Friedrich *Kessler,* Natural Law, Justice and Democracy, 19 Tulane Law Review 32 (46) (1944).

[27] *Bentham,* A Fragment on Government and An Introduction to the Principles of Morals and Legislation, p. 125 ff.

[28] *Bentham,* op. cit., p. 127.

[29] *Bentham,* op. cit., p. 151 ff.

[30] *Bentham,* op. cit., p. 281 ff.

rechtfertigt sie? Benthams Antwort, das Utilitätsprinzip hat mit Utilität, Brauchbarkeit, Sachgerechtigkeit nur wenig zu tun[31]. Es ist charakteristisch, daß Bentham den Begriff „utility" später selbst kritisiert hat. In einer Anmerkung aus dem Jahre 1822 zu „An Introduction to the Principles of Morals and Legislation" heißt es: "The word utility does not so clearly point to the ideas of pleasure and pain as the words happiness and felicity do: nor does it lead us to the consideration of the number, of the interests affected: to the number, as being the circumstance, which contributes, in the largest proportion, to the formation of the standard ... of right and wrong[32]."

Die „consideration of the number", die Illusion, eine mathematische Berechnung des Glücks aufstellen zu können, läßt nicht auf den ersten Blick erkennen, daß die „pleasure" — „pain" — ratio des Utilitarismus, wenn überhaupt, nur dann möglich ist, wenn auf das Lustverständnis des einzelnen abgestellt wird. Felix S. Cohen, unter den juristischen Realisten derjenige, der am entschiedensten die hedonistische Position einnimmt[33], sagt dies sehr eindeutig in Bezug auf „perversions": "It is a misleading abstraction to view the act apart from its pleasure. Yet this is what one who finds the act intensely repugnant is almost bound to do. It is ... impossible to imagine a disgusting act as pleasant, merely because we are informed that somebody else finds pleasure in it ...[34]."

4. Pragmatismus und Anpassung durch Experiment

a) Wahrheit als Bewährung

Die pragmatische Erkenntnistheorie kann allerdings nicht ausschließlich mit dem hedonistischen Kalkül identifiziert werden. In den Auseinandersetzungen des Metaphysischen Klubs spielte die Frage, welche Bedeutung der Evolutionstheorie außerhalb der Biologie zukomme, eine große Rolle. Diese Beschäftigung mit dem Darwinismus unter dem Aspekt der Erkenntnistheorie ist nicht dem Sozialdarwinismus Spencers und Sumners gleichzusetzen, ihr Gegenstand ist die Frage, ob auch das Denken und seine Ergebnisse — in den Worten Holmes' — als ein „instrument of adjustment to the conditions of life" zu verstehen seien[35]. Von den Mitgliedern des Metaphysischen Klubs warnte nur

---

[31] *Arendt,* a. a. O., S. 300.

[32] *Bentham,* op. cit., p. 125.

[33] Felix S. *Cohen,* Ethical Systems and Legal Ideals, p. 220.

[34] *Cohen,* op. cit., p. 211/212.

[35] Brief an Morris R. *Cohen* vom 6. September 1920, „The Holmes-Cohen Correspondence", ed. by Felix S. Cohen, 9 Journal of the History of Ideas 23 (1948).

Wright immer wieder vor einer Übernahme darwinistischer Konzepte durch die Philosophie[36]. Die übrigen sahen philosophische Wahrheit, logische Methoden, Rechtsnormen als Konzepte an, die in einem Prozeß, dem Kampf ums Dasein vergleichbar, sich als „fit", als zweckmäßig erwiesen hatten. "In a process of natural selection successful logical methods are selected and collated[37]."

Charakteristisch hierfür ist William James' Konzept der Wahrheit als „Bewährung". Die Wahrheit muß „verifiziert", „wahrgemacht" werden. Die Wahrheit einer Idee ist nach James' Auffassung keine ihr inhärente Eigenschaft, sondern sie *geschieht* ihr, sie *wird* wahr, durch die Ereignisse wahr gemacht. Ihre Wahrheit ist ein Ereignis, ein Prozeß: nämlich der Prozeß ihres Sich-selbst-Verifizierens, ihre Veri-fikation[38]. Die Wahrheit des Denkens ist ebenso wie das Leben ein evolutionärer Prozeß, sie steht in enger Beziehung zur Wirklichkeit, die niemals „fertig" ist, sondern „still in the making"[39]. "'The true', to put it very briefly, is only the expedient in the way of our thinking, just as 'the right' is only the expedient in the way of our behaving[40]."

Die Auseinandersetzung um Darwin und die Bedeutung der Evolutionstheorie für die nichtbiologischen Wissenschaften hat die wissenschaftliche Diskussion des ausgehenden 19. und des beginnenden 20. Jahrhunderts in den Vereinigten Staaten beherrscht[41]. Darwins „Herausforderung rüttelte", nach Morris R. Cohen, „den menschlichen Intellekt aus seinem dogmatischen Schlummer"[42] auf. Der „scientific way of looking at the world" sieht diese als eine Kette kausaler Verknüpfungen, die der Anpassung an das Leben dienen. In einem Brief schreibt Holmes: "The Origin of Species I think came out while I was in College — H. Spencer had announced to put the universe into our pockets — I hadn't read either of them to be sure, but as I say it was in the air[43]."

---

[36] Siehe *Wiener*, op. cit., p. 6. *Peirce*, andererseits, machte nach *Wiener* den Versuch, eine „höhere metaphysische Einheit naturwissenschaftlicher und religiöser Vorstellungen zu erreichen."

[37] *Dewey*, Logical Method and Law, 10 Cornell Law Quarterly 17 (20) (1925).

[38] *James*, op. cit., p. 133.

[39] *James*, op. cit., p. 167.

[40] *James*, op. cit., p. 145.

[41] Vgl. dazu *Hofstadter*, Social Darwinism in American Thought, passim; *Crick*, The American Science of Politics, p. 45 ff.

[42] Morris R. *Cohen*, Justice Holmes, in Felix Frankfurter (ed.), Mr. Justice Holmes, p. 23.

[43] Brief an Morris R. *Cohen* vom 5. Februar 1919, The Holmes-Cohen Correspondence, 9 Journal of the History of Ideas 3 (1948).

Die Pragmatisten sehen menschliches Denken und Handeln unter dem Aspekt der Anpassung, der Bewährung im Lebenskampf[44]. Dies haben sie mit dem Sozialdarwinismus gemeinsam. Dagegen bereiteten sie der Doktrin vom erstrebenswerten Überleben der bloß Kampffähigsten in Amerika ein Ende und wollten freiem menschlichen Handeln wieder einen Raum öffnen. Es fragt sich allerdings, ob dieser Gedanke tauglich ist, wenn man den Hauptsatz des Evolutionismus: die These von der „ständigen Anpassung", als Grundlage beibehält. Die „Reformer" glaubten jedenfalls, daß man Darwin nicht so auslegen müsse, wie Spencer und Sumner es getan hatten[45], daß der Gesellschaftsprozeß zweckvoll durch die Menschen gesteuert werden könne[46]. Sie wandten sich dagegen, solche Konzepte wie „struggle for existence" und „survival of the fittest" als Rechtfertigung des Laissez-faire-Kapitalismus auszugeben[47]. In Übereinstimmung mit der aufklärerischen Tradition forderten sie zweckvolles Experimentieren.

Die Grundlage dieser Auffassung kommt am klarsten in Holmes' berühmtem Minderheitsvotum in dem Fall „Abrams v. United States" (1919) zum Ausdruck. Es heißt dort zum Recht der freien Meinungsäußerung: Wenn die Menschen erkennen, daß der Zeitablauf vielen kämpferischen Weltanschauungen ein Ende bereitet hat, dann werden sie vielleicht einsehen, daß die wirksamste Prüfung der Wahrheit jene Kraft des Gedankens ist, sich im Wettbewerb des Marktes durchzusetzen, und daß Wahrheit der einzige Boden ist, auf dem ihre Wünsche Erfüllung finden können. "That, at any rate, is the theory of our Constitution. It is an experiment, as all life is an experiment[48]."

In seinem Aufsatz „Justice Holmes and the Liberal Mind" beschreibt Dewey die Rechtsphilosophie Holmes' als den Glauben daran, daß das

---

[44] Einer ausgesprochen evolutionistischen Terminologie bedient sich Arthur L. *Corbin*, The Law and the Judges, 3 (new series) Yale Review 234 (247) (1914): "What is the test of right or wrong, of truth and error, of sound law and bad law? The final test is survival in conflict. The fittest survive." Vgl. auch Underhill *Moore*, Rational Basis of Legal Institutions, 23 Columbia Law Review 609 (614) (1923/24).

[45] Vgl. *Hofstadter*, op. cit., p. 5.

[46] Siehe *Ward*, I Dynamic Sociology VI.

[47] Charakteristisch für die Auffassungen der „Reformer" ist *Veblens* Bemerkung: "Institutions are not only themselves the result of a selected and adaptive process which shapes the prevailing or dominant types of spiritual attitude and aptitudes; they are at the same time special methods of life and of human relations, and are therefore in their turn efficient factors of selection"; Thorstein *Veblen*, The Theory of the Leisure Class, p. 188. Vgl. dazu die Kritik Theodor W. *Adornos*, Prismen, Kulturkritik, Gesellschaft, S. 70: Die Modifikation der Anpassungslehre „erreicht kaum je den Punkt, an dem die absolute Notwendigkeit der Anpassung als solche in Frage gestellt würde."

[48] Abrams v. United States, 250 U. S. 616 (630) (1919).

amerikanische Gesellschaftssystem innerhalb bestimmter, weitgezogener Grenzen ein System des Experimentierens sei, dem „Gottesurteil" (ordeal) der Erfahrung unterworfen[49]. Es stellt sich allerdings die Frage, ob dieses Denken, orientiert an dem Konzept der „Verifizierung" einer Idee, erkenntnistheoretisch über den Subjektivismus Benthams hinausführt.

b) *Der Individualismus William James'*

Der Psychologe James verneinte die Frage nach der objektiven Wahrheit. Für ihn ist Wahrheit lediglich Gegenstand unmittelbarer, partikulärer Erfahrung des Individuums[50], ein Gefühl[51], das von dem hinter ihm stehenden Willen bestimmt wird, denn unsere nichtintellektuelle Natur beeinflußt unsere Überzeugungen[52]. James' Erkenntnistheorie leugnet den allgemeinen Charakter der Wahrheit[53].

Baumgarten hat darauf hingewiesen, daß dieser dynamisch gefaßte Wahrheitsbegriff aufs engste mit der Bedeutung der Kategorie „Prozeß" für das Jamessche Denken zusammenhängt: „Subjekt und Objekt sind beide als in Bewegung befindliche Mächte gefaßt, und jede Übereinstimmung, die sich zwischen ihnen herstellen läßt, kann gleichfalls nur

---

[49] *Dewey*, Justice Holmes and the Liberal Mind, in Felix Frankfurter (ed.), Mr. Justice Holmes, p. 38. Sein eigenes Denken hat *Holmes* allerdings nur in einem geringen Maße diesem „Gottesurteil" unterstellt; vgl. *Konefsky*, The Legacy of Holmes and Brandeis, p. 272. Er hat zwar an das Recht zum Experiment, nicht aber an die Wichtigkeit des Experimentierens geglaubt; *Konefsky*, op. cit., p. 133. Als Beispiel kann das Minderheitsvotum in dem 1900 entschiedenen Fall „Plant v. Woods" herangezogen werden, in dem es um die Streikdrohung einer Gewerkschaft ging, die für einen bestimmten Betrieb einen „closed shop" erreichen wollte, also eine Vereinbarung, die dem Arbeitgeber auferlegte, nur Mitglieder dieser Gewerkschaft zu beschäftigen. Die Klage wurde von einer rivalisierenden Gewerkschaft eingebracht. *Holmes*' Minderheitsvotum stützt sich im wesentlichen darauf, daß der Streik ein rechtmäßiges Mittel in dem „Kampf ums Dasein" sei (vgl. *Holmes*' Minderheitsvotum in „Vegelahn v. Guntner", 167 Mass. 92 (104) (1896). Das Votum ist deshalb von Interesse, weil *Holmes* ausdrücklich versichert, daß der Streik zwar rechtmäßig sei, er sich aber keinen Illusionen über seinen Erfolg hingebe, denn es könne kein Zweifel darüber bestehen, daß der Anteil der Arbeitnehmer am Sozialprodukt durch Streiks nicht erhöht werde, sondern es sei lediglich so, daß eine Arbeitnehmergruppe auf Kosten einer anderen mehr erhalte; Plant v. Woods, 176 Mass. 492 (505) (1900). *Lerner* hat hervorgehoben, daß diese Theorie, die ein absolutes und unveränderliches jährliches Sozialprodukt voraussetzt, schlecht mit *Holmes*' Realismus vereinbar sei; Max *Lerner*, The Mind and Faith of Justice Holmes, p. 119. Zu *Holmes*' Wirtschaftsdenken vgl. seinen Brief über „Economic Elements" Collected Legal Papers, p. 279. Zu dem ganzen Fragenkomplex siehe *Konefsky*, op. cit., p. 32 ff.

[50] *James*, op. cit., p. 199.

[51] *James*, op. cit., p. 204.

[52] *James*, Der Wille zum Glauben, S. 11.

[53] Zu dem um diese Fragen unter den Pragmatisten entbrannten Streit vgl. *Schneider*, a. a. O., S. 303 ff.

eine Bewegung, ein Prozeß sein, der vom Subjekt her so geführt wird, daß er sich lohnt — lohnt im Sinne eines besseren und reicheren gemeinsamen Fortkommens von Subjekt und Objekt miteinander[54]." Baumgarten hat ebenfalls den Zusammenhang mit dem daraus folgenden Pluralismus deutlich gemacht: „Da jede Wahrheit dynamisch als ein Sich-bewahrheiten gefaßt ist und als solches nur in der Tat eines Subjekts geschehen kann, gibt es so viele Wahrheiten als Subjekte tätig und führend sind — vorausgesetzt, daß sich ihre Führung als sachlich fruchtbare und lohnende herausstellt, derart daß Subjekt und Objekt in neue erfolgreiche Verbindung zueinander gebracht werden[55]."

Da das Urteil über die „Verifikation", die Zweckmäßigkeit somit allein von dem Subjekt abhängt, bleibt James nichts anderes übrig, als partikuläre Erfahrungen zu addieren, wenn er zu einem umfassenden Urteil über die Wahrheit von etwas gelangen will.

c) Holmes' „can't helps"

Gleiches gilt für Holmes, in dessen Denken Wiener einen individualistisch-subjektiven und einen gesellschaftlich-objektiven Wahrheitsbegriff unterscheidet[56]. Denn auch die „objektive" Komponente, das ständige „Testen" der Überzeugungen im Wettbewerb des Markts, ist im Grunde nichts anderes als die „Annahme" einer „Wahrheit" durch andere Individuen. Holmes' Wahrheitsbegriff trägt stark skeptizistische, stark relativistische Züge. Letztlich gibt es für ihn kaum eine andere Begründung der Wahrheit als ein „Ich kann nicht anders" (I can't help), ich muß dies glauben. "All I mean by truth is the road I can't help travelling[57]." Immer wieder taucht diese Formulierung in den Aufsätzen, Briefen und Reden des Richters auf: "When I say that a thing is true, I mean that I cannot help believing it. I am stating an experience as to which there is no choice. But as there are many things that I cannot help doing that the universe can, I do not venture to assume that my inabilities in the way of thought are inablities of the universe. I therefore define the thruth as the system of my limitations, and leave

---

[54] Eduard *Baumgarten*, Die geistigen Grundlagen des amerikanischen Gemeinwesens, Bd. II: Der Pragmatismus, S. 192.

[55] *Baumgarten*, a. a. O., S. 193. Zu *James* im allgemeinen vgl. die Darstellung von *Baumgarten*, a. a. O., S. 97 ff.; siehe ebenfalls *Schneider*, a. a. O., S. 303 ff.; *Blau*, a. a. O., S. 288 ff. Die Bedeutung William *James'* für die Rechtsphilosophie wird in einem „Versuch um die Weiterbildung der idealistischen Interpretation der Jamesschen Philosophie" untersucht von Kurt *Nassauer*, Die Rechtsphilosophie William James', S. 40 ff.

[56] *Wiener*, op. cit., p. 187.

[57] Brief an Lady *Pollock* vom 27. Oktober 1901, 1 Holmes-Pollock Letters 100.

absolute truth for those who are better equipped. With absolute truth I leave absolute ideals of conduct equally on one side[58]."

Diesem „Ich kann nicht anders“ wird eine gewisse Objektivität nur dadurch verliehen, „that I find my fellow men to a greater or lesser extent (never wholly) subject to the same Can't helps“[59]. In seinem gegen Ende des Ersten Weltkriegs veröffentlichten Aufsatz über das Naturrecht verweist Holmes darauf, daß er in seiner Jugend Wahrheit als die Mehrheitsentscheidung desjenigen Volkes bezeichnet habe, das alle anderen schlagen könne (und „sicherlich dürfen wir damit rechnen, daß das allgemein anerkannte Urteil über den jetzigen Krieg zum großen Teil darauf beruhen wird, welche Seite gewinnt ...“). Holmes fährt fort, indem er sich zu jener jugendlichen Stellungnahme bekennt, „in so far as it implied that our test of truth is a reference to either a present or an imagined future majority in favor of our view“[60].

Hatte Holmes Moral und Denken als Mittel verstanden, sich an die Bedingungen des Lebens anzupassen, die erst dadurch zu „Idealen“ werden, daß der Mensch sie verabsolutiert[61], so zeigt diese Bezugnahme auf Mehrheitsmeinungen, daß eine solche Relativierung nicht nur in eine gefährliche Nähe zum Sozialdarwinismus zurückfallen kann[62], sondern daß sie auch den introspektiven Individualismus James' nur in ganz beschränktem Maße überwindet[63].

In einer ausgezeichneten detaillierten Kritik Holmes' hat Rogat gezeigt, daß auch Holmes' prediction theory seinen Skeptizismus reflektiert. Das Verständnis des Rechts als Voraussage von Gerichtsentschei-

---

[58] *Holmes,* Collected Legal Papers, p. 304/305.

[59] *Holmes,* op. cit., p. 310.

[60] *Holmes,* op. cit., p. 310. Diese Anschauung Holmes' geht allerdings Hand in Hand mit einer skeptizistischen Toleranz: Haben wir erst einmal erkannt, warum wir bestimmten Ansichten in dogmatischer Weise den Vorzug geben (etwa weil wir von klein auf daran gewöhnt sind), dann müssen wir auch dem anderen das Recht zubilligen, bezüglich der eigenen Meinung ebenso dogmatisch zu sein; *Holmes,* op. cit., p. 311. Juristisch führt diese erkenntnistheoretische Position zu der noch zu erörternden Lehre von dem „judicial self-restraint“.

[61] Brief an Morris R. *Cohen* vom 6. Sept. 1920, The Holmes-Cohen Correspondence, 9 Journal of the History of Ideas 23.

[62] Vgl. die Bemerkung *Konefskys:* "The detachment idealized by *Holmes* is a potential hazard in constitutional adjudication; it could lead to the form of social irresponsibility with which history has charged the Court's erstwhile conservatives"; *Konefsky,* The Legacy of Holmes and Brandeis, p. 277.

[63] *Holmes* schreibt: "I am so far able to transcend the to me convincing testimony of my senses or my reason as to recognize that if I am alone probably something is wrong with my works“; Collected Legal Papers, p. 311.

dungen basiert auf der Position des „Zuschauers“, der fernsteht und Legalität und Legitimität nicht unterscheidet[64].

d) *Der Kulturzusammenhang als Grundlage der Erkenntnis bei Dewey*

aa) Die Überwindung der Diskrepanz zwischen Denken und Handeln

Dewey hält dem psychologischen Individualismus entgegen, daß alles soziale Leben nur in seinem kulturellen Zusammenhang verstanden werden könne. Der gesamte Kulturzusammenhang wird für Dewey zu einem bestimmenden Faktor der Erkenntnistheorie und des Wahrheitsverständnisses: "What is already known, what is accepted as truth, is of immense importance; inquiry could not proceed a step without it. But it is held subject to use, and it is at the mercy of the discoveries which it makes possible. It has to be adjusted to the latter and not the latter to it[65]." "'Laws' of social life, when it is genuinely human, are like laws of engineering. If you want certain results, certain means must be found and employed. The key to the situation is a clear conception of consequences wanted, and of the technique for reaching them, together with, of course, the state of desires and aversions which causes some consequences to be wanted rather than others. All of these things are functions of the prevailing culture of the period[66]."

Dewey wirft der nichtempirischen „philosophischen“ Methode dreifaches Versagen vor: (1) Es fehlt an jeder Verifizierung, es wird keinerlei Anstrengung gemacht, zu testen und zu prüfen. (2) Die nichtempirische Methode trägt nichts zu einem vertieften und erweiterten Ver-

---

[64] Yosal *Rogat*, The Judge as Spectator, 31 University of Chicago Law Review 213 (248) (1964); ders., Mr. Justice Holmes: A Dissenting Opinion, 15 Stanford Law Review 3 (11) (1962).

[65] *Dewey*, Experience and Nature, p. 154. *Deweys* Vorläufer im Metaphysischen Klub ist insoweit Charles S. *Peirce*. In einer 1903 verfaßten Fußnote zu seinem erstmals 1877 erschienenen Aufsatz „The Fixation of Belief“ schreibt *Peirce:* "For truth is neither more nor less than that character of a proposition which consists in this, that belief in the proposition would, with sufficient experience and reflection, lead us to such conduct as would tend to satisfy the desires we should then have"; *Peirce*, Values in a Universe of Chance, p. 100. Dieses Zitat verdeutlicht drei wesentliche Elemente Peirceschen Denkens: (1) Wahrheit wird erkannt durch Erfahrung auf Grund Verhaltens und Reflexion über Verhalten. (2) Wahrheit bedarf des experimentellen Beweises. (3) Wahrheit ist nicht etwas rein Subjektives. Wahrheit wird geprägt durch einen „habit of mind“; vgl. *Peirce*, op. cit., p. 96. Es handelt sich dabei aber nicht um eine subjektive Meinung, sondern Wahrheit ist „public“: sie ist das, wovon jeder sich überzeugen müßte, wenn er seine Nachforschungen, seine Fragen, sein aufrichtiges Suchen nach einem „immovable belief“ nur weit genug triebe; Brief an Lady *Welby* vom 23. Dezember 1908, op. cit., p. 398. Zu Peirce vgl. vor allem Joseph L. *Blau*, Philosophie und Philosophen Amerikas, S. 275 ff.; ebenfalls *Schneider*, Geschichte der amerikanischen Philosophie, S. 301 ff.

[66] *Dewey*, The Public and its Problems, p. 197.

ständnis der Gegenstände alltäglicher Erfahrung bei. (3) Dieses Fehlen aller funktionalen Bezüge wirkt auf den Gegenstand philosophischer Betrachtung zurück. Indem es an jeder Überprüfung an den Erfahrungen des Alltags fehlt, und die Konsequenzen nicht erkannt werden, bekommt der Gegenstand selbst einen willkürlichen, über den Dingen schwebenden, abstrakten Charakter, wird unfruchtbar, weil er unmodifiziert und steril bleibt[67].

Die Diskrepanz zwischen Denken und Handeln ruft in den Augen der Pragmatisten nach einer Anwendung der naturwissenschaftlichen Methode in den Geisteswissenschaften[68], denn „man who lives in a world of hazards is compelled to seek for security“[69], die nach Ansicht Deweys nur durch eine Verbindung von Denken und Handeln zu erreichen ist, eine Verbindung, die sich für Dewey als eine „kopernikanische Revolution“ darstellt. Die Wissenschaft stellt nicht mehr auf unveränderliche Absoluta ab, sondern erwartet Sicherheit nur von einer Kontrolle der Veränderungen; folglich entnimmt sie ihre Kriterien nicht so sehr den Ursachen als den Folgen, sie verläßt sich nicht auf die Vergangenheit, sondern widmet sich der zweckgesteuerten Errichtung der Zukunft[70]. "The serious matter is that philosophies have denied that common experience is capable of developing from within itself methods which will secure directions for itself and will create inherent standards of judgment and value[71]."

bb) Die Mittel-Zweck-Kategorie und die Werttheorie

Dewey ist der einzige unter den Pragmatisten, der wirklich den Versuch macht, die Frage nach den „inherent standards of judgment and value“ zu beantworten. Dieser Versuch besteht zunächst darin, die Unterscheidung von Zweck und Mittel, Wert und Instrument als willkürlich aufzugeben: es sei widersprüchlich zu behaupten, sagt Dewey, daß, wenn die Erfüllung von etwas einen Wert besitzt, die Mittel zu seiner Erreichung nicht ebenfalls Wert haben[72]. Wird damit für Dewey schon von dieser Seite die Unterscheidung von Sein und Sollen zweifelhaft, so entfällt sie vollends, wenn wir eine genauere Betrachtung der

[67] *Dewey*, op. cit., p. 6.

[68] *Dewey*, op. cit., p. 2 a.

[69] *Dewey*, The Quest for Certainty, p. 3.

[70] *Dewey*, op. cit., p. 290. Vgl. dazu aber *Nietzsche*, Der Wille zur Macht, Aphorismus 666 (*Kröner*, S. 445): „Demgegenüber bedarf der ‚Zweck‘ einer strengen Kritik: Man muß einsehen, daß eine Handlung niemals verursacht wird durch einen Zweck; daß Zweck und Mittel Auslegungen sind, wobei gewisse Punkte eines Geschehens unterstrichen und herausgewählt werden, auf Kosten anderer, und zwar der meisten ...“

[71] *Dewey*, Experience and Nature, p. 38.

[72] *Dewey*, op. cit., p. 397.

Werte vornehmen: „Es gibt keinen Raum für eine Theorie der Werte, die von einer Theorie der Natur unterschieden ist[73]." Werte, Ziele sind experimentell und dynamisch bestimmt: Bewegung, Anpassung verschiedener Energiesysteme in ihrer Wechselwirkung[74].

Dewey will die Trennung von Sein und Sollen aufheben, indem er Werte als ein Sein versteht. Freilich nicht als ein unqualifiziertes Sein. Die bloße Tatsache, daß etwas begehrt wird, macht den Gegenstand des Begehrens noch nicht wertvoll. „Die Tatsache, daß etwas begehrt wird, führt zu der Frage, ob es begehrenswert (desirable) sei[75]." Die Antwort auf diese Frage lautet: Werte sind zwar inhärent mit Begehren verbunden, „jedoch nicht mit jedem beliebigen Begehren, sondern nur mit demjenigen, das unser abwägendes Urteil nach einer Prüfung der Zusammenhänge, in denen der begehrte Gegenstand steht, bejaht hat[76]". Wessen es also bedarf, ist eine „wissenschaftliche" Untersuchung der Gründe des Begehrens, der Mittel zu seiner Erreichung und seiner Folgen.

Um dieses am Recht zu exemplifizieren: wollen wir wissen, ob alte Normierungen noch den neuen Bedingungen entsprechen, so bedürfen wir einer Überprüfung der Folgen, die jene überlieferten Einrichtungen und Bräuche haben; auf dieser Grundlage kann dann eine vernünftige Erwägung der zwecks Modifizierung zu ergreifenden Maßnahmen erfolgen[77].

In letzter Konsequenz erhebt Dewey damit das, was er unter Wissenschaftlichkeit versteht, zum einzigen Wert[78], läßt aber die Frage, welches Verhalten unter verschiedenen gleichermaßen geprüften begehrenswert ist, offen[79]. Es ist von White darauf hingewiesen worden, daß auf diese Weise das Problem der Trennung von Sein und Sollen nicht beantwortet wird, denn daß etwas sich nach wissenschaftlicher Prüfung als wirklich erweist, legt niemandem eine Verpflichtung auf[80].

Die vom Pragmatismus geforderte Prüfung des Gegebenen als Grundlage, auf der gehandelt werden soll, führt letztlich zu nichts anderem als einer Anpassung an dieses Gegebene. Damit wird wirkliches Handeln allerdings gefährdet, denn auch die es bestimmenden

---

[73] *Dewey*, op. cit., p. 395.

[74] *Dewey*, op. cit., p. 395.

[75] *Dewey*, The Quest for Certainty, p. 260.

[76] *Dewey*, op. cit., p. 264.

[77] *Dewey*, op. cit., p. 273.

[78] Vgl. Filmer S. C. *Northrop*, The Complexity of Legal and Ethical Experience, p. 47.

[79] *Löffelholz*, Die Rechtsphilosophie des Pragmatismus, S. 53; Eduard *Baumgarten*, a. a. O., S. 462.

[80] Morton *White*, Social Thought in America, p. 214; vgl. auch *Crick*, The American Science of Politics, p. 90 ff.

pragmatischen Erwägungen verleihen dem Handeln keinen Sinn, da sie nur Glieder einer endlosen Kette von Zweck-Mittel-Relationen sind[81]. "An end... is rational in so far only", schreibt der Rechtspragmatist Underhill Moore, "as it is a means to another end... Events are related to events so that each is at once an end and a means[82]." Es gibt keine Möglichkeit, die Zwecke anders zu rechtfertigen, denn als Mittel, während die Zweck-Mittel-Kategorie selbst ohne Rechtfertigung bleibt[83]. Daraus folgt entweder die Sinnlosigkeit des Handelns oder die bloße Aufrechterhaltung des Lebensprozesses als Ziel[84]. Dieses Ergebnis darf allerdings nicht betrachtet werden, ohne daß zugleich auf die Grenzen Bezug genommen wird, die sich der Pragmatismus selbst gesetzt hat. Sie sind im letzten Abschnitt dieses Kapitels zu erörtern.

5. Die „prediction theory"

a) Recht als Voraussage von Entscheidungen

Die Anwendung der pragmatisch-naturwissenschaftlichen Erkenntnistheorie in der Rechtswissenschaft findet eine ihrer Ausdrucksformen in der prediction theory von Holmes. Dem Grundsatz des Pragmatismus entsprechend wird das Recht als etwas verstanden, das durch Experiment zu beweisen ist, das im Augenblick seiner Verifizierung Folgen haben würde. Holmes hat die prediction theory zusammengefaßt in den Worten: "The prophecies of what the courts will do in fact and nothing more pretentious are what I mean by the law[85]."

Dieses Konzept ist von dem „quest for certainty" ebenso bestimmt[86], wie durch das pragmatische Postulat der Beweisbarkeit: nur wenn die Gegenstände unserer Vorstellung einen Bezug zur „wirklichen Welt", nur wenn sie Folgen haben, können sie als wahr angesehen werden[87].

Die Identifizierung des Rechts mit einem Faktum hat einen Vorläufer wiederum in Benthams Nominalismus[88]. Holmes' Feststellung, „for

---

[81] *Nietzsche*, a. a. O., spricht von einem „Zweckprogressus in infinitum".

[82] Underhill *Moore*, Rational Basis of Legal Institutions, 23 Columbia Law Review 609 (612) (1923/24).

[83] Vgl. Hannah *Arendt*, Vita Activa, S. 140/141.

[84] Vgl. dazu *Nietzsche*, a. a. O.: „... man hatte endlich nötig, sich einen Platz in dem ‚Welt-Prozeß' auszumachen (mit der dys-dämonischen Perspektive vielleicht, daß es der Prozeß ins Nichts sei)." Auf diese Fragestellung wird im Zusammenhang mit *Lasswells* und *McDougals* „value-oriented jurisprudence" noch ausführlich einzugehen sein.

[85] *Holmes*, Collected Legal Papers, p. 173.

[86] Es spiegelt insoweit die Auffassung des Praktikers wider, auf den *Holmes* in seiner Pollock Rezension, 6 American Law Review 723 (1872) Bezug nimmt. Vgl. dazu *Allen*, Law in the Making, p. 42.

[87] Siehe etwa Joseph W. *Bingham*, What is the Law?, 11 Michigan Law Review 1 (11) (1912/13).

[88] Dazu siehe Felix S. *Cohen*, The Legal Conscience, p. 182.

legal purposes a right is only the hypostasis of a prophecy"[89], steht der „Theory of Fictions" sehr nahe: "When a man is said to have a right..., the existence of a certain matter of fact is asserted; namely of a disposition on the part of those by whom the powers of government are exercised, to cause him to possess, and so far as depends upon them to have the faculty of enjoying the benefit to which he has a right[90]."

Dieses „hypostasierende" Verständnis des Rechts bedeutet nicht, daß es in jedem einzelnen Fall einer Gerichtsentscheidung bedarf, um das Recht zu realisieren, sondern im Gegenteil macht die Voraussage den Rekurs auf die Gerichte häufig überflüssig, denn selbst der „bad man" „is likely ... to care a good deal to avoid being made to pay money, and will want to keep out of jail if he can"[91]. Hierin zeigt sich, daß die prediction theory nicht nur die Konstatierung richterlichen Rechts zum Gegenstand hat, sondern daß sie zugleich ein Versuch ist, die gesellschaftliche Bedeutung der Gerichtsentscheidungen zu verstehen. Die Rechtswissenschaft beschäftigt sich mit der „prediction of the incidence of the public force through the instrumentality of the courts"[92]. Die realistische Mißachtung bloßer „paper rules"[93] ist nicht nur durch die pragmatische Philosophie beeinflußt, sondern folgt in ihrer Akzentuierung der Sanktion ebenso der Hobbesianischen Tradition[94], die im politischen Denken Amerikas einen ihrer frühesten Vertreter in Alexander Hamilton gefunden hatte: "It is essential to the idea of law, that it be attached with a sanction, or, in other words, a penalty or punishment for disobedience. If there be no penalty annexed to disobedience, the resolutions or commands which pretend to be laws will in fact amount to nothing more than advice or recommendation[95]."

Gegen dieses Sanktionsdenken erhebt sich der Einwand, daß der überwiegende Teil der rechtlichen Probleme im Alltagsleben überhaupt nicht vor den Richter kommt[96]. Holmes begegnet dieser Kritik bereits in

---

[89] *Holmes*, Collected Legal Papers, p. 313.

[90] *Bentham*, Theory of Fictions, p. 119.

[91] *Holmes*, op. cit., p. 170.

[92] *Holmes*, op. cit., p. 167. Ähnlich sagt *Llewellyn:* "As long as the officials are present and capable of being called upon, you may reckon with them"; *Llewellyn*, The Bramble Bush, p. 21. Zu *Llewellyns* Rechtssoziologie vgl. im einzelnen *Rehbinder*, Karl N. *Llewellyn* als Rechtssoziologe, Kölner Zeitschrift für Soziologie und Sozialpsychologie 18, 532 (1966).

[93] Dazu *Llewellyn*, Jurisprudence, p. 25 ff.

[94] Vgl. etwa *Hobbes* Leviathan, Ch. 26.

[95] *Hamilton*, The Federalist No. 15; Cooke (ed.), p. 95. Entsprechend heißt es bei *Holmes* über Gesetze, die die Bevölkerung zum geschlossenen Widerstand veranlassen würden: "A statute in such a case would by empty words, not because it was wrong, but because it could not be enforced"; *Holmes*, op. cit., p. 172. Vgl. auch Bentley, The Process of Government, p. 276.

[96] *Löffelholz*, Die Rechtsphilosophie des Pragmatismus, S. 74.

einer seiner frühesten Veröffentlichungen, indem er hervorhebt, „that the rules enforced in that way did not always depend on the courts for the efficiency in governing conduct“[97]. Es wäre also unrichtig, die realistische Rechtstheorie einseitig auf die Voraussage „of the incident of public force“ festzulegen; zutreffend ist es dagegen, daß dieser Aspekt betont wird, weil der Realismus nicht allein auf die „vague sanctions of conscience“ vertraut[98]. Von diesem Standpunkt aus sind „rules“ nichts als „prophecies“, hypothetische Formulierungen, die auf der Beobachtung einer sich wiederholenden Erscheinung beruhen[99]. Sie bedürfen des experimentellen Beweises, es muß sich zeigen, ob sie in der Konfliktsituation überleben.

An dieser realistischen Betonung der Seinsseite des Rechts ist richtig, daß das Recht der Positivität bedarf, um Recht zu sein. Da es Recht in dieser natürlich-historischen Welt ist, muß es notwendig positiv sein, denn erst dann ist das Recht für uns überhaupt da, „geht es uns als Recht etwas an“[100]. Das Problem liegt in der Trennung von Recht und Moral im Realismus.

Holmes' „bad man theory of law“ betont mit der Faktizität des Rechts seinen instrumentalen Aspekt[101]: es kann als Mittel zur Ordnung der Gesellschaft dienen, ohne daß jeweils auf möglicherweise umstrittene ethische Normen Bezug genommen werden muß. “You can see very plainly that a bad man has as much reason as a good one for wishing to avoid an encounter with the public force, and therefore you can see the practical importance of the distinction between morality and law[102].”

Wichtiger noch ist der „Realismus“, der der prediction theory zugrunde liegt. Es soll ein zu leichtfertiges Vertrauen auf Rechte zerstört werden, die nicht durchsetzbar sind. “For instance, when we speak of the rights of man in a moral sense, we mean to mark the limits of interference with individual freedom which we think are prescribed by conscience or by our ideal, however reached. Yet it is certain that many

---

[97] *Holmes*, 6 American Law Review 723 (1872).

[98] *Holmes*, Collected Legal Papers, p. 171.

[99] Siehe *Cook*, The Logical and Legal Bases of the Conflict of Laws, 33 Yale Law Journal 457 (1924); ebenfalls die identische Formulierung von *Yntema*, The Hornbook Method and the Conflict of Laws, 37 Yale Law Journal 468 (481) (1927/28). *Holmes*, op. cit., p. 168, sagt: “It is to make the prophecies easier to be remembered and to be understood that the teachings of the decisions of the past are put into general propositions and gathered into text books, or that statutes are passed in a general form.”

[100] Arthur *Kaufmann*, Naturrecht und Geschichtlichkeit, S. 27; Erik *Wolf*, Das Problem der Naturrechtslehre, S. 173.

[101] Vgl. H. L. A. *Hart*, Positivism and the Separation of Law and Morals, 71 Harvard Law Review 593 (600) (1958).

[102] *Holmes*, op. cit., p. 170.

laws have been enforced in the past, and it is likely that some are enforced now, which are condemned by the most enlightened opinion of the time...[103]." Diese realistische Auffassung besagt nicht, daß alles Recht „richtiges" Recht sei, ganz im Gegenteil, „no one will deny that wrong statutes can be and are enforced"[104]. Es wird die Tatsache akzentuiert, daß häufig ein nicht geschütztes Recht „wertlos" ist.

Auch wenn der Realismus dem mit Hilfe der Staatsgewalt durchgesetzten unrichtigen Recht die Rechtseigenschaft nicht abspricht, so ist ihm doch nicht zweifelhaft, daß damit über die „moralische" Frage des Widerstandes noch nichts gesagt ist[105] und daß alles Recht auf seine Richtigkeit geprüft werden muß.

Die Kriterien, an denen der Realismus das „richtige Recht" mißt, sind pragmatisch-utilitaristische. Im vorhergehenden Abschnitt ist zu zeigen versucht worden, daß sie letztlich keinen Maßstab geben können[106]. Nicht verkannt werden darf aber, daß hinter der utilitaristischen Terminologie die ethische Fragestellung steht. „The Path of the Law", der Aufsatz, in dem Holmes seine prediction theory entwickelt, enthält bereits am Anfang eine entschiedene Warnung: "I take it for granted that no hearer of mine will misinterpret what I have to say as the language of cynicism. The law is the witness and external deposit of our moral life. Its history is the history of the moral development of the race[107]." Llewellyn hat in dem aus dem Jahre 1950 stammenden Vorwort zu seinem „Bramble Bush" die „Verhaltensdefinition" des Rechts als „unhappy" und „a very partial statement of the whole truth" bezeichnet. "Moreover no man sees law whole who ever forgets that one inherent drive which is a living part of even the most wrongheaded and arbitrary legal system is a drive — patent or latent, throbbing or faint-pulsed, impatient or sluggish, but always present — to make the system, its detail and its officials more closely realize an ideal of justice[108]." Es ist denn auch bezeichnend, daß die realistische Literatur sich viel weniger mit Voraussage von Gerichtsentscheidungen beschäftigt hat als mit dem Kampf gegen die Begriffsjurisprudenz, der

---

[103] *Holmes*, op. cit., p. 171.

[104] *Holmes*, op. cit., p. 172.

[105] Vgl. *Hart*, op. cit., p. 620.

[106] Jede Kritik muß die Standortlosigkeit der gegenwärtigen Rechtsphilosophie in Erwägung ziehen; vgl. Arthur *Kaufmann*, Zur rechtsphilosophischen Situation der Gegenwart, Juristenzeitung 1963, 137 (141). Können die „Natur des Menschen", sein „Selbstverständnis", „sachlogische Strukturen", die „Natur der Sache", die „Fundamentaldialektik der menschlichen Person als Individualperson und Sozialperson" als Maßstab dienen? Welche Bedeutung hat die Geschichtlichkeit für die „Richtigkeit" des Rechts?

[107] *Holmes*, op. cit., p. 170. Vgl. hierzu auch Mark DeWolfe *Howe*, The Positivism of Mr. Justice Holmes, 64 Harvard Law Review 529 (1951).

[108] *Llewellyn*, The Bramble Bush, p. 9.

Klärung juristischer Zweifelsfragen, der Darlegung rechtspolitischer Probleme, der „Anpassung“ veralteten Rechts[109].

b) Die praktische Bedeutung der „prediction theory“

Betrachtet man die realistische Rechtstheorie unter dem zuletzt genannten Gesichtspunkt, so ist es weniger merkwürdig, als man zunächst annehmen möchte, daß trotz der „prediction theory“ eine systematische, „wissenschaftliche“ Voraussage von Gerichtsentscheidungen bis in das letzte Jahrzehnt praktisch nicht versucht worden ist. Indem der Realismus immer stärker den Gesichtspunkt der Anpassung veralteten Rechts, des Experiments bei der Schaffung „richtigen“ Rechts, in den Mittelpunkt rückte, „versöhnte“ er sich mit der Erscheinung der Unsicherheit[110]. Auf Grund ihrer eigenen Argumente gegen den analytischen Positivismus erschien den Realisten diese Unsicherheit geradezu als unvermeidbar, ihre Einsicht in die Komplexität der Urteilsvorgänge hinderte sie daran, auf die Möglichkeit „wissenschaftlicher“ Voraussage zu vertrauen[111].

In der realistischen Literatur hat es nur einen groß angelegten Versuch gegeben, das Problem der Voraussage von Gerichtsentscheidungen näher zu untersuchen, es ist Llewellyns erst 1960 erschienenes, bereits erwähntes Werk „The Common Law Tradition — Deciding Appeals“. Diese Arbeit ist deshalb besonders bemerkenswert, weil sie im Gegensatz zu den Hauptthesen des Realismus fast ausschließlich auf Urteilsbegründungen abstellt, um herauszufinden, was die Entscheidung eines Gerichtes motiviert hat, und die so gewonnenen Ergebnisse als Grundlage der „reckonability“ betrachtet.

Llewellyn anerkennt zwar die Rolle, die die Psychologie bei der Entstehung des Realismus gespielt hat[112], verzichtet aber bewußt auf ihre Anwendung, weil es ihm an Vertrauen in die Praktikabilität psychologischer Methoden fehlt: “In such a maze, to reach for signs of actual motivation ... is surely, urges the skeptic, to do blind amateur pseudo-psychoanalytical guesswork ...” Es ist fast eine Paradoxie, daß eine realistische Betrachtung, in Llewellyns Augen, nun gerade das fordert, was der Realismus mit äußerster Kritik bedacht hatte: “No, says the

---

[109] Vgl. dazu *Llewellyns* Aufsatz „Some Realism about Realism“; *Llewellyn*, Jurisprudence, p. 74; der Aufsatz ist ursprünglich erschienen in 44 Harvard Law Review 1222 (1931).

[110] Vgl. *Cardozos* Bemerkung: “I have become reconciled to the uncertainty, because I have grown to see it as inevitable. I have grown to see that the process in its highest reaches is not discovery, but creation”; *Cardozo*, The Nature of the Judicial Process, p. 166.

[111] Siehe Max *Radin*, Scientific Method and the Law, 19 California Law Review 164 (170) (1931); vgl. auch *Frank*, Courts on Trial, p. 203.

[112] *Llewellyn*, The Common Law Tradition, p. 12.

skeptic, the only safe course is to follow the lawyer's ancient practice[113]."

Das Ziel von Llewellyns Untersuchungen ist allerdings nicht die „sichere" Voraussage, sondern der Nachweis von Entscheidungstrends mit einer „reasonable regularity"[114]. So kommt Llewellyn zu dem Ergebnis, daß der eingangs beschriebene „Grand Style" die eigentliche Grundlage der Berechenbarkeit von Revisionsentscheidungen darstellt, das heißt, daß die „reason" der Entscheidungen, die common law principles und die rechtspolitischen Erwägungen die Mittel der Voraussage abgeben[115].

Es kann nicht überraschen, daß Llewellyn von anderen Realisten, z. B. dem Richter Charles E. Clark, scharfe Kritik erfahren hat: "If predictive analysis is to omit the decisive influence in the new case (where predictability would be most useful) of the judicial bias or code of personal values, then the results, as experience demonstrates over and over, are to the last degree dubious[116]." Diese Kritik erscheint als nicht ungerechtfertigt, doch darf der Gegensatz beider Anschauungen nicht überbewertet werden, denn Llewellyn glaubt, daß die Urteilsbegründungen etwas über den „code of personal values" sagen.

Im übrigen ist Llewellyns These einer „reasonable regularity" von ganz anderer Seite bestätigt worden, nämlich den in den letzten Jahren unternommenen Versuchen einer statistisch-mathematischen Urteilsvoraussage. Der juristische Realismus hat zwar der damit einsetzenden „Verwirklichung" der prediction theory den Boden bereitet, ihre entscheidenden Impulse hat sie aber aus der politischen Wissenschaft erhalten[117].

---

[113] *Llewellyn*, op. cit., p. 56.

[114] *Llewellyn*, op. cit. p. 216.

[115] *Llewellyn*, op. cit., p. 37/38.

[116] Charles E. *Clark* und David M. *Trubek*, The Creative Role of the Judge: Restraint and Freedom in the Common Law Tradition, 71 Yale Law Journal 255 (269) (1961).

[117] Eine Ausnahme stellt das bereits erwähnte Chicago „jury project" dar. *Kalvens* und *Zeisels* Untersuchung enthält Material, das es ermöglicht vorauszusagen, bei welchem Verbrechen die größte Chance besteht, daß die Geschworenen milder sein werden als der Richter. Für den Anwalt ist diese Kenntnis wichtig, da er entscheiden muß, ob sein Mandant auf eine jury verzichten soll. Freilich hat die Studie von *Kalven* und *Zeisel* auch gezeigt, daß die Anwälte diese Chance auf Grund ihrer bloßen Erfahrung, also ohne statistische Kenntnisse, ziemlich genau voraussagen können; *Kalven* und *Zeisel*, The American Jury, p. 25—30.

Zu den Hauptförderern „quantitativer Analyse" unter den politischen Wissenschaftlern gehört Harold D. *Lasswell*, dessen Verständnis des „decision process" ausführlich darzulegen sein wird. Zu den Fragen der Voraussage vgl. etwa *Lasswell*, Current Studies of the Decision Process: Automation versus Creativity, 8 Western Political Quarterly 381 (1955).

Die sich der statistischen Methode der Urteilsvoraussage bedienenden, hier als Beispiel herangezogenen Arbeiten von Fred Kort gehen von der Urteilsbegründung eines Gerichts (in diesem Fall des Obersten Gerichtshofs) aus. Sie lassen die „qualitativen" Elemente des Urteils, also die rechtliche Bewertung des Sachverhalts (etwa die Feststellung des Obersten Gerichtshofs, das Verfahren vor dem Gericht eines Einzelstaates sei „unfair" gewesen) unberücksichtigt und untersuchen stattdessen die Sachverhaltskonstellationen[118]. Der Sachverhalt wird in „Variable" aufgelöst: es wird z. B. beobachtet, der Oberste Gerichtshof habe eine Verletzung des „due process of law" wegen „involuntary confession" dann bejaht, wenn physischer Zwang gegen den Angeklagten ausgeübt worden war, um ein Geständnis zu erlangen, die Polizei ihn nachts zwecks Verhör an einen entlegenen Ort gebracht hatte oder er nicht auf sein Aussageverweigerungsrecht hingewiesen worden war[119]. Je nach Art der untersuchten Fallgruppe können diese Variablen sehr zahlreich sein, sie werden deshalb noch einmal in „Faktoren" zusammengefaßt. Diese Faktoren sind statistisch ermittelte Kombinationen von Sachverhaltselementen[120]. Ihr „Gewicht", der „numerische Wert" wird daran gemessen, ob und wie häufig der Oberste Gerichtshof beim Vorliegen bestimmter Faktoren zugunsten oder zuungunsten des Angeklagten entschieden hat[121]. Der mit Hilfe der quantitativen Analyse ermittelte numerische Wert ermöglicht je nach seiner Größe eine „Voraussage", ob der Oberste Gerichtshof in einem Fall, der die bekannten Faktoren enthält, eine Verletzung des due process of law annehmen wird oder nicht[122].

---

[118] Fred *Kort*, Predicting Supreme Court Decisions Mathematically: A Quantitative Analysis of the „Right to Counsel" Cases, 51 American Political Science Review 1 (1957).

[119] *Kort*, Content Analysis of Judicial Opinions and Rules of Law, in Glendon Schubert (ed.), Judicial Decision-Making, p. 137.

[120] *Kort*, op. cit., p. 141.

[121] *Kort*, op. cit., p. 163.

[122] In 51 American Political Science Review 1 untersuchte *Kort* Entscheidungen des Obersten Gerichtshofs aus den Jahren 1932 bis 1947, die das Recht auf Stellung eines Pflichtverteidigers vor den Gerichten der Einzelstaaten behandeln. Er kam zu dem Ergebnis, daß es eine Konsistenz der Entscheidungen gibt, die auf diesem politisch relativ neutralen Gebiet auch nicht durch den Wechsel der Richterpersönlichkeiten beeinflußt wird.

Eine von *Kort* abweichende Methode ist die von *Tanenhaus* und Mitarbeitern entwickelte „cue theory", die nachweist, daß die erforderliche Zulassung eines Rechtsmittels (im Wege des sogenannten „writ of certiorari") durch den Obersten Gerichtshof in einem Zusammenhang mit den „cues" steht, die der Sachverhalt für den Richter enthält. Solche „cues" sind z. B. die Tatsache, daß die amerikanische Regierung das Rechtsmittel unterstützt, oder daß das angegriffene Urteil Grundrechtsfragen entschieden hat; siehe Joseph *Tanenhaus* et al., The Supreme Court's Certiorari Jurisdiction: Cue Theory, in Glendon Schubert (ed.), Judicial Decision Making, p. 111 (bes. p. 121 ff.).

Es ist nicht ausgeschlossen, daß die auf diese Weise programmierten „Computer" im Rechtsprechungsprozeß selbst angewandt werden[123], „in many instances the answer given by the data processing machine could almost be taken as the decision of the Court"[124]. Hiergegen ist allerdings einzuwenden, daß das so verstandene Streben nach Rechtssicherheit, indem es notwendigerweise den Fall „standardisiert", die gerechte Entscheidung verfehlen kann, weil es solche Elemente des Sachverhalts ignoriert, die im „Programm" nicht vorgesehen sind. Im übrigen versagt diese Methode überall dort, wo ein „neuer" Fall gegeben ist, wo Sachverhalt und Wertfragen unauflöslich miteinander verbunden sind[125] (aus der Verfassungsrechtsprechung sei das Beispiel der Meinungsäußerungsfreiheit erwähnt[126]) oder wo die „Geschichtlichkeit" des Rechts zu berücksichtigen ist, es auf veränderte Umstände oder veränderte Wertvorstellungen antworten muß.

In diesem Bereich steht eine „Automatik" der Gerichtsentscheidungen ganz außer Betracht, obwohl eine Voraussage nicht völlig unmöglich ist. Die politische Wissenschaft in Amerika, unter dem Einfluß des Behaviorismus[127], bedient sich zwecks Studiums einzelner Richterpersönlichkeiten der Sozialpsychologie und der Soziologie. Ist die mathematische Urteilsvoraussage erst in den letzten Jahren entwickelt worden, so gehen die soziologischen und sozialpsychologischen Untersuchungen weiter zurück, insbesondere auf Pritchetts Werk über den „Roosevelt Court"[128]. Die in der Folgezeit unternommenen Arbeiten sehen eine Voraussage als möglich an auf Grund des „high degree of consistency in the attitudes of Supreme Court Justices toward the recurrent issues of

---

[123] Vgl. *Lasswell,* op. cit., p. 398.

[124] Paul C. *Bartholomew,* The Supreme Court and Modern Objectivity, 33 New York State Bar Journal 157 (163) (1961).

[125] Vgl. dazu die Besprechung von *Bartholomews* Aufsatz durch den Verfasser in 1962 Modern Uses of Logic in Law 86; siehe auch *Lasswell,* op. cit., p. 395.

[126] Dazu *Kort,* 51 American Politican Science Review 1 (12).

[127] Glendon *Schubert* betont ganz besonders den Einfluß *Merriams.* Auf *Merriam* wird im Zusammenhang mit *Lasswell* noch einzugehen sein; Glendon *Schubert,* From Public Law to Judicial Behavior, in Schubert (ed.), Judicial Decision Making, p. 2.

[128] C. Herman *Pritchett,* The Roosevelt Court: A Study in Judicial Politics and Values, 1937—1947. Gerade der Konflikt zwischen Roosevelt und dem Obersten Gerichtshof hat der amerikanischen Öffentlichkeit insgesamt den Einfluß bewußt gemacht, den die politischen Anschauungen der Richter auf ihre Entscheidungen haben. Zu dem Konflikt siehe die Darstellung von Robert H. *Jackson,* The Struggle for Judicial Supremacy, A Study of a Crisis in American Power Politics; vgl. auch *Ehmke,* Wirtschaft und Verfassung, S. 138 ff. Unter *Prittchetts* neueren Arbeiten ist sein Aufsatz „Libertarian Motivations on the Vinson Court", 47 American Political Science Review 321 (1953), zu erwähnen.

public policy, that characterize their work load"[129]. Die gegen die behavioristische Methode geltend zu machenden Bedenken sind in dem zweiten Teil dieser Untersuchung ausführlich zu erörtern.

6. Voraussetzungen und Schranken des reformerischen Pragmatismus

a) Deweys „Kulturrecht"

Es ist abschließend auf die Frage nach den Voraussetzungen des pragmatischen Rechtsdenkens einzugehen. Dabei muß zunächst berücksichtigt werden, was bereits in der einleitenden Auseinandersetzung mit Löffelholz erwähnt wurde: das reformerische Pathos dieses von Skepsis gegenüber allen Absoluta ausgehenden Denkens.

Wir haben oben dargelegt, daß das pragmatische Denken „Problemdenken" ist. Es orientiert sich an den Problemen und hält diese mit Hilfe institutioneller Reformen für lösbar. Wie unzulänglich die erkenntnistheoretische Position auch ist, so bewirkte der Pragmatismus zunächst jedenfalls die Befreiung zum Handeln. Er betonte erneut das Recht der lebenden Generation, sich selbst zu regieren; indem er die Notwendigkeit des Experiments hervorhob, machte er dieses Recht geradezu zu einer Pflicht. Darin und in der Verwissenschaftlichung des Denkens besteht vor allem der Unterschied zu der aufklärerischen Rationalität der Gründungsväter.

Der pragmatische Reformwille ist nicht schrankenlos. Die Schranken bestehen einerseits in der Bezugnahme auf den Kulturzusammenhang als Grundlage der Erkenntnis und zum anderen gerade in dem Glauben an Experiment, Veränderung, Wechsel, für die Freiheit eine unabdingbare Voraussetzung ist.

Zu dem Kulturzusammenhang, auf den Dewey sich bezieht, gehören auch gesicherte Wertvorstellungen. Insoweit steht Dewey in einer spezifisch englischen Tradition. An entscheidender Stelle seiner Wertdiskussion führt er bezeichnenderweise den Begriff „taste" ein. In „The Quest for Certainty" heißt es: "The word 'taste' has perhaps got too comple-

---

[129] *Schubert*, op. cit., p. 3. Im einzelnen siehe die Untersuchungen in *Schuberts* Sammelwerk. In diesem Zusammenhang ist auf eine von Fred *Rodell* an der Yale Law School abgehaltene Seminarübung hinzuweisen, die sich den hier angeschnittenen Problemen widmet. Das Seminar beschäftigt sich mit dem Obersten Gerichtshof, seiner gegenwärtigen Zusammensetzung und Rechtsprechung. Jeder der Teilnehmer muß sich dem Studium der Biographie und Voten eines der neun Richter widmen. Nach einer gründlichen Auseinandersetzung mit der Materie werden dem Seminar einige in der jeweiligen Sitzungsperiode des Obersten Gerichtshofs anhängige Fälle zur „Entscheidung" vorgelegt. Die Teilnehmer müssen darlegen, wie und aus welchen Gründen sich „ihr" Richter entscheiden wird. Die Ergebnisse der Seminararbeit lassen sich mit den dann wirklich gefällten Entscheidungen des Obersten Gerichtshof vergleichen.

tely associated with arbitrary liking to express the nature of judgments of value. But if the word be used in the sense of an appreciation at once cultivated and active, one may say that the formation of taste is the chief matter wherever values enter in, whether intellectual, esthetic, or moral ... Taste, if we use the word in its best sense, is the outcome of experience brought cumulatively to bear on the intelligent appreciation of the real worth of likings and enjoyments ... The formation of a cultivated and effectively operative good judgment or taste with respect to what is esthetically admirable, intellectually acceptable and morally approvable is the supreme task set to human beings by the incidents of experience[130]."

Macht Dewey somit „taste“ (und zwar „taste“ schlechthin, nicht ergänzt durch das schon abschwächende Eigenschaftswort „good“) zum eigentlichen Kriterium des Handelns, dann folgt er einer angelsächsischen Tradition: das auf einen Wertkonsensus gegründete „Kulturrecht des gentleman“ steht an Stelle eines „Naturrechts des Menschen“[131].

Diese Kulturbezogenheit darf nicht außer acht gelassen werden, wenn man zu einer richtigen Einordnung der Werttheorie wenigstens Deweys kommen will[132].

Offen bleibt allerdings, inwieweit die damit gegebene Schranke auch für die anderen Pragmatisten gilt. Das wichtigste Beispiel einer kulturbezogenen Wertlehre ist von dem späten Llewellyn gegeben worden. In „The Common Law Tradition — Deciding Appeals“ hat Llewellyn als das entscheidende Charakteristikum des „Grand Style“ den „situation-sense“ des Richters herausgearbeitet. Der gute Jurist sucht, Llewellyn zufolge, das immanente Recht einer Rechtsbeziehung zu entdecken, das seine Grundlage in der „type-situation“ findet. Damit macht Llewellyn

---

[130] *Dewey*, The Quest for Certainty, p. 262.

[131] Was hier gemeint ist, kann verdeutlicht werden an der Stellungnahme des englischen Juristen Sir Frederic *Pollock* zu dem erwähnten relativistisch-skeptizistischen Aufsatz über Naturrecht von *Holmes*. Er könne nicht zustimmen, schreibt *Pollock*, wenn *Holmes* der Ansicht sei, man könne Naturrecht nicht akzeptieren, ohne es als absolutes Recht auszugeben. "If you deny that any priciples of conduct at all are common to and admitted by all men who try to behave reasonably — well, I don't see how you can have any ethics or any ethical background for law." Charakteristischerweise beruft sich *Pollock* zur Unterstützung seines Arguments auf das römische Verständnis des ius naturale. Brief an *Holmes* vom 20. Dezember 1918, 1 Holmes-Pollock Letters 274.

[132] Gertrude *Jaeger* und Philip *Selznick* haben in einem Aufsatz, der nach Abschluß dieses Manuskripts entstanden ist, eine sehr ähnliche Interpretation *Deweys* gegeben und den Versuch gemacht, auf dieser Grundlage eine „normative theory of culture“ zu entwickeln, die ihren Kern in einer ästhetischen Auswertung der Erfahrung hat; siehe *Jaeger* und *Selznick*, A Normative Theory of Culture, 29 American Sociological Review 653 (1964).

die Rechtskultur der Common Law Tradition zu seinem Bezugssystem. Die Parallelen zwischen dem „situation-sense“ und der Lehre von der „Natur der Sache“ hat Llewellyn gesehen. Er beruft sich ausdrücklich auf Levin Goldschmidt[133], hat jedoch gleichfalls die von Dewey empfangenen Anregungen immer anerkannt[134]. Ein Ansatz ähnlicher Art findet sich in Pounds Kriterium der „civilized society“: “I am content to think of law as a social institution to satisfy social wants—the claims and demands involved in the existence of civilized society . . .[135]”

b) Die Freiheit des Experiments und „judicial self-restraint“

Die andere Schranke, die dem reformerischen Pragmatismus gesetzt ist, ist eine noch eindeutiger „naturrechtliche“ Grenze. Ihre Grundlage ist das pragmatische Verständnis von Leben und Denken als Experiment.

Die wichtigste Kategorie der pragmatischen Rechtstheorie ist der „process of trial and error so fruitful in the physical sciences“[136]. “A rational or logical process is directed towards an end chosen before the process is begun. The process is judging that certain means will tend to that end. The end of the hypothesis is experiment. The test of the validity of the hypothesis is the success of the manipulation[137].”

Die Bedenken gegen diese „Philosophie“ sind hier nicht zu wiederholen. Entscheidend ist das Verständnis des Rechts als Experiment, darüberhinaus das Hervorheben des „experimental character of life and thought“ überhaupt[138]. Die einzige der Natur entsprechende Methode ist in den Augen der Pragmatisten die experimentelle Methode, die Methode des „trial and error“. Daraus ergibt sich eine für das Rechtsdenken des Pragmatismus grundlegende Folgerung: die Freiheit des Experiments ist zu gewährleisten, denn ohne sie gewinnen wir keine Erkenntnis, die die Einheit von Denken und Handeln ermöglicht.

Ist die Akzentuierung des Experiments ein Ergebnis, in dem die verschiedenen Strömungen des Pragmatismus zusammentreffen, so be-

---

[133] *Llewellyn,* The Common Law Tradition, p. 122.

[134] Siehe z. B. *Llewellyn,* Jurisprudence, p. 284.

[135] *Pound,* An Introduction to the Philosophy of Law. p. 99; siehe vor allem auch ders., 3 Jurisprudence 5 ff. Vergleiche in diesem Zusammenhang auch *Holmes'* Formulierung „relatively fundamental rules of right as generally understood by all English-speaking communities“; Otis v. Parker, 187 U. S. 606 (609) (1903).

[136] Richter *Brandeis* rechtfertigt unter Bezugnahme hierauf, das „overruling“ von Präjudizien im Verfassungsrecht; Burnet v. Coronado Oil & Gas Co., 285 U. S. 393 (408) (1932).

[137] Underhill *Moore,* Rational Basis of Legal Institutions, 23 Columbia Law Review 609 (612) (1923/24).

[138] *Dewey,* Justice Holmes and the Liberal Mind, in Felix Frankfurter (ed.), Mr. Justice Holmes, p. 33.

stehen dennoch Unterschiede. Sie werden besonders deutlich in den Auswirkungen auf die Rechtsprechung des Obersten Gerichtshofs. Holmes zog aus seinem „skeptischen Pragmatismus“[139] die Folgerung, daß der Richter nicht das Recht des Gesetzgebers zu wirtschaftlichen und sozialen Experimenten einschränken dürfe[140]. „Findet“ der Richter das Recht in Wirklichkeit gar nicht, setzt er es als „Gesetzgeber“, so muß er sich in einer Demokratie bei der Ausübung des richterlichen Prüfungsrechts größte Zurückhaltung auferlegen. Brandeis andererseits stimmt in der Unterstützung des gesetzgeberischen Rechts zum Experiment und in der Lehre von dem „judicial self-restraint“ zwar mit Holmes überein, soziale und wirtschaftliche Experimente sind in seinen Augen aber nicht nur hinzunehmen, sondern eine Notwendigkeit. "Denial of the right to experiment may be fraught with serious consequences to the Nation[141]."

Freiheit des Experiments bedeutet der pragmatischen Rechtstheorie die Freiheit des Gesetzgebers zu sozialen Experimenten. Darüberhinaus ist sie „belief ... in freedom of thought and expression as a condition needed in order to realize this power of direction by thought“[142]. Auf die „Freiheit des Gesetzgebers“ ist zunächst einzugehen. Es ist dabei nicht eine Analyse der gesamten Wirtschaftsrechtsprechung des Obersten Gerichtshofs zu geben[143], sondern lediglich jene Aspekte sind zu zeigen, die die rechtstheoretische Position kennzeichnen.

aa) Das Recht des Gesetzgebers zum Experiment

Seit dem ausgehenden 19. Jahrhundert benutzte der Oberste Gerichtshof die „due process“-Klausel des 14. Zusatzartikels zur amerikanischen Verfassung, um Wirtschaftsgesetzgebung der Einzelstaaten für

---

[139] Ernst *Fraenkel*, Das amerikanische Regierungssystem, S. 188.

[140] Siehe auch *Holmes*' Bemerkung: "Judges are apt to be naive simple-minded men, and they need something of Mephistopheles. We too need education in the obvious — to learn to transcend our own convictions and to leave room for much that we hold dear to be done away with short of revolution by the orderly change of law"; Collected Legal Papers, p. 295. Dazu *Konefsky*, The Legacy of Holmes and Brandeis, p. 276.

[141] New State Ice Co, v. Liebmann, 285 U. S. 262 (311) (1932). Zu den Unterschieden zwischen *Holmes* und *Brandeis* vgl. *Konefsky*, op. cit., p. 133. *Brandeis* ist nicht so eindeutig wie *Holmes* und auch *Cardozo* der Philosophie des Pragmatismus zuzurechnen, da seine Interessen von Anfang an weniger der Rechtstheorie als der Praxis gegolten haben. Ohne Frage hat aber gerade *Brandeis* der pragmatisch-soziologischen Methode, beginnend mit dem „Brandeis brief“ in „Muller v. Oregon“ und später fortgesetzt in seinen eigenen Voten, Anerkennung verschafft, so daß, wie Commager meint, „sociological jurisprudence“ schließlich „the all but official doctrine of the Court“ wurde; vgl. *Commager*, The American Mind, p. 381; zu *Brandeis* im allgemeinen *Mason*, Brandeis, A Free Man's Life.

[142] *Dewey*, op. cit., p. 33.

[143] Dazu vgl. *Ehmke*, Wirtschaft und Verfassung, S. 107 ff.

verfassungswidrig zu erklären[144]. Diese Rechtsprechung ist Schwankungen unterworfen gewesen, wie noch darzulegen sein wird. Anfang des 20. Jahrhunderts wurde sie nicht immer von einer Mehrheit des Gerichts unterstützt[145]. Eine der wichtigsten frühen Entscheidungen war der Fall „Chicago, Milwaukee, and St. Paul Ry. Co. v. Minnesota"[146]. In ihm hob der Oberste Gerichtshof ein Gesetz des Staates Minnesota auf, das die Festsetzung von Eisenbahntarifen durch eine „railroad commission" vorsah und gleichzeitig die Gerichte an deren Urteil über die „reasonableness" der Tarife band. Der Oberste Gerichtshof erblickte darin einen Entzug des Eigentums ohne „due process of law" und nahm für sich in Anspruch, die „reasonableness" zu kontrollieren. Die „due process"-Klausel wurde nicht nur prozeßrechtlich verstanden, sondern als „substantive due process". In dem Fall „Allgeyer v. Louisiana" erstreckte der Oberste Gerichtshof dieses Konzept auf die Vertragsfreiheit, die als Bestandteil der „liberty" des 14. Zusatzartikels angesehen wurde und nur „reasonable" Beschränkungen durch den Gesetzgeber erfahren durfte. "The liberty mentioned in that amendment means, not only the right of the citizen to be free from the mere physical restraint of his person, as by incarceration, but the term is deemed to embrace the right of the citizen to be free in the enjoyment of all his faculties; to earn his livelihood by any lawful calling; to pursue any livelihood or avocation, and for that purpose to enter into all contracts which may be proper, necessary and essential to his carrying out to a successful conclusion the purposes above mentioned[147]."

Holmes' gegen diese Rechtsprechungstendenz gerichtete Lehre von dem Recht des Gesetzgebers zum Experiment, hat ihre umfassende Formulierung in der ersten Urteilsbegründung gefunden, die er nach seiner Ernennung zum Richter am Obersten Gerichtshof verfaßte. In dem Fall „Otis v. Parker" (1903) hatte der Oberste Gerichtshof zu entscheiden, ob Bestimmungen der kalifornischen Verfassung zum Schutze von Aktienkäufern eine der amerikanischen Verfassung gemäße „reasonable" Ausübung der „police power" sei, das heißt der staatlichen Kompetenz, „the public health, safety, or morals" zu erhalten[148], oder ob diese Bestimmungen eine Verletzung des 14. Zusatzartikels darstellten. In seiner Urteilsbegründung sagte Holmes, daß die Gerichte nicht schon deshalb an ein Gesetz gebunden seien, weil es vorgebe, im Rahmen gesetzgeberischen Ermessens die öffentliche Sicherheit, Gesundheit oder

---

[144] Fourteenth Amendment, Section 1: "... nor shall any State deprive any person of life, liberty, or property, without due process of law."

[145] Vgl. dazu *Ehmke*, a. a. O., S. 335 f.

[146] 134 U. S. 418 (1890); dazu *Ehmke*, a. a. O., S. 300.

[147] Allgeyer v. Louisiana, 165 U. S. 578 (589) (1897).

[148] Vgl. dazu Lawton v. Steele, 152 U. S. 133 (136) (1894).

Moral zu regeln. "But general propositions do not carry us far." Die Gerichte müßten sich zwar ihr eigenes Urteil bilden, es treffe jedoch in keiner Weise zu, daß ein Gesetz schon deshalb nichtig sei, weil es den zuständigen Richtern scheint, es gehe zu weit, sei zur Erreichung der erstrebten Zwecke ungeeignet oder beruhe auf moralischen Vorstellungen, die sie nicht teilen. Die Verfassungsrechtsprechung müsse der Unterschiedlichkeit der Meinungen und den möglichen Besonderheiten eines Falls, — die von den Gerichten sowieso nur unvollständig überblickt werden —, beträchtlichen Spielraum gewähren. "Otherwise a constitution, instead of embodying only relatively fundamental rules of right, as generally understood by all English-speaking communities, would become the partisan of a particular set of ethical or economical opinions, which by no means are held semper ubique et ab omnibus." Die Bevölkerung Kaliforniens habe die in Frage stehenden Maßnahmen für rechtspolitisch notwendig gehalten. Einer solchen Überzeugung müsse das Gericht auch dann mit großer Achtung begegnen, wenn seine eigenen Ansichten von denen des kalifornischen Verfassungsgebers abweichen[149].

Nachdem der Oberste Gerichtshof noch 1898 in dem Fall „Holden v. Hardy" ein Gesetz des Staates Utah für verfassungsmäßig erklärt hatte, das einen Achtstundentag für Bergarbeiter festsetzte[150], mußte er im Jahre 1905 über die Verfassungsmäßigkeit eines New Yorker Gesetzes entscheiden, das die Arbeitszeit für Bäcker auf zehn Stunden am Tag oder sechzig Stunden in der Woche begrenzte. Eine Mehrheit von fünf Richtern erklärte, daß dieses Gesetz den 14. Zusatzartikel zur amerikanischen Verfassung verletze. Das von Holmes im Lochnerfall abgegebene Minderheitsvotum gehört zu den berühmtesten Voten seiner Tätigkeit als Richter. Es betont das Recht einer parlamentarischen Mehrheit, ihre wirtschaftlichen Anschauungen in Gesetzen niederzulegen. "This case is decided upon an economic theory which a large part of the country does not entertain. If it were a question whether I agreed with that theory, I should desire to study it further and long before making up my mind. But I do not conceive that to be my duty, because I strongly believe that my agreement or disagreement has nothing to do with the right of a majority to embody their opinions in law... The Fourteenth Amendment does not enact Mr. Herbert Spencer's Social Statics[151]."

In diesem Zusammenhang ist wichtig, daß Holmes' eigene wirtschaftliche Anschauungen von Spencers „Social Statics" nicht sehr weit ent-

---

149 Otis v. Parker, 187 U. S. 606 (608/609) (1903).

150 169 U. S. 366 (1898).

151 Lochner v. New York, 198 U. S. 45 (75) (1905).

fernt waren. So sagt Holmes z. B. über die Konzentration wirtschaftlicher Machtfülle in einigen wenigen Händen, „that a great fortune does not mean a corresponding consumption, but a power of command; that someone must exercise that command and that I know of no way of finding the fit man so good as the fact of winning it in the competition of the market“[152]. Holmes' Voten führten zwar häufig zu „sozialreformerischen“ Ergebnissen, waren aber nicht in jedem Fall „sozial“ motiviert, sondern eben Ausdruck seiner Überzeugung vom Recht zum Experiment[153].

Für eine kurze Zeit während Präsident Theodore Roosevelts „square deal“ wird Holmes' Auffassung von einer Mehrheit des Gerichts geteilt. Ein Beispiel ist die bereits erwähnte Entscheidung des Obersten Gerichtshofs in dem Fall „Muller v. Oregon“, in dem Brandeis erfolgreich die Verfassungsmäßigkeit eines die Arbeitszeit für Frauen einschränkenden Gesetzes vertrat[154]. Seit den zwanziger Jahren[155] finden sich Holmes und Brandeis fast regelmäßig von einer Mehrheit des Gerichts überstimmt, die nicht nur Regelungen der Arbeitszeit und die Festset-

---

[152] *Holmes*, Collected Legal Papers, p. 281.

[153] Verschiedentlich führt *Holmes* allerdings auch seine eigenen Vorstellungen von den erforderlichen „Waffen“ im „Kampf ums Dasein“ in die Rechtsprechung ein, ohne auf soziale und wirtschaftliche Unterschiede Rücksicht zu nehmen. In dem Fall „Vegelahn v. Guntner“ (1896) hatte der Supreme Judicial Court of Massachusetts auf Antrag eines Unternehmers zu entscheiden, ob das Aufstellen friedlicher „Streikposten“ vor dem Fabrikgebäude eine „Androhung von Gewalt“ darstelle. Die Frage wurde von der Mehrheit des Gerichts bejaht, während *Holmes* in seinem Minderheitsvotum das Recht der Arbeiter auf „freien Kampf ums Dasein“ hervorhob. Der Richter verweist auf den traditionellen Schutz des freien Wettbewerbs und sagt, daß auch die Beziehungen zwischen Arbeitgeber und Arbeitnehmer diesem Schutz zu unterstellen seien. Sei man nicht bereit, den Begriff „freier Wettbewerb“ auf dieses Verhältnis anzuwenden, so solle man von „freiem Kampf ums Dasein“ sprechen. Auf den Einwand, es gebe einen Unterschied zwischen individuellem Wettbewerb und kollektivem Arbeitskampf entgegnet *Holmes*, ein auch nur oberflächlicher Blick auf die Praxis und die Geschichte des industriellen Zeitalters zeige, daß freier Wettbewerb Zusammenschluß bedeute. Ob man dieser Entwicklung nun zustimme oder nicht, sie sei unvermeidbar und nicht zu ändern; Vegelahn v. Guntner, 167 Mass. 92 (104) (1896). Dieselbe Einstellung ließ *Holmes* 1904 in dem großen Kartellrechtsfall „Northern Securities Company v. United States“, 193 U. S. 197 (400) (1904), gegen die Mehrheit des Gerichts und gegen die Regierung zugunsten des Monopols stimmen. Vgl. dazu *Lerner*, The Mind and Faith of Justice Holmes, p. 110. In beiden Beispielen handelt es sich freilich nicht um Verfassungsrechtsprechung.

[154] Muller v. Oregon, 208 U. S. 412 (1908); zu dem Fall siehe *Ehmke*, a. a. O., S. 340 f.

[155] In das letzte Jahr des ersten Weltkrieges fällt *Holmes*' Minderheitsvotum in dem Fall „Hammer v. Dagenhart“. Mit einer Mehrheit von einer Stimme erklärte der Oberste Gerichtshof ein Bundesgesetz für verfassungswidrig, das den die Grenzen eines Einzelstaates überschreitenden Transport von Gütern verbot, die mittels Kinderarbeit hergestellt worden waren. Der Kongreß hatte sich bei Erlaß des Gesetzes auf seine Kompetenz, den „interstate commerce“ zu regeln, berufen. *Holmes* gab, von Richter *Brandeis* unter-

zung von Mindestlöhnen[156] für verfassungswidrig erklärt, sondern auch den Arbeitskampf zu Lasten der Arbeitnehmer einschränkt[157] und die Versuche des Bundes und der Einzelstaaten, mit den Folgen der Depression fertig zu werden, häufig zum Scheitern verurteilt. Die Rechtsprechung findet einen Höhepunkt in dem Fall „United States v. Butler" (1936), in dem der Oberste Gerichtshof gegen die Stimmen der Richter Brandeis, Cardozo und Stone eines der wichtigsten Gesetze des New Deal, den Agricultural Adjustment Act, aufhob[158], weil der Bund das ihm zustehende Besteuerungsrecht als ein Mittel benutzt habe, die Produktion der Landwirtschaft zu beschränken, eine Gesetzgebungsmaterie, die in die Kompetenz der Einzelstaaten falle[159]. Stone faßte in seinem Minderheitsvotum die unter dem Einfluß Holmes' und Brandeis' entstandene Lehre von dem „judicial self-restraint" in den Worten zusammen: "While unconstitutional exercise of power by the executive and legislative branches of the government is subject to judicial re-

---

stützt, ein Minderheitsvotum ab, in dem er der Mehrheit unterstellte, es ginge ihr in Wirklichkeit nicht um die bundesstaatliche Zuständigkeitsfrage, sondern sie sei nicht von der Zweckmäßigkeit des Gesetzes überzeugt und interpretiere ihre eigenen rechtspolitischen Auffassungen in die Verfassung hinein; Hammer v. Dagenhart, 247 U. S. 251 (280) (1918).

[156] Vgl. vor allem „Adkins v. Children's Hospital", 261 U. S. 525 (1923). Der Fall hatte das Recht des Kongresses zum Gegenstand, im District of Columbia Mindestlöhne für Frauen zu bestimmen; dazu *Konefsky*, op. cit., p. 134 ff.; *Ehmke*, a. a. O., S. 348 f.

[157] Siehe u. a. „Duplex Printing Co. v. Deering", 254 U. S. 443 (1921) und den Fall Truax v. Corrigan, 257 U. S. 312 (1921). In „Truax v. Corrigan" hatte der Staat Arizona das Recht der Gerichte begrenzt, gegen Boykottaufrufe und Streikposten der Gewerkschaften mit einstweiligen Verfügungen vorzugehen. Ein Restaurantbesitzer, der von einem Streik betroffen war, machte erfolgreich geltend, daß der durch den Streik verursachte Geschäftsrückgang einen Entzug seines durch die Verfassung geschützten Eigentums darstelle. *Holmes'* Minderheitsvotum ist ein Beispiel für die Art und Weise, wie der Realismus Rechtsprobleme behandelt sehen möchte: "Delusive exactness is a source of fallacy throughout the law. By calling a business 'property' you make it seem like land ... An established business no doubt may have a pecuniary value and commonly is protected by law against various unjustified injuries. But ... it is a course of conduct and like other conduct is subject to substantial modification according to time and circumstances both in itself and in regard to what shall justify doing it harm. There is nothing I more deprecate than the use of the Fourteenth Amendment beyond the compulsion of its words to prevent the making of social experiments that an important part of the community desires ..."; op. cit., p. 342/344. Siehe auch *Brandeis'* Minderheitsvotum mit einer ausführlichen Materialzusammenstellung über das Recht des Arbeitskampfs in den verschiedenen Einzelstaaten und im Commonwealth.

[158] 1935 hatte der Oberste Gerichtshof einstimmig Roosevelts „National Industrial Recovery Act" als eine unzulässige Delegation gesetzgeberischer Befugnisse an den Präsidenten und verbotene Regelung des „intrastate commerce" für verfassungswidrig erklärt; Schechter Poultry Corp. v. United States, 295 U. S. 495 (1935).

[159] Ziel des Gesetzes war es, die Preise für landwirtschaftliche Erzeugnisse durch eine Verringerung des Angebots zu erhöhen. Das Mittel waren

straint, the only check upon our exercise of power is our own sense of self-restraint[160]."

Die hier aufgestellte These über den Zusammenhang zwischen der Entwicklung der amerikanischen Rechtstheorie in der ersten Hälfte dieses Jahrhunderts und der Neubelebung des judicial self-restraint geht von der Voraussetzung aus, daß nicht zufällig gerade Holmes, Brandeis, Cardozo, Stone, Frankfurter und Douglas mit dem judicial self-restraint verbunden sind. Es soll nicht verneint werden, daß die Lehren des 19. Jahrhunderts über die Gewaltenteilung ebenfalls fortwirken[161]. Dennoch bleibt die Tatsache, daß gerade die erwähnten Richter — trotz der Unterschiede, die etwa zwischen Holmes und Frankfurter einerseits sowie Stone und Douglas andererseits bestehen, und auf die noch einzugehen sein wird —, der realistischen Einstellung gegenüber dem judicial process zuzurechnen sind.

Am klarsten läßt sich dies vielleicht am Beispiel Brandeis' zeigen, für dessen Rechtsdenken eine Verbindung dreier Elemente charakteristisch ist:

(1) Voraussetzung jeder Rechtsentscheidung ist eine genaue Kenntnis der wirtschaftlichen und gesellschaftlichen Wirklichkeit.

(2) Um dieses Wissen zu erlangen, muß der Gesetzgeber experimentieren.

(3) Das Experiment setzt „boldness of the mind" voraus, es darf nicht zu einer rechtlichen Verfestigung von Vorurteilen kommen.

Brandeis hat diesem Gedanken in seinem Minderheitsvotum in dem Fall „New State Ice Co. v. Liebmann" Ausdruck verliehen. In ihm ging es um das Recht des Staates Oklahoma, der Errichtung neuer Betriebe

---

staatliche Prämien für den Nichtanbau von Getreide und anderen Produkten. Die Prämien wurden durch eine Steuer auf die Erstverarbeitung landwirtschaftlicher Produkte finanziert. United States v. Butler, 297 U. S. 1 (1936); dazu *Ehmke*, a. a. O., S. 173 ff..

[160] 297 U. S. 1 (78/79); vgl. dazu *Mason*, Harlan Fiske Stone, p. 405 ff. In demselben Jahr erklärte der Oberste Gerichtshof ein Mindestlohngesetz des Staates New York für verfassungswidrig, die Minderheit des Gerichts wurde durch den Präsidenten des Obersten Gerichtshofs *Hughes* sowie die Richter *Stone, Brandeis* und *Cardozo* gebildet; Morehead v. New York ex rel. Tibaldo, 298 U. S. 587 (1936). Nachdem Richter *Roberts* in dem Fall „West Coast Hotel Co. v. Parish", 300 U. S. 379 (1937), durch seinen Stellungswechsel die Aufgabe der „Adkins"-Entscheidung ermöglicht hatte und nach den Veränderungen in der Zusammensetzung des Gerichts in den Jahren 1937—1939 wurde die Lehre vom „judicial self-restraint" zu einem bestimmenden Faktor der Verfassungsrechtsprechung in Wirtschaftsfragen.

[161] Dies gilt vor allem für James Bradley *Thayers* berühmten Aufsatz „The Origin and Scope of the American Doctrine of Constitutional Law", 7 Harvard Law Review 129 (1893), und den Einfluß, der von ihm ausgeübt worden ist. Dazu Alexander M. *Bickel*, The Least Dangerous Branch, p. 35 ff. und die kritische Behandlung von *Black*, The People and the Court, p. 193 ff.

in der Eisindustrie eine Bedürfnisprüfung vorzuschalten. Brandeis ließ erkennen, daß er dies kaum für eine geeignete Maßnahme hielt, die wirtschaftliche Depression unter Kontrolle zu bringen, aber „the advances in the exact sciences and the achievements in invention remind us that the seemingly impossible sometimes happens ... To stay experimentation in things social and economic is a grave responsiblity. Denial of the right to experiment may be fraught with serious consequences to the Nation ... This Court has the power to prevent an experiment ... But in the exercise of this high power we must be ever on our guard lest we erect our prejudices into legal principles. If we would guide by the light of reason we must let our minds be bold[162]."

Brandeis' Votum deutet über den wirtschaftspolitischen Aspekt hinaus auf einen anderen Zusammenhang hin. Während derselben Zeitspanne, als die Lehre von dem „judicial self-restraint" äußerste Zurückhaltung bei der Nichtigerklärung von Wirtschafts- und Sozialgesetzen forderte, entwickelte sich eine Auffassung, die für einen weitgehenden Schutz der Freiheitsrechte vor Eingriffen des Staates eintrat[163]. Frankfurter sagt in seinem Buch über Holmes: "There is an underlying unity between fear of ample experimentation in economics and fear of expression of heretical ideas. On the other hand, since, in Mr. Justice Holmes' view, action derives from ideas, his belief in the evolutionary process of social institutions committed him to the fullest freedom of the mind[164]."

bb) Die Freiheitsrechte als Grenze der Rechte des Gesetzgebers

In der Betonung dieses Zusammenhangs liegt die Bedeutung von Holmes' Minderheitsvotum in dem Fall „Abrams v. United States" (1919): "Every year if not every day we have to wager our salvation upon some prophecy based upon imperfect knowledge." "The best test of truth is the power of the thought to get itself accepted in the competition of the market ... That ... is the theory of our constitution. It is an experiment, as all life is an experiment[165]." Der Pragmatismus bekräftigt auf diese Weise die aufklärerisch-naturrechtliche Tradition. „Public discussion" ist für ihn, in den Worten Brandeis, „a political duty"[166].

Die Tendenz in der Rechtsprechung des Obersten Gerichtshofs, die Freiheitsrechte stärker zu schützen als das Eigentum, hat verschiedene

---

[162] New State Ice Co. v. Liebmann, 285 U. S. 262 (310/311) (1932).

[163] Paul A. *Freund*, The Supreme Court of the United States, p. 23/24, hat diese Entwicklung eine „kopernikanische Revolution" genannt.

[164] *Frankfurter*, Mr. Justice Holmes and the Supreme Court, p. 85.

[165] Abrams v. United States, 250 U. S. 616 (630) (1919).

[166] Whitney v. California, 274 U. S. 357 (375) (1927).

Ursachen. Zu ihnen gehören der Einfluß der pragmatischen Philosophie ebenso wie die politischen Entwicklungen der Nachkriegszeiten[167] und die allgemeine Akzentuierung der Grundrechtsproblematik durch die veränderte Stellung des Negers in der amerikanischen Gesellschaft sowie das durch die Konfrontierung mit dem totalen Staat neu erweckte Interesse an den Naturrechtsfragen[168]. Ehmke betont, daß die differenzierte Behandlung nicht ohne „precedents", insbesondere in den Schriften der „founding fathers", gewesen sei[169]. Für den hier behandelten Gegenstand ist es von Interesse, daß der reformerische Pragmatismus sich in dem Verständnis der „freedom of thought and speech" als „the matrix, the indispensable condition of nearly every other form of freedom"[170] selbst eine Grenze setzt und daß er zu der differenzierten Behandlung der Grundrechte in der Rechtsprechung beigetragen hat.

Dadurch, daß die Richter Holmes, Brandeis, Cardozo, Stone die sie bestimmenden philosophischen und rechtspolitischen Erwägungen in ihren Voten klar zum Ausdruck brachten[171], hat die pragmatische Rechtstheorie sowohl auf das Gericht selbst als auch auf die öffentliche Meinung Amerikas eingewirkt[172]. Dies war möglich nicht nur, weil Holmes' und Brandeis' Minderheitsvoten in einem „fateful moment" abgegeben wurden[173], sondern auch weil der Pragmatismus bestimmte Eigenschaften des „amerikanischen Charakters" reflektierte: "Practical, democratic, individualistic, opportunistic, spontaneous, hopeful, pragmatism was wonderfully adapted to the temperament of the average American... Every American knew that the world in which he lived was, in part, of his own making... Pragmatism's willingness to break with the past, reject traditional habits, try new methods, put beliefs to a vote, make a future to order, excited not only sympathy but a feeling of familiarity. No wonder that, despite the broadsides of more formi-

---

167 Dazu unten.

168 Vgl. *Rostow*, The Sovereign Prerogative, p. 124/125. Die Entscheidungen des Obersten Gerichtshofs zu der Frage der Rassendiskriminierung in den Vorwahlen (primaries), also zu politischen Rechten, liegen vor den Schulrechtsentscheidungen. Vgl. etwa die Fälle Nixon v. Herndon, 273 U. S. 536 (1927); Smith v. Alwright, 321 U. S. 649 (1944); Terry v. Adams, 345 U. S. 461 (1953).

169 *Ehmke*, a. a. O., S. 414; vgl. dazu Edmond *Cahn*, The Firstness of the First Amendment, 65 Yale Law Journal 464 (1956). Die Position von Richter *Black*, einem der bedeutendsten „judicial activists" ist dieser Tradition zuzurechnen, nicht dem Pragmatismus.

170 Richter Cardozo in dem Fall „Palko v. Connecticut", 302 U. S. 319 (327) (1937).

171 Vgl. *Freund*, op. cit., p. 51; auch Charles L. *Black*, Jr., The People and the Court, p. 161 ff. (173/174).

172 Vgl. *Rostow*, op. cit., p. 127; siehe auch *Fraenkel*, Das amerikanische Regierungssystem, S. 189.

173 *Konefsky*, op. cit., p. 106.

dable philosophers, pragmatism caught on until it came to be almost the official philosophy of America[174]."

Eine Auswertung dieser Entwicklung in Bezug auf die Freiheitsrechte muß zunächst berücksichtigen, daß es vor der Kriegspsychose der Jahre 1917/18 keine Beschwerden über eine Einschränkung der politischen Freiheitsrechte gab[175], daß vor allem der Erste Weltkrieg und die Furcht vor dem Kommunismus in der Nachkriegszeit[176] und in den dreißiger Jahren sowie der „kalte Krieg" nach 1945 den Konflikt zwischen Staatsschutzinteressen und Freiheitsrechten auslösten[177].

Der erwähnte Fall Abrams v. United States hatte den Druck und die Verbreitung von Rundschreiben zum Gegenstand, die gegen die amerikanische Kriegsbeteiligung in Europa polemisierten und zu einem Generalstreik der Arbeiter in den Munitionsfabriken aufriefen. In dem vorhergehenden, auch 1919 entschiedenen Fall „Schenck v. United States" hatte Holmes eine Urteilsbegründung für den Obersten Gerichtshof verfaßt, die eine Verurteilung auf Grund des „Espionage Act" von 1917 bestätigte. Die Angeklagten hatten in Pamphleten Wehrpflichtige zur Wehrdienstverweigerung aufgerufen („a conscript is little better than a convict"). Die Entscheidung ist grundlegend, weil Holmes in ihr ausführt, daß die Angeklagten sich in Friedenszeiten unter Umständen zurecht auf die durch den 1. Zusatzartikel zur amerikanischen Verfassung geschützte Meinungsäußerungsfreiheit hätten berufen können[178]: "But the character of every act depends upon the circumstances in which it is done... The question in every case is wether the words used are used in such circumstances und are of such a nature as to create a clear and present danger that they will bring about the substantive evils that Congress has a right to prevent[179]." In dem darauf folgenden „Abrams"-Fall und 1925 in dem Fall „Gitlow v.New York" befanden sich Holmes und Brandeis jeweils in der Minderheit[180], weil sie die Voraussetzungen des „clear and present danger" Kriteriums nicht als erfüllt ansahen. In dem letzterwähnten Fall hatte der Angeklagte gegen ein New Yorker Strafgesetz verstoßen, das „criminal anarchy" unter Strafe stellte. Als Mitglied des linken Flügels der „So-

---

[174] *Commager*, The American Mind, p. 97.

[175] Vgl. *Fraenkel*, Das amerikanische Regierungssystem, S. 191 ff.

[176] Grundlegend: Zechariah *Chafee*, Free Speech in the United States (1. Aufl. 1941).

[177] Vgl. dazu *Rostow*, op. cit., p. 124/125.

[178] Amendment I: „Congress shall make no law ... abridging the freedom of speech, or of the press; ..."

[179] Schenck v. United States, 249 U. S. 47 (52) (1919).

[180] Ebenso Schaefer v. United States, 251 U. S. 466 (482) (1920).

cialist Party" war er für eine kommunistische Revolution in den Vereinigten Staaten eingetreten[181].

Die Einstellung von Holmes und Brandeis zu diesen Fällen ist wiederum jeweils verschieden akzentuiert. Holmes zieht aus seinem Relativismus, für den Wahrheit sich als ein „can't help" darstellt, die Folgerung, daß keine einzelne Weltanschauung zum Dogma erhoben werden dürfe, denn andere „can't helps" haben denselben Anspruch auf Geltung. Auch aus diesem Relativismus ergibt sich die Notwendigkeit, den „Markt" für die Korrektur irriger Überzeugungen offenzuhalten[182], im ganzen liegt der Akzent bei Holmes aber mehr auf seinem Skeptizismus[183]. Unzutreffend wäre es allerdings, Holmes' Unterstützung des Rechts auf freie Meinungsäußerung ausschließlich hierauf oder auf die Überzeugung von dem experimentellen Charakter des Lebens zurückzuführen. Holmes spricht einmal von den Freiheitsrechten als „very sacred rights"[184]. Hierin klingt etwas nach von dem, was er selbst gegen Ende seines Lebens „the only firebrand of my youth that burns to me as brightly as ever" genannt hat[185]. Der Einfluß Emersons und Thoreaus, der Transzendentalisten, hat zu der unterschiedlichen Behandlung des Wirtschaftsrechts und der Freiheitsrechte durch Holmes beigetragen[186].

Für Richter Brandeis ebenso wie für Deweys Pragmatismus und die ihm folgenden Richtungen des juristischen Realismus gilt das, was

---

[181] Gitlow v. New York, 268 U. S. 652 (672) (1925).

[182] Vgl. *Freund,* op. cit., p. 80/81.

[183] *Holmes* hat einmal zu *Laski* bemerkt: "I always say, as you know, that if my fellow citizens want to go to Hell I will help them. It's my job;" Brief an *Laski* vom 4. März 1920, 2 Holmes-Laski Letters 249.

[184] United States ex rel. Milwaukee Social Democratic Pub. Co. v. Burleson, 255 U. S. 407 (438) (1921).

[185] Brief an *Pollock* vom 20. Mai 1930, 2 Holmes-Pollock Letters 264.

[186] Siehe *Frankfurter,* op. cit., p. 82. Zu dem Einfluß *Emersons* auf *Holmes* im allgemeinen vgl. Mark DeWolfe *Howe,* 1 Justice Oliver Wendell Holmes 54. Zu der Einstellung *Emersons* siehe etwa dessen Aufsatz über „Politics": "The only interest for the consideration of the State is persons; that property will always follow persons; that the highest end of government is the culture of men; and that if men can be educated, the institutions will share their improvement and the moral sentiment will write the law of the land"; The Selected Writings of Ralph Waldo *Emerson* (Atkinson ed.), p. 425. Bemerkenswert ist, daß die „amerikanische Romantik" und der Pragmatismus, die sich in ihrer Methode so grundsätzlich unterschieden, in den Ergebnissen ihres Denkens weitgehend übereinstimmten. Diese Übereinstimmung umfaßt selbst die Zweck-Mittel-Kategorie. So sagt *Emerson* etwa in seinem berühmten Essay „Nature": "In God, every end is converted into a new means. Thus the use of commodity regarded by itself, is mean and squalid. But it is to the mind an education in the doctrin of Use, namely, that a thing is good only so far as it serves"; *Emerson,* op. cit., p. 23. Vgl. dazu *Commager,* op. cit., p. 98. Einen knappen Überblick über den Transzendentalismus gibt Ludwig *Marcuse,* Amerikanisches Philosophieren, S. 159 ff.

Brandeis von „those who won our independence" gesagt hat: "They valued liberty both as an end and as a means[187]." Der Kampf der Meinungen ist für diese Gruppe pragmatischer Denker vor allem „the basis of political and social progress"[188]. Bezeichnenderweise nimmt das dictum von Richter Stone, in dem zum erstenmal ausdrücklich der Vorrang der politischen Freiheitsrechte vor dem Eigentum, die sog. „preferred freedoms doctrin", behauptet wird[189], in seiner Begründung auf die Freiheit derjenigen „political processes" Bezug, „which can ordinarily be expected to bring about repeal of undesirable legislation"[190]. Stones Einstellung findet, wie er selbst immer wieder betont hat[191], ihre Grundlage in den Voten von Holmes, Brandeis, Hughes und Cardozo. Für die pragmatische Rechtstheorie besteht die Grenze der Freiheit zum Experiment in den Voraussetzungen dieser Freiheit selbst.

Gegen eine Identifizierung der pragmatischen Rechtstheorie mit dieser eingeschränkten Lehre vom judicial self-restraint sind zwei Einwände möglich:

(1) Einige Vertreter des judicial self-restraint, insbesondere die Richter Frankfurter und Learned Hand, lehnen die „preferred freedoms doctrine" ab.

(2) Der Schutz der Freiheitsrechte umfaßt auch andere Rechte als die Meinungsfreiheit, kann also insoweit nicht mit der Freiheit des Experiments, d. h. funktional, erklärt werden[192].

(1) Frankfurters und Hands Position erscheint weniger widersprüchlich, wenn sie als eine Akzentuierung des Relativismus verstanden wird. Sieht man die pragmatische Rechtstheorie vor allem unter dem Aspekt des Relativismus, dann ist uneingeschränkter „restraint" sicherlich eine mögliche Folgerung: der Mehrheitsentscheidung wird in allen Zweifeln Raum gegeben. Learned Hand möchte denn auch das richter-

---

[187] 274 U. S. 357 (375).

[188] *Chafee*, op. cit., p. 137.

[189] Der Begriff wird allerdings erst von Richter *Rutledge* in dem Fall „Thomas v. Collins", 323 U. S. 516 (530) (1945), benutzt.

[190] United States v. Carolene Products Co., 304 U. S. 144 (152/154, n. 4) (1938); dazu im einzelnen *Mason*, Harlan Fiske Stone, p. 513 ff. Entsprechend formuliert Richter *Douglas*, einer seiner Schüler aus der Zeit von *Stones* Lehrtätigkeit an der Columbia Universität: "It (liberty of opinion) assures the opportunity to reform. Change is the law of politics, if there is to be survival ... Freedom of expression and the right to resort to the polls are the only instruments available to minorities to wage political and educational campaigns against the status quo of their day"; William O. *Douglas*, The Right of the People, p. 24.

[191] Vgl. dazu *Mason*, op. cit., p. 516.

[192] Siehe *Ehmke*, a. a. O., S. 444.

liche Prüfungsrecht deshalb beschränkt sehen, weil seine Ausübung in Entscheidungen eingreift, die dem Gesetzgeber zukommen[193]. Hiergegen ist einzuwenden, daß eine relativistische Theorie, die es dem Gesetzgeber erlauben würde, bestimmte Anschauungen „absolut" zu setzen, „self-defeating" wäre[194].

Es scheint daher charakteristisch zu sein, daß Frankfurter keine einheitliche Stellung einnimmt. In dem Fall „West Virginia School Board of Education v. Barnett" (1943) hatte die Mehrheit des Gerichts unter Aufhebung einer drei Jahre alten Entscheidung[195] es für verfassungswidrig erklärt, von einem Schüler, der den Zeugen Jehovas angehörte, zu verlangen, daß er an der täglichen Fahneneidzeremonie teilnehme. Frankfurter sagte dagegen: "The Constitution does not give us greater veto power when dealing with one phase of liberty than with another[196]." Diese Position bestätigte Frankfurter 1951 im „Dennis"-Fall, in dem die Bestrafung von Kommunisten zur Revision stand, die im Zusammenhang mit ihrer Teilnahme an der Neugründung der Kommunistischen Partei Amerikas wegen Verletzung der „conspiracy"-Bestimmungen des „Smith Act" verurteilt worden waren. Frankfurter hielt mit der Mehrheit des Gerichts das Urteil aufrecht: "Free speach cases are not an exception to the principle that we are not legislators, that direct policy-making is not our province. How best to reconcile competing interests is the business of the legislators, and the balance they strike is a judgment not to be displaced by our own unless outside the pale of fair judgment[197]."

In dem Fall „Kovacs v. Cooper" (1949) dagegen griff Frankfurter die „preferred position"-Lehre zwar mit scharfen Worten an[198], führte aber auch aus, daß „those liberties of the individual which history has attested as the indispensible conditions of an open as against a closed society come to this Court with a momentum for respect lacking when appeal

---

[193] Learned *Hand,* The Bill of Rights, p. 39. *Hand* will den Gerichten ein Prüfungsrecht nur in Bezug auf Kompetenzverletzungen und die „impartiality" der gesetzgeberischen Entscheidung einräumen; op. cit., p. 66. *Hands* Position ist vor allem dargelegt in seinem Aufsatz: „Chief Justice Stone's Conception of the Judicial Function", 46 Columbia Law Review 696 (1946). *Hand* gibt hier allerdings seine eigenen Auffassungen als die von *Stone* aus, was unzutreffend ist; dazu *Mason,* op. cit., p. 512.

[194] *Freund,* op. cit., p. 80.

[195] Minnersville School District v. Gobitis, 310 U. S. 586 (1940).

[196] West Virginia State Board of Education v. Barnett, 319 U. S. 624 (648) (1943).

[197] Dennis v. United States, 341 U. S. 494 (539/540) (1951). Vgl. auch *Frankfurter* in Ullmann v. United States, 350 U. S. 422 (428) (1956).

[198] Kovacs v. Cooper, 336 U. S. 77 (90) (1949).

is made to liberties which derive merely from shifting economic arrangements"[199].

Es ist obendrein zu berücksichtigen[200], daß die Lehre vom „judicial self-restraint", auf die Wirtschaftsgesetzgebung angewandt, das „corporate business" betraf[201]. Sie bedeutete nicht, daß das Eigentum des Bürgers ohne Schutz gelassen wurde, sondern die Unterstützung der Rechte des Gesetzgebers auf dem Gebiet des Wirtschafts- und Sozialrechts diente im Gegenteil dazu, die Macht der Kapitalkonzentrationen zu beschränken[202], damit dem einzelnen ein Minimum an materiellen Gütern gewährleistet werden konnte, das zugleich ein Minimum an Freiheit gab[203].

(2) Unter Berufung auf die Glaubensfreiheit wendet sich Ehmke gegen den Versuch einer durchgehend funktionalen Rechtfertigung der Freiheitsrechte, da sie nicht insgesamt funktionale Momente des demokratischen Prozesses seien[204].

Sieht man von der Meinungsfreiheit ab, so gibt es auch unter den anderen Grundrechten solche, die einer pragmatisch-funktionalen Interpretation zugänglich sind. Hierher gehört zum Beispiel das durch den 4. Zusatzartikel zur amerikanischen Verfassung gewährleistete Recht „to be secure ... against unreasonable searches and seizures[205]", denn „in a police state there can be few if any liberties more obnoxious and indeed impossible than the liberty to record and transmit one's thoughts in private without fear of the unchecked official eavesdropper"[206].

---

[199] 336 U. S. 77 (95).

[200] Vgl. *Frankfurter*, Mr. Justice Holmes and the Supreme Court, p. 74; *Hand*, The Bill of Rights, p. 50/51.

[201] *Ehmke*, a. a. O., S. 454.

[202] *Holmes*' in mehrerer Hinsicht abweichende Position ist oben dargestellt worden.

[203] Vgl. den Bericht von *Clark* und *Douglas* über „Law and Legal Institutions" für Präsident Hoovers „Research Committee on Social Trends". Es heißt dort in Bezug auf die die Wirtschafts- und Sozialgesetzgebung für verfassungswidrig erklärende Rechtsprechung des Obersten Gerichtshofs: "Though in the absence of such (judicial) tolerance constitutional limitations on legislative experiments have at times been rigidly imposed, there has evolved by degrees an increased recognition of the dependence of the individual on society, a whittling away of the notion of equality of bargaining power between labor and capital, a denial of the adequacy of self-help under the complex conditions of present society and the desirability of dominant influence by the state in protecting those who are in no position to protect themselves;" Charles E. *Clark* und William O. *Douglas*, II Recent Social Trends 1448.

[204] *Ehmke*, a. a. O., S. 444.

[205] Amendment IV: "The right of the people to be secure in their persons, houses, papers, and effects, against unreasonable searches and seizures, shall not be violated ..."

[206] *Freund*, op. cit., p. 41.

Brandeis hat seine berühmte Formulierung des „right to be let alone" in einem Fall aufgestellt, der „wire-tapping" durch Bundesbeamte zum Gegenstand hatte[207]. Ohne dieses „right to be let alone" sind die politischen Freiheitsrechte nicht zu denken. Zwei Einschränkungen müssen allerdings gemacht werden.

Ehmke ist zuzustimmen, daß der Schutz der Glaubensfreiheit nicht funktional gerechtfertigt werden kann. Diese Feststellung läßt sich aber nicht treffen, ohne daß zugleich darauf hingewiesen wird, daß in der gesellschaftlichen Wirklichkeit der Vereinigten Staaten Religion und Kirche weitgehend unter dem Aspekt ihrer Bedeutung für das Gemeinwesen gesehen werden[208], damit aber die Glaubensfreiheit eine Relevanz für den „politischen Prozeß" gewinnt, die für die amerikanische Geschichte charakteristisch zu sein scheint.

Die andere Einschränkung besteht darin, daß das „right to be let alone" ebensowenig wie die Meinungsfreiheit nur „means", nicht auch ein „end" ist. Obwohl Brandeis' Minderheitsvotum in dem Fall „Olmstead v. United States" gerade durch die Befürchtung bestimmt ist, daß „advances in the psychic and related sciences may bring means of exploring unexpressed beliefs thoughts and emotions", geht es doch darüberhinaus: "The makers of our Constitution undertook to secure conditions favorable to the pursuit of happiness. They recognized the significance of man's spiritual nature, of his feelings and of his intellect. They knew that only a part of the pain, pleasure and satisfaction of life are to be found in material things. They sought to protect Americans in their beliefs, their thoughts, their emotions and their sensations. They conferred, as against the Government, the right to be let alone — the most comprehensive of rights and the right most valued by civilized men[209]."

Diese Auffassung geht über den Pragmatismus hinaus und kann von ihm nicht mehr durch seine Kategorien erschlossen werden, weil sie den Menschen außerhalb der Zweck-Mittel-Relation stellt. Sie steht allerdings nicht der Tatsache entgegen, daß ein funktionales Verständnis der politischen Freiheitsrechte als „the basis of political and social progress" möglich ist und daß der Pragmatismus sich in den so verstandenen Freiheitsrechten selbst eine Grenze setzt, die den Grundrechtsschutz in Amerika mitbestimmt hat. Die funktionale Rechtfertigung der Grundrechte ist ungenügend, sie hat auch nicht zu einer umfassenden Wertlehre geführt.

---

[207] Olmstead v. United States, 277 U. S. 438 (478) (1928).

[208] Vgl. Dieter *Oberndörfer*, Von der Einsamkeit des Menschen in der modernen amerikanischen Gesellschaft, S. 107; Ralf *Dahrendorf*, Die angewandte Aufklärung, S. 32.

[209] 277 U. S. 438 (478). Vgl. dazu im einzelnen *Freund*, op. cit., p. 134 ff.

IV. Lasswells und McDougals Kritik an der rechtstheoretischen Entwicklung in den Vereinigten Staaten

Dieses Ungenügen wurde nach dem Zweiten Weltkrieg auch innerhalb des Realismus selbst spürbar. So verteidigte McDougal 1941 in einem Aufsatz den juristischen Realismus gegen Angriffe des Rechtsphilosophen Lon L. Fuller[1], aber 1947 forderte er in einer Rede vor der Yale Law School Association die Realisten zur Abdankung auf: "It is ... the opportunity and the obligation, of this law school, as of other schools, to emerge from the destructive phase of legal scholarship — indispensable though the destruction was — and to center its energies upon conscious efforts to create the institutions, doctrines and practices of the future. The time has come for legal realism to yield predominant emphasis to policy science, in the world community and all its constituent communities. It is time for corrosive analysis and inspired destruction to be supplemented by purposeful unremitting efforts to apply the best existing scientific knowledge to solving the policy problems of all our communities[2]." McDougal anerkennt, daß die pragmatisch-realistische Rechtstheorie zu einer kritischen Analyse des vorgefundenen Rechts beigetragen und Illusionen über das Verhältnis von Recht und Wirklichkeit zerstört hat, die Behandlung des Wertproblems durch den Realismus ebenso wie seine Wissenschaftlichkeit werden aber als unzureichend angesehen.

Lasswells und McDougals „value-oriented jurisprudence" ist im folgenden zu analysieren, weil diese „Wertlehre", radikaler und manipulativer als das pragmatisch-realistische Rechtsdenken, in eine Richtung geht, die in der Logik der pragmatischen Idee liegt, ohne daß der Pragmatismus selbst diese Richtung eingeschlagen hätte. Sie stellt den Versuch dar, die empirisch-wissenschaftlichen Ansätze des Realismus zu systematisieren und eine ebenfalls systematische und „scientific" Lösung des Wertproblems zu entwickeln. Die „value-oriented jurisprudence" ist die umfassendste „Orientierung" dieser Art in der amerikanischen Rechtstheorie; der Realismus, den sie überwinden will, hat sie beeinflußt, am stärksten hat aber durch Lasswell die behavioristische politische Wissenschaft auf sie eingewirkt.

---

1 *McDougal,* Fuller v. American Legal Realists: An Intervention, 50 Yale Law Journal 827 (834) (1941).

2 *McDougal,* The Law School of the Future, 56 Yale Law Journal 1345 (1349) (1947).

Der Gegenstand macht es notwendig, daß wir uns zunächst weitgehend auf eine Darstellung, vor allem des Lasswellschen Denkens, beschränken und die Kritik auf die Darstellung folgen lassen. Insbesondere der „empirische" Charakter dieser Wertlehre wird erst in dem Kapitel über das psychoanalytische Naturrecht zu untersuchen sein.

Die Antriebe und Ziele der „value-oriented jurisprudence" wurden zum erstenmal in einem Aufsatz dargelegt, der 1943 unter der Überschrift „Legal Education and Public Policy: Professional Training in the Public Interest" im „Yale Law Journal" erschien[3]. Die Verfasser bemerkten, daß der Krieg der Augenblick sei, um das juristische Bildungswesen zu reformieren, denn „in the rush of conversion from war to peace the archaic conventions and confusions of the past may win out over the vital needs of our civilization and the doors may open to admit the unweary members of an entire generation into a reguilded vacuum. War is the time to retool our educational processes in the hope of making them fit instruments for their future job"[4].

Es waren vor allem drei Probleme, mit denen sich der Aufsatz beschäftigte: die politische Weltsituation, die Diskussion um die Reform des juristischen Studiums und die Unzulänglichkeit der rechtswissenschaftlichen Grundkonzeptionen.

Eine Betrachtung der politischen Situation nicht nur in Amerika, sondern in der Welt bildet den Ausgangspunkt. Lasswell hatte bereits vorher die Analyse globaler Entwicklungen unternommen: 1935 hatte er ein Buch über „World Politics and Personal Insecurity" veröffentlicht, 1937 war der erste Aufsatz über den „Garnisonsstaat" erschienen[5]. Die dort schon vertretene These von der möglichen Ablösung der Demokratie durch den „Garnisonsstaat" wird in dem Aufsatz mit McDougal wiederholt. „Die beherrschende Tendenz der Weltpolitik läuft hinaus auf eine Entfernung von den Formen und Verhaltensweisen der demokratischen Gesellschaft und eine Annäherung an die Schlagwörter, Lehren und Strukturen der Gewaltherrschaft[6]."

Zur Begründung werden beispielhaft angeführt: die Mißachtung der Menschenwürde im Dritten Reich, die Auflösung des Parlamentarismus, die Ablösung des Mehrparteiensystems durch das Monopol der Staats-

---

[3] Harold D. *Lasswell* und Myres S. *McDougal*, Legal Education and Public Policy: Professional Training in the Public Interest, 52 Yale Law Journal 203—95 (1943); wieder abgedr. in *Lasswell*, The Analysis of Political Behaviour; außerdem in McDougal und Associates, Studies in World Public Order, p. 42-154 (Zitate nach dem letztgenannten Buch).

[4] *Lasswell* und *McDougal*, op. cit., p. 52.

[5] *Lasswell*, Sino-Japanese Crisis: The Garrison State versus the Civilian State, 1937 China Quarterly 643.

[6] *Lasswell* und *McDougal*, op. cit., p. 47.

parteien, Ersetzung der Gewaltenteilung durch Konzentration und Zentralisation, öffentliche Reglementierung der privaten Lebenssphäre, Ausschaltung der freien Märkte durch Monopol und Zuteilung.

Die Betrachtung dieser Zwangslage der Freiheit führt die Verfasser zu der Frage nach den Gründen, die zu diesen Rückschlägen geführt haben. Wie kommt es, daß die Verantwortlichen in der Regierung, Wirtschaft und allen anderen Zweigen des öffentlichen Lebens sich mit Trivialitäten anstatt mit der Realität beschäftigt haben? Sind die Juristen mitverantwortlich? "For a moralist, the question is whether the lawyer can be blamed; for a scientist, whether he is an important causal variable; for a reformer, whether he can be acted upon to produce change. The answer to all of these questions is: most assuredly, yes[7]."

Führt die Analyse der politischen Weltsituation zu der Frage nach den Verantwortlichen, so führt letztere zur Diskussion um die Reform des juristischen Studiums. In den verschiedensten Funktionen nimmt der Jurist Anteil an dem Prozeß politischer Zielsetzung und Entscheidung. Daraus gilt es die richtigen Schlußfolgerungen zu ziehen. Niemand, der sich mit dem Recht beschäftigt, wie immer man „Recht“ auch definieren mag, kann nach Lasswell und McDougal politischer Zielsetzung entrinnen, versteht man diese als das Treffen wichtiger, die „distribution of values“ beeinflussender Entscheidungen. Sogar jene, die immer noch darauf bestehen, daß Politik keine geziemende Beschäftigung juristischer Fakultäten sei, befürworten bestimmte politische Ziele, indem sie unbewußt annehmen, daß es die eigentliche Funktion des Rechts sei, die bestehenden gesellschaftlichen Einrichtungen in einer Art von ewigem status quo zu erhalten[8].

Die Kritik Lasswells und McDougals an den gegenwärtigen Lehrplänen konzentriert sich insbesondere auf zwei Punkte:

(1) Die Bedeutung außerjuristischen Tatsachenmaterials für einen wirkungsvollen Rechtsunterricht sei zwar anerkannt, brauchbare Techniken für die Untersuchung, Sammlung und Darlegung solchen Materials seien aber nicht entwickelt worden.

(2) Trotz der Forderungen nach einer teleologischen Jurisprudenz, nach der Auswertung rechtlicher Strukturen, Lehrsätze und Verfahren gemäß Kriterien politischer Zielsetzung gebe es nur wenige systema-

---

[7] *Lasswell* und *McDougal*, op. cit., p. 49.

[8] *Lasswell* und *McDougal*, op. cit., p. 46/47. Eine Analyse deutscher Juristen und der deutschen Rechtswissenschaft in diesen Kategorien hat kürzlich ein Schüler *Lasswells* und *McDougals* versucht: Walter O. *Weyrauch*, The Personality of Lawyers, A Comparative Study of Subjective Factors in Law, Based on Interviews with German Lawyers, 1964. Siehe dazu meine ausführliche Kritik in 53 California Law Review 1563 (1965).

tische Versuche, die Verbindung zu den Hauptproblemen einer um die Verwirklichung demokratischer Werte kämpfenden Gesellschaft offenzulegen[9].

Dies führt unmittelbar zu dem dritten Problemkreis, der neben der Diskussion um die Reform des juristischen Studiums im Mittelpunkt von Lasswells und McDougals Interesse steht: die Unzulänglichkeit der rechtswissenschaftlichen Grundkonzeptionen.

Die Kritik an der Rechtswissenschaft gilt besonders dem analytischen Positivismus und dem juristischen Realismus. Vier kritische Argumente, die mit Ausnahme des ersten gegen beide „Schulen" gerichtet sind, werden vorgetragen.

(1) Entscheidungen werden begründet und gerechtfertigt als Ergebnis angeblich logischer Ableitungen von mehrdeutigen Begriffen und Lehrsätzen. Es wird nicht gefragt, inwieweit sie der Verwirklichung demokratischer Werte dienen.

(2) Es fehlt an Orientierung innerhalb historischer und gegenwärtiger Entwicklungstendenzen. Eine Orientierung, die nötig ist, damit die wichtigen Probleme der Gegenwart und ihre Lösungsmöglichkeiten erkannt werden, damit realistische Urteile gefällt werden können.

(3) Ein wissenschaftliches Studium der historischen und gesellschaftlichen Bedingungen des Rechts ist praktisch nicht vorhanden.

(4) Übertriebene Betonung juristischer Methodik führt zu einer Einengung des Blickkreises auf die Entscheidungen von Appellationsgerichten[10].

Die Verfasser fordern eine Neuorientierung rechtswissenschaftlichen Denkens in dreifacher Weise: die Rechtswissenschaft muß sich üben im „Wertdenken", „Trenddenken" und „wissenschaftlichen Denken"[11].

Wertdenken erfordert die Klärung unserer Wertvorstellungen. Als „Wert" wird verstanden ein Objekt menschlichen Verlangens. Wenigstens in der westlichen Zivilisation sind folgende „Werte" zu nennen: Der Grundwert ist die „human dignity", die ihre Anerkennung in einem Gemeinwesen findet, in dem gegenseitige Achtung herrscht. Objekte menschlichen Verlangens sind im übrigen: Macht (power), Achtung (respect), Wissen (enlightenment), Wohlhabenheit (wealth), Wohlbefinden (well-being), fachliches Können (skill), Zuneigung (affection), Rechtschaffenheit (rectitude)[12].

---

[9] *Lasswell* und *McDougal*, op. cit., p. 43/44.

[10] *Lasswell* und *McDougal*, op. cit., p. 78/79.

[11] *Lasswell* und *McDougal*, op. cit., p. 53.

[12] In dem hier behandelten Aufsatz werden nur die ersten fünf „Werte" genannt, die drei letztgenannten sind aus späteren Schriften ergänzt worden. Schon in der vorliegenden Arbeit heißt es, daß die Reihe der Werte be-

Lasswell und McDougal nehmen an, daß ihre Wertvorstellungen nicht neu sind, daß sie identisch sind mit denen traditioneller demokratischer „Moralisten". Worum es ihnen geht ist, daß ihrer Ansicht nach demokratische Wertvorstellungen weder verstanden noch verwirklicht werden können, wenn sie nicht ergänzt werden durch Auslegungsregeln von unterschiedlicher Konkretheit, die zeigen, wie die Begriffe im Einzelfall zur Beschreibung der Wirklichkeit verwandt und wie Ergebnisse erreicht werden können, die sich mit den Begriffsbestimmungen in Übereinstimmung befinden. Es geht um die Schaffung von Konkretisierungsgrundsätzen.

„Traditionelle philosophische Ableitung" der Werte durch „logische Operationen" endet nach Auffassung Lasswells und McDougals in der Sackgasse. „Fern aller Konkretisierungsgrundsätze wird sie schnell zur eitlen Frage nach dem Warum, die ständig kulminiert in ‚einem unvermeidbaren Zirkel und der ohne Ende immer weiter zurückgreifenden logischen Rechtfertigung' mehrdeutiger Vorurteile[13]."

Das zweite Erfordernis fruchtbarer rechtwissenschaftlicher Forschungsarbeit ist Trenddenken. Die Verwirklichung von Wertvorstellungen setzt vorurteilsfreie Klarheit über Entwicklungstendenzen voraus. Nach Klarstellung seiner Ziele bedarf der Teilnehmer am politischen Prozeß der Orientierung über gegenwärtige Tendenzen und zukünftige Möglichkeiten. Niemand kann handeln, ohne bestimmte Vorstellungen über die Zukunft zu haben. In Entwicklungskategorien denken heißt, bestimmte Vorstellungen von zukünftigen Ereignissen haben[14]. So beruhen etwa die Vorschläge zur Studienreform auf der Erkenntnis, daß demokratische Wertvorstellungen im Schwinden begriffen sind und daß die derzeit Verantwortlichen nicht genügend an der Wirklichkeit orientiert sind.

Die Ergebnisse des Trenddenkens müssen ständig im Lichte der gesetzten Ziele ausgewertet werden; damit die Zukunft in Übereinstimmung mit den eigenen Wünschen gestaltet werden kann, muß schöpferisch gedacht werden. Im Mittelpunkt des Interesses muß die Frage stehen, wie wahrscheinliche Entwicklungstendenzen geändert, abgewendet oder beschleunigt werden können[15].

Schließlich bleibt die Aufgabe, „wissenschaftlich" zu denken. Bloßes Trenddenken genügt nicht. Denn ein Trend ist nicht die Ursache gesell-

---

liebig erweitert werden könne. Es müsse allerdings auf die Vereinbarkeit mit den Werten eines freien Gemeinwesens geachtet werden. *Lasswell* und *McDougal*, op. cit., p. 60.

[13] *Lasswell* und *McDougal*, op. cit., p. 54.

[14] *Lasswell* und *McDougal*, op. cit., p. 55.

[15] *Lasswell* und *McDougal*, op. cit., p. 55.

schaftlicher Veränderungen, er zeigt lediglich die relative Stärke derjenigen Variablen an, die ihn hervorgerufen haben. In einer demokratischen Gesellschaft muß der Teilnehmer am politischen Prozeß entscheiden, welche Einflußnahme auf menschliche Beziehungen mit der Verwirklichung demokratischer Ideale vereinbar ist. Wie können die Einrichtungen der Gesetzgebung, Rechtsprechung, Verwaltung, Güterproduktion und -verteilung so gestaltet werden, daß sie zur Dauer der Demokratie beitragen? Durch was werden die die Demokratie bestimmenden Faktoren ihrerseits bedingt?

Als Bedingungen, ohne deren Erfülltsein Demokratie kaum möglich ist, werden genannt:

(1) Ausgewogenheit der Einkommensverteilung in der demokratischen Gesellschaft;

(2) Stetigkeit gesellschaftlicher Entwicklungen, d. h. Fehlen plötzlicher gewaltsamer Veränderungen;

(3) Realismus, d. h. freier Zugang zu allen Informationen, die für das Treffen politischer Entscheidungen von Bedeutung sind, und

(4) Ausgeglichenheit der demokratischen Persönlichkeit, Selbstrespekt und Achtung anderer[16].

Wissenschaftliches Denken erfordert insbesondere Kenntnis der Techniken, mit Hilfe derer Hypothesen auf dem Wege sorgfältig geplanter Beobachtung bestätigt werden. Dabei geht es vor allem um das Studium menschlichen Verhaltens und seiner Beeinflussung.

Lasswell und McDougal schließen ihren Aufsatz mit einem erneuten, dringlichen Appell. "In bringing these proposals to a close, we repeat that they are prepared from the point of view of the needs of a nation that professes deep regard for the dignity of man and that in practice relies to an extraordinary degree upon the advice of professional lawyers in the formation and execution of policy. In our view the democratic values of our society can only be effectively fulfilled if all who have an opportunity to participate significantly in the forming of policy share certain ways of thinking, observing, and managing. It has been our purpose to deal with some explicitness with those changes in the existing pattern of the law school that will increase the probability that the lawyers of the future will be more effective instruments for the achievement of the public good than they have been in the past[17]."

---

[16] *Lasswell* und *McDougal*, op. cit., p. 70 ff.

[17] *Lasswell* und *McDougal*, op. cit., p. 150.

B. Lasswells politische Wissenschaft

I. Die Lösung des „Hobbesianischen Problems“

Den Realisten war — in den oben bereits zitierten Worten Whites — der britische Empirismus nicht empirisch genug[1]. Der Realismus konnte seinerseits Lasswell und McDougal nicht befriedigen. Sie qualifizierten ihn nicht als unrealistisch, er hatte aber in ihren Augen das wissenschaftliche Hauptproblem, wie sich nämlich die lenkende Kraft der Vernunft im Dienste einer „demokratischen Rechtswissenschaft“ durchsetzen kann, ungelöst gelassen. „Wir wissen genug“, schreibt Lasswell, „um zu wissen, daß Demokratien nicht zu leben wissen.“ Nur die Berücksichtigung wissenschaftlicher Erkenntnisse kann der demokratischen Lebensform zum Erfolg verhelfen[2].

Diese Bemerkungen sowie die von Lasswell und McDougal im einzelnen durchgeführten Analysen der politischen Wirklichkeit deuten an, daß Lasswell und McDougal sich vom Pragmatismus unterscheiden, indem sie den Glauben, die Wahrheit werde sich im „Wettbewerb des Marktes“ durchsetzen, der ihm bei allem Skeptizismus zugrundeliegt, nicht teilen. Es sei vernünftig, heißt es in Lasswells Vorwort zu einem völkerrechtlichen Werk seines Kollegen, die Zukunft mit wenig Zuversicht zu betrachten. Er fährt dann fort, es sei jedoch nicht vernünftig anzunehmen, daß eine Weltordnung nur durch gewaltsame Unterwerfung entstehen könne. “We are not confronted by a crisis of such subtlety that it cannot in principle be comprehended by the common man. And if expectation systems change, interpretations of goal change ...[3]”

Die anklingende Verbindung von Pessimismus und Vertrauen in die Vernunft ist typisch für das Denken Lasswells und McDougals. Den Vernunftglauben teilen sie mit Pragmatisten und Realisten, in Inhalt und Ausmaß ist er allerdings wesentlich unterschieden. Er ist vor allem und viel eindeutiger als bisher ein Wissenschaftsglaube. Dies heißt zweierlei: (1) Die politische Vernunft selbst ist zum Gegenstand wissen-

---

[1] Oben A II 3 a.

[2] *Lasswell*, The Analysis of Political Behaviour, p. 1.

[3] *Lasswell*, Introduction to *McDougal* and Florentino P. *Feliciano*, Law and Minimum World Public Order, p. XXIII.

schaftlicher Erkenntnis gemacht worden. (2) Daraus folgt ein größeres Vertrauen in die Wissenschaft und ihre Wirkungsmöglichkeiten.

Was bedeutet dies im einzelnen? Die politische Vernunft zum Gegenstand politischer Erkenntnis machen heißt nicht die Fragestellungen der politischen Philosophie, Ethik oder gar Metaphysik neu zu denken. „Unsere Zeit hat keinen entscheidenden Fortschritt darin gemacht, neue Definitionen ethischer Werte zu finden oder auch nur die alten Definitionen aus umfassenderen Sätzen abzuleiten. Unser Erbe an kurzen Definitionen ist adäquat geblieben. Der Fortschritt unserer Zeit besteht in der Technik, mittels derer sie zur Wirklichkeit in Verbindung gesetzt werden ... Die Wissenschaft kann die Mittel erforschen, die geeignet sind, den moralischen Impuls seine Erfüllung finden zu lassen[4]." Das Ziel ist kein geringeres, als der Ethik Hand und Fuß zu verleihen[5].

Wie kann die Vernunft in den Dienst der Ethik gestellt werden? Dies ist Lasswell zufolge nicht durch ein größeres Maß an Logik möglich. Unser Vertrauen in die Logik ist unangebracht. Die Funktion des Geistes als eines geeigneten Instruments zur Anpassung an die Wirklichkeit wird durch eine zu starke Betonung der Logik eher behindert als gefördert. Wir brauchen eine völlig andere Denkweise, wollen wir darin fortfahren, das Bewußtsein von den die Wirklichkeit entstellenden Produkten unerkannter Zwangsimpulse zu befreien[6]. Der Ethik Hand und Fuß verleihen heißt, die Ursachen des menschlichen Zerstörungstriebes und die Formen seiner möglichen Kontrolle zu entdecken[7], denn das wissenschaftliche Studium der menschlichen Persönlichkeit hat das alte Wort bestätigt, daß der Mensch der Feind des Menschen sei[8].

Hobbes hatte im „Leviathan" Zerstörung und Krieg auf die gleichgerichteten Wünsche der Menschen zurückgeführt: wo zwei Menschen dieselbe Sache begehren, ohne sie zugleich besitzen zu können, müssen sie zu Feinden werden[9]. Lasswell sieht die Hobbesianische Hypothese, daß der Zerstörungssinn des Menschen in dessen Natur begründet sei, in neuerer Zeit vor allem von Freud unterstützt. Freud warf nach Lasswell sein Gewicht nicht zugunsten Rousseaus, sondern zugunsten Hobbes' auf die Waagschale[10]. Dabei sei Freud allerdings noch über Hobbes

---

[4] *Lasswell*, The Analysis of Political Behaviour, p. 1.

[5] *Lasswell*, op. cit., p. 19—20.

[6] *Lasswell*, Psychopathology, in The Writings, p. 31.

[7] *Lasswell*, The Analysis of Political Behaviour, p. 19/20.

[8] *Lasswell*, op. cit., p. 15.

[9] *Hobbes*, Leviathan, ch. 13.

[10] *Lasswell*, Approaches to Human Personality: William James and Sigmund Freud, 47 Psychoanalysis and the Psychoanalytic Review 5 (1960). Vgl. auch *Lasswell*, Psychopathology, in The Writings, p. 71.

hinausgegangen: hatte Hobbes gemeint, daß die Todesfurcht den Menschen veranlasse, Frieden zu suchen[11], so heißt „homo homini lupus est" für Freud nicht nur, daß der Mensch seinen *Mit*menschen ein Wolf ist, sondern daß er auch voller selbstzerstörerischer Impulse steckt. Lebens- und Todestrieb befinden sich nach Freud im Individuum selbst in Konflikt[12].

Was man das Hobbesianische Problem nennen könnte, nämlich die Frage, wie der menschliche Zerstörungstrieb gebändigt oder gar überwunden werden kann, hat von Anfang an im Mittelpunkt des Interesses von Lasswell gestanden. Seine Antwort unterscheidet sich allerdings von der Freuds. War Freud allen Einwänden gegenüber skeptisch geblieben, fürchtete er, daß die Unterdrückung aggressiver Impulse kraft der dadurch verdichteten Schuldgefühle immer wieder so unerträglich würde, daß es zu einer Zerstörung des Friedens kommen müsse[13], so sieht Lasswell Möglichkeiten in der menschlichen Natur angelegt, die eine Lösung des Hobbesianischen Problems in Aussicht stellen. Lasswells Hypothese läßt sich in der folgenden Weise zusammenfassen: eine politische Verfassungsform, die Demokratie, gibt Antwort auf ein psychisches Problem, und die Psychotherapie hilft, die Demokratie zu verwirklichen.

Das Studium der Ursachen des menschlichen Zerstörungssinns hat für Lasswell die pathogene Bedeutung unzureichender Selbstachtung immer mehr in den Mittelpunkt gerückt[14]. Die Hypothese von der „gesellschaftlich bedingten Angstneurose" bedeutet, daß menschlichem Versagen häufig ein Versagen bei der Bildung der Persönlichkeitsstruktur zugrunde liegt, das wiederum zurückzuführen ist auf zwischenmenschliche Situationen, die den einzelnen veranlassen, eine geringe Selbstachtung zu entwickeln[15]. Es ist die Gesellschaft selbst, die dem Menschen Selbstmord, Schizophrenie und Fehlentwicklungen der Persönlichkeit aufzwingt. Nicht so sehr die menschliche Natur als bestimmte Züge unserer Zivilisation sind verantwortlich zu machen[16].

In einem Aufsatz über die Entwicklung psychoanalytischen Denkens legt Lasswell dar, daß zwar Freud bereits die außerordentliche Bedeutung der Umwelt für die Entwicklung des Kindes gesehen habe, dennoch habe sein Interesse vor allem „intraorganischem" Geschehen, psy-

---

[11] *Hobbes*, op. cit., ch. 13. Vgl. dazu *Lasswell*, Psychoanalytic Conceptions and Political Science, 4 Science and Psychoanalysis 60 (71) (1960).

[12] Vgl. *Freud*, Abriß der Psychoanalyse, in Ges. Werke, Bd. 17, 70 ff.

[13] Vgl. *Freud*, Das Unbehagen in der Kultur, in Ges. Werke, Bd. 14, 482 ff.

[14] Siehe *Lasswell*, The Analysis of Political Behaviour, p. 15.

[15] *Lasswell*, Personality, p. 161/162.

[16] *Lasswell*, The Analysis of Political Behaviour, p. 11.

chosomatischen Zusammenhängen gegolten[17]. Erst jetzt beginne man zu erkennen, daß es nicht länger als sinnvoll betrachtet werden kann, eine pathologische Entwicklung allein in der Person des im sozialen Prozeß Handelnden zu lokalisieren[18]. In bestimmten Fällen mag dies möglich sein, im Ganzen ist es aber exakter, von „soziopsychosomatischen" Schwierigkeiten zu sprechen[19].

Die These von der gesellschaftlich bedingten Angstneurose will besagen, daß eine Geringbewertung des Selbst auf der Bewertung durch andere Menschen beruht. Die Reaktionen auf eine solche Selbsteinschätzung können sehr verschiedener Art sein, sie reichen von einem hoffnungslosen Sich-Dareinergeben bis zu destruktiven Kompensationserscheinungen[20]. Dies meint Lasswell, wenn er bei seiner Analyse des Zerstörungssinnes von der pathogenen Bedeutung unzureichender Selbstachtung spricht.

Lasswell zufolge hat die Forschung den Zusammenhang zwischen Achtung und Zuneigung einerseits und körperlicher und seelischer Integrität andererseits ergeben, daraus ergibt sich, daß der gesamte Gesellschaftsprozeß nach denjenigen Faktoren zu durchforschen ist, die die Selbstachtung des Menschen beeinträchtigen. Es versteht sich von selbst, daß solche Faktoren dann zu beseitigen sind. „Die Folgerung ist, daß es eine Sozialpsychiatrie der Gesellschaft gibt, die nichts anderes als die Sozialpsychiatrie der Demokratie ist[21]." In einer demokratischen Gesellschaft werden die Menschen ernst genommen, wird ihnen Ehrfurcht entgegengebracht, d. h. ihnen wird Anerkennung gezollt, Aufklärung gegeben, sie werden konsultiert. Wenn diesem gegenseitigen Sich-Achten Abbruch getan wird, werden zerstörerische Impulse geweckt, die die Verwirklichung einer demokratischen Ordnung gefährden[22].

Genau dies ist der Punkt, an dem Demokratie und Psychiatrie in Wechselwirkung zueinander treten. Der Bezug zur politischen Wissenschaft ergibt sich daraus, daß die Anwendung der These von der gesellschaftlich bedingten Angstneurose auf die Politik besagt, Menschen könnten nur dann frei sein, wenn sie von gesellschaftlichen Angstzuständen frei sind. Jedes Aufkommen eines Tyrannen ist ein Zeichen dafür, daß mangelnde Selbstachtung ein Massenverlangen herbeiführt, sich auf jemand anderes verlassen zu können[23]. Und umgekehrt: wären die

---

[17] *Lasswell*, Impact, p. 84.
[18] *Lasswell*, op. cit., p. 94.
[19] *Lasswell*, op. cit., p. 95.
[20] *Lasswell*, Personality, p. 162.
[21] *Lasswell*, op. cit., p. 118.
[22] *Lasswell*, The Analysis of Political Behaviour, p. 17.
[23] Die Massen zwängen sich dem möglichen Tyrannen auf, obwohl es so scheint, als ob sich der Tyrann den Massen aufzwänge; *Lasswell*, Personality, p. 163.

Menschen frei, so würden sie sich ohne Zögern gegen Versuche wehren, sie in Abhängigkeit zu bringen[24].

Der Augenblick, in dem das gegenseitige Aufeinanderbezogensein von Psychiatrie und Demokratie erkannt wird, ist die Geburtsstunde einer demokratischen Wissenschaft von der Politik. In dem demokratischen Äquilibrium wird menschliche Destruktivität niedrig gehalten. Daraus ergibt sich, daß das einer demokratischen Elite gestellte Problem dem Problem der Förderung sozialer Gesundheit gleichbedeutend ist. Der Gegenstand der Sozialpsychiatrie ist dem einer demokratischen politischen Wissenschaft gleich: beiden kommt es an auf die Entdeckung jener Faktoren, die das demokratische Äquilibrium bedingen[25].

Diese neue Wissenschaft von der Politik ist entstanden aus einer Unzufriedenheit mit der überkommenen politischen, gesellschaftswissenschaftlichen und philosophischen Literatur. Sie ist kein Aufstand gegen die Philosophie, sondern ein entschiedenes Unternehmen, „die Philosophie zu erfüllen"[26]. Die Wissenschaften, die sich mit politischer Zielsetzung beschäftigen, überschreiten alle Grenzen traditioneller wissenschaftlicher Arbeitsteilung, im Mittelpunkt steht die Verhaltenswissenschaft, die Theorie der Gesellschaft. Unter anderem geben sie systematisch Rechenschaft von denjenigen Faktoren, die Persönlichkeit und Zivilisation beherrschen[27]. Sie sind Wissenschaften politischer Zielsetzung, weil sie den politischen Prozeß in einer Gesellschaft klären, diejenigen Daten zur Verfügung stellen, die gebraucht werden, um bei allen politischen Fragen zu vernünftigen Entscheidungen zu kommen. Sie umfassen neben der Psychiatrie die Rechtswissenschaft, die Pädagogik und die Gesellschaftswissenschaften insgesamt[28].

Allerdings kann es keinen Zweifel geben, daß der Psychoanalyse, der Psychiatrie und der Psychotherapie eine ganz besondere Bedeutung zukommt. Warum das so ist, haben Lasswell und McDougal in ihrem einleitend referierten Aufsatz über Juristenerziehung gesagt. „Ein Mittel, um zu einer klaren und realistischen Einschätzung der menschlichen Natur zu kommen, ist die gut fundierte Kenntnis derjenigen Faktoren, die die Bildung der menschlichen Persönlichkeit beherrschen. Eine Demokratie ist nicht annähernd verwirklicht, solange die Menschen sich nicht der Tatsache bewußt sind, daß der Mensch frei sein kann und daß die mühevollen Forschungen der modernen Wissenschaft nüchterne Gründe ergeben haben, aus denen man das intuitive Vertrauen recht-

---

[24] *Lasswell*, op. cit., p. 163.
[25] *Lasswell*, op. cit., p. 146.
[26] *Lasswell*, The Analysis of Political Behaviour, p. 2.
[27] *Lasswell*, Personality, p. 124.
[28] *Lasswell*, op. cit., p. 120.

fertigen kann, mit dem Dichter und Propheten menschlicher Brüderlichkeit die Menschheit betrachtet haben ... Durch die weitere Anwendung von bereits teilweise erfolgreichen Methoden können Mittel bereitgestellt werden, mit Hilfe derer die Ermahnungen der Moralisten und die Visionen der Träumer in die Wirklichkeit umsetzbar sind. Ohne dieses Wissen ist die Intuition des Genius kraftlos; gerüstet mit diesem Wissen, das die Kenntnis, wie mehr Wissen erworben werden kann, einschließt, werden moralische Ziele unter immer geringeren Schwierigkeiten zu verwirklichen sein[29]."

Aus den vorhergehenden Darlegungen ergibt sich bereits, daß es sich bei diesem „Wissen" nicht um theologische oder philosophische Erkenntnis, sondern um „Einsicht" in die menschliche Natur, und das heißt vor allem in die menschliche Psyche, handelt. Um den Zerstörungstrieb unter Kontrolle zu halten und um die Möglichkeiten der menschlichen Natur einsichtig zu machen, bedürfen wir mehr als einer emotional befriedigenden Lösung. Sie allein kann das Bewußtsein noch nicht von den die Wirklichkeit entstellenden Produkten unerkannter Zwangsimpulse befreien. Die neue, nicht rein logisch-dialektische Denkmethode, die die Möglichkeit eröffnet, mehr Wissen zu erlangen, die endgültig die lenkende Kraft der Vernunft zur vollen Entfaltung bringt, ist die von Freud entwickelte frei-assoziative Denkweise[30]. Ihre Bedeutung liegt darin, daß sie wichtige, der Routine „gelenkten Denkens" unzugängliche Daten ganz in den Brennpunkt des Bewußtseins bringt. Freie Assoziation macht den Denker mit Seiten seines Selbst bekannt, die einen wichtigen Einfluß insbesondere auf seine Beziehungen zu anderen Menschen ausüben[31]. Psychoanalyse macht das Irrationale rational erfaßbar, „dies ist der Aspekt von Freuds Werk, der eine unmittelbare und dauernde Bedeutung für das politische wie für jedes andere Denken hat"[32]. Hatte Freud bereits großen Wert auf die lenkende Kraft des Bewußtseins gelegt[33], so läßt Lasswell keinen Zweifel an seiner Ansicht, daß die durch die Psychoanalyse beschleunigte Selbstentdeckung des Menschen[34] erst die wahre menschliche Freiheit herbeiführt.

„Es wird nicht hinreichend anerkannt, daß die Rolle der Wissenschaft in den menschlichen Beziehungen nicht so sehr Voraussage als die Erweiterung der Freiheit ist. Mit Freiheit meinen wir, daß ein bestimmter Persönlichkeitsfaktor in den Brennpunkt des Bewußtseins gerückt wird,

---

[29] *McDougal*, Studies, p. 69.

[30] Wie *Lasswell* sie versteht, findet sich näher erläutert in Psychopathology, in The Writings, p. 32.

[31] *Lasswell*, Personality, p. 196/197.

[32] *Lasswell*, Psychopathology, in The Writings, p. 410/411.

[33] Vgl. *Lasswell*, op. cit., p. 92.

[34] *Lasswell*, op. cit., p. 115.

der sich bisher unbewußt, aber dennoch determinierend auf die Entscheidungen des Individuums ausgewirkt hat. Erst einmal ganz in den Brennpunkt des wachen Bewußtseins gebracht, ist dieser bisher automatisch und zwingend wirkende Faktor nicht mehr in einer privilegierten Position. Das Individuum ist jetzt frei, ihn bei seinen Entscheidungen mit in Erwägung zu ziehen[35]." Diese Erweiterung des Freiheitsbereiches ist der wichtigste und relevanteste Beitrag, den die Erforschung der zwischenmenschlichen Beziehungen zur Demokratie geleistet hat[36]. Sie ist dadurch erreicht worden, daß es endlich gelungen ist, eine Methode zu entwickeln, die sokratische Maxime „Erkenne dich selbst" in tägliche Praxis umzusetzen[37].

Fassen wir Lasswells Anschauungen vorläufig zusammen, so bedeuten sie, daß die psychoanalytische Erkenntnis des Selbst die Menschen freimacht und daß die von den Menschen gegenseitig sich gewährte Anerkennung ein emotionales Gleichgewicht herstellt, das nichts weniger als die Lösung des Hobbesianischen Problems bedeutet. Lasswell hält die Überwindung des menschlichen Zerstörungssinns für möglich. Freud hatte zwar auch einen Hoffnungsschimmer gezeigt, als er im Zusammenhang mit der „Schicksalsfrage der Menschenart", „ob und in welchem Maße es ihrer Kulturentwicklung gelingen wird, der Störung des Zusammenlebens durch den menschlichen Aggressions- und Selbstvernichtungstrieb Herr zu werden", von der „andern der beiden himmlischen Mächte", dem „ewigen Eros" sprach[38], das Gewicht liegt bei Freud aber doch auf der bitteren Feststellung: „Homo homini lupus; wer hat nach allen Erfahrungen des Lebens und der Geschichte den Mut, diesen Satz zu bestreiten[39]?" Im Gegensatz hierzu wird Lasswell bei allen Einschränkungen[40] nicht müde, die Vision einer „allumfassenden und freien Gesellschaft freier Menschen" als zu verwirklichendes Ziel zu verkünden[41].

---

[35] *Lasswell*, Character, in The Writings, p. 524.

[36] *Lasswell*, op. cit., p. 524.

[37] *Lasswell*, Personality, p. 197. Vgl. auch Lasswell, Impact, p. 115.

[38] *Freud*, Das Unbehagen in der Kultur, in Ges. Werke, Bd. 14, 506.

[39] *Freud*, a. a. O., S. 471.

[40] *Lasswell*, Personality, p. 110.

[41] *Lasswell*, Character, in The Writings, p. 525.

II. Das Verständnis der Politik und die Methode politischer Analyse

1. Was ist Politik?

Lasswells Schrifttum ist sehr umfangreich und verzweigt. Im einführenden Kapitel wurde der Versuch gemacht, die ihn bewegende Grundfrage und einige der auf sie gegebenen Antworten herauszuarbeiten. Im folgenden werden wir auf einzelne Komponenten des Lasswellschen Denkens eingehen. Die Auswahl erfolgt unter dem Gesichtspunkt: welche Bedeutung hat ein bestimmtes Element für die „rechtspolitisch orientierte Rechtslehre" Lasswells und McDougals. Wir beginnen mit der Frage nach dem Begriff des Politischen bei Lasswell und wenden uns dann der „konfigurativen Analyse" sowie dem Zusammenhang zwischen Charakter und Verfassung zu.

a) Der Gegenstand der politischen Wissenschaft

Lasswells vielleicht bekanntestes Werk ist das 1936 zuerst erschienene Buch „Politics: Who Gets What, When, How". Folgt man diesem Buchtitel, so ist Politik ein Verteilungsvorgang: wer bekommt was, wann und auf welche Weise, ist die Frage, die man stellen muß, will man politische Phänomene in den Griff bekommen. Das Vorwort zu dem genannten Werk beginnt mit dem Satz: „Die in diesem Buch zu findende Interpretation der Politik liegt der Einstellung des politischen Praktikers zugrunde. Zu den Fähigkeiten des Politikers gehört es, Veränderungen in der Verteilung von Einfluß unter den Einflußreichen vorausberechnen zu können[1]."

Für Lasswell ist das Studium der Politik ein Studium der Einflußverteilung. Dieses Buch (heißt es zu Beginn von „Politics: Who Gets What, When, How"), auf politische Analyse beschränkt, verkündet keine Wertvorstellungen. Es stellt Bedingungen fest. Im folgenden werden dann als einflußreich diejenigen bezeichnet, die das meiste von dem bekommen, „was da zu bekommen ist". Hervorgehoben werden insbesondere: Achtung, Einkommen, Sicherheit. „Diejenigen, die das meiste bekommen, sind die Elite, der Rest ist Masse[2]."

---

[1] *Lasswell*, Politics, in The Writings, p. 289. Es ist daran zu erinnern, daß die „prediction theory" der juristischen Realisten, vom Standpunkt des Anwalts aus und auf die Gerichte beschränkt, die gleiche Frage stellte.

[2] *Lasswell*, op. cit., p. 295.

Von Interesse ist zunächst die Art und Weise, in der der Gegenstand der politischen Wissenschaft bestimmt wird. Der Entgegensetzung von politischer Wissenschaft und politischer Philosophie in den zitierten Einleitungssätzen liegt eine scheinbar scharfe Trennung von Sein und Sollen zugrunde[3]. Politische Wertvorstellungen, und das heißt doch auch: die politischen Ziele, gehören nicht zum Bereich der Wissenschaft von der Politik.

Dieses Ausklammern aller auf das Sollen bezogenen Fragen steht in direktem Gegensatz zu der später entwickelten und im Eingang dieses Abschnittes dargelegten Lasswellschen Auffassung von einer demokratischen politischen Wissenschaft, die eine Wissenschaft politischer Zielsetzung ist. Es besteht aber aller Grund anzunehmen, daß Lasswell bereits hier die Frage nach den zu verfolgenden Werten nicht völlig aus dem Bereich der politischen Wissenschaft ausschließen will[4]. Lasswell schreibt von der politischen Analyse nicht etwa, sie untersuche Tatsachen, sondern sie stelle „Bedingungen" fest. Bedingungen aber sind Faktoren, die nicht als bloße Ursachen interessieren, sondern als Bedingungen „für" etwas. In „Power and Society" heißt es denn auch eindeutig, „unsere besondere Aufmerksamkeit gilt der Formulierung solcher Bedingungen, die die Errichtung und Dauer einer freien Gesellschaft begünstigen"[5].

Der von Lasswell eingenommene Standpunkt des „tätigen Politikers" ist „realistisch" und „manipulativ" zugleich: Der Politiker muß Veränderungen in der Machtverteilung deshalb berechnen, weil er selbst Einfluß nehmen will. Der manipulative Aspekt findet sich nicht nur beim praktischen Politiker. Er ist ebenso relevant für das systematische Studium der Politik, als dessen Ziel Lasswell in seiner ersten Veröffentlichung aufstellt: Beschreibung politischen Verhaltens in solchen gesellschaftlichen Situationen, die mit genügender Häufigkeit wiederkehren, um Voraussage als Vorbedingung der Kontrolle nutzbar zu machen[6].

b) Politik als der Prozeß der Bildung, Verteilung und Ausübung von Macht

Soweit die politische Wissenschaft beschreibt und vorhersagt, muß sie sich Lasswell zufolge einem Studium der Verteilung von Einfluß unter

---

[3] *Horwitz*, p. 228.

[4] Etwas anders akzentuiert David *Easton*, Harold Lasswell: Political Scientist for a Democratic Society, 12 Journal of Politics 450 (451) (1950).

[5] *Lasswell* und *Kaplan*, p. XIII.

[6] *Lasswell*, Chicago's Old First Ward, A Case Study in Political Behaviour, 12 National Municipal Review 127 (1923). Siehe dazu auch *Horwitz*, p. 230, und die Kritik an der Horwitzschen Interpretation von John H. *Schaar* und Sheldon S. *Wolin*, Essays on the Scientific Study of Politics: A Critic, 57 American Political Science Review 125 (142) (1963).

den Einflußreichen widmen. Sie ist vor allem ein Studium der Elite oder der „Auserwählten“[7] (die Kategorie Elite behält Lasswell später den Teilhabern an der Macht vor[8]). Einfluß wird daran gemessen, ob jemand „etwas“, wann und auf welche Weise erhält[9]. Dieses „etwas“ nennt Lasswell „Wert“, es ist zunächst nichts anderes als ein bloßes Gut. Vorerst muß es genügen, darauf zu verweisen, daß unter „Wert“ ein Objekt menschlichen Verlangens zu verstehen ist[10]. In „Politics: Who Gets What, When, How“ werden nur Achtung, Einkommen und Sicherheit aufgezählt. Die in „Power and Society“ aufgestellte, bis heute beibehaltene, obwohl nicht enumerative Liste nennt acht Werte: Macht (power), Achtung (respect), Rechtschaffenheit (rectitude), Zuneigung (affection), Wohlbefinden (well-being), Wohlhabenheit (wealth), fachliches Können (skill), Wissen (enlightenment). Von diesen acht Werten werden die ersten vier in einer Gruppe zusammengefaßt: es sind die Werte des „Beachtetwerdens“ (deference values), während es sich bei den verbleibenden Werten um „Wohlfahrtswerte“ (welfare values) handelt[11].

Insoweit der Gegenstand der Politik „Einfluß“ ist, geht es um die Frage der Teilhabe an diesen Werten. Einfluß ist nicht dasselbe wie Macht. Macht stellt lediglich eine, wenn auch sehr wichtige, Untergruppe dar. Der Einfluß einer Person oder Gruppe bestimmt sich danach, welches ihre aktuelle und potentielle Position im System der Wert- oder Güterverteilung ist[12].

Umfaßt also Einfluß die Teilhabe an allen acht Werten, so ist Macht nur daran gemessen, in welchem Ausmaß ein Wert besessen wird, nämlich die Macht selbst. Lasswell übersieht nicht, daß der Kategorie der Macht innerhalb der politischen Wissenschaft eine besondere Bedeutung zukommt. Politik wird geradezu mit Macht identifiziert: „Der politische Prozeß ist Machtbildung, Verteilung und Ausübung von Macht.“ Der Satz wird freilich sofort wieder eingeschränkt durch eine Klammerbemerkung, die den politischen Prozeß auf alle Werte des „Beachtetwerdens“ und auf „Einfluß“ im allgemeinen „zurück-ausdehnt“. Immerhin, die politische Wissenschaft beschäftigt sich insbesondere mit dem Wert der Macht, das „Beachtetwerden“ gehört zu seinen Charakteristika. Macht haben heißt, daß andere mich bei ihren Unternehmungen in Rechnung stellen, mit mir rechnen müssen[13].

---

[7] Dieser Terminus in *Lasswell* und *Kaplan*, p. 55.

[8] *Lasswell* und *Kaplan*, p. 201.

[9] *Lasswell*, Politics: in The Writings, p. 295.

[10] *Lasswell* und *Kaplan*, p. 16.

[11] *Lasswell* und *Kaplan*, p. 55/56.

[12] *Lasswell* und *Kaplan*, p. 55.

[13] *Lasswell* und *Kaplan*, p. 74—77.

In einem engeren Sinne wird Macht mit der Teilnahme an Entscheidungen gleichgesetzt: wer Macht hat, spielt eine Rolle im Prozeß politischer Zielsetzung. Macht bedeutet sagen zu können, wer was, wann und wie bekommt.

Die Akte politischer Zielsetzung, Entscheidungen, die sowohl Ausübung von Macht darstellen, wie auch Verteilung und Neubildung der Werte regeln, sind insgesamt Teil eines Prozesses, eben des politischen Prozesses. Gegenstand der politischen Wissenschaft sind nicht so sehr zeitlose Institutionen und politische Gefüge als Ereignisse, gemäß der Erfahrung zu lokalisierende und zu beobachtende Handlungen[14]. Es ist zwar sinnvoll, von Strukturen und Funktionen zu sprechen, im Auge behalten werden muß aber, daß es sich dabei nur um Abstraktion von etwas handelt, das empirisch als Prozeß gegeben ist[15].

Ebenso wie man den Machtprozeß, in der politischen Analyse gesondert betrachten kann, ist es möglich, im Zusammenhang mit den anderen Werten ebenfalls von Prozessen zu sprechen. Alle zusammengenommen ergeben den Gesellschaftsprozeß schlechthin[16]. Für die politische Analyse ist nichts irrelevant, was sich als einflußgewährender Faktor erweist. Immerhin kommt dem Machtprozeß eine Schlüsselbedeutung zu[17].

Dies heißt allerdings nicht, daß sich die politische Wissenschaft damit begnügen kann, Entscheidungen, also Handlungen, Ergebnisse politischer Machtausübung, zu erforschen. Sie kann sich nicht etwa auf die äußeren Ereignisse beschränken, subjektive, interne Ereignisse sind für sie ebenso wichtig. Die politische Wissenschaft ist nur ein besonderer Zweig der Verhaltenswissenschaften[18].

Es genügt demnach nicht, Wertkategorien aufzustellen, sondern es werden zusätzlich Kategorien gebraucht, die es möglich machen, insbesondere Persönlichkeits- und Gruppenstruktur, Symbole und ihre Verknüpfung mit menschlichem Handeln zu analysieren[19]. „Wie anderes Handeln durchläuft auch das politische Handeln eine ‚Antriebsphase', eine Phase der ‚Subjektivität' und eine ‚Äußerungsphase'[20]." Symbole, d. h. vor allem Worte, machen es dem Handelnden in seiner jeweiligen Rolle möglich, seiner Handlung im Kontext der Umwelt eine bestimmte

[14] Vgl. *Lasswell*, Psychopathology, in The Writings, p. 1—2.

[15] *Lasswell* und *Kaplan*, p. XIV.

[16] *Lasswell* und *Kaplan*, p. 77.

[17] *Lasswell* und *Kaplan*, p. XIV.

[18] *Lasswell* und *Kaplan*, p. 3.

[19] Vgl. *Lasswell*, Politics, in The Writings, p. 443.

[20] *Lasswell* und *Kaplan*, p. 240. *Lasswell* ist hier u. a. von George Herbert *Mead* beeinflußt.

Bedeutung zu verleihen, sich mit anderen zu identifizieren. „Anspruchssymbole“ formulieren die Ziele des Handelns und das Verlangen von Unterstützung durch andere. „Erwartungssymbole“ drücken aus, mit welcher Verwirklichungschance gerechnet wird. „Die Phase der Subjektivität besteht aus solchen Symbolisierungen.“

Handeln wird politisches Handeln nur deshalb, weil es in eine Beziehung zur Macht tritt. Verhalten ist auf ein Ziel gerichtet und betrifft daher Werte. Die Antriebsphase des Handelns ist in dem Bedarf oder in dem ursprünglichen Streben nach diesen Werten begründet. Jeder Handelnde muß in Rechnung stellen, daß andere Menschen seiner Umgebung seine Bestrebungen entweder behindern oder unterstützen. Das heißt Einfluß und Macht, Kontrolle über andere mit Hilfe strenger oder weniger strenger Sanktionen, werden gesucht. „Politisches Handeln findet seinen Ursprung in einer Situation, in der der Handelnde verschiedene Werte zu erlangen strebt, für die Macht eine notwendige (und unter Umständen genügende) Bedingung ist[21].“

Jedem individuellen Handeln (wie auch einer politischen Bewegung) liegt ein Bedarf oder eine Spannung zugrunde. Unsicherheit und Frustrierung (oder, im Gegenteil, die Aussicht auf leichten Erfolg) erzeugen einen Druck zu handeln. Die Erfahrungen, die diesen Druck schaffen, sind anfangs individueller und privater Natur. Langsam werden sie mit den Erfahrungen anderer Menschen verbunden, und das private Unbehagen oder Gefühl nicht genutzter Chancen nimmt eine zunächst unbestimmte soziale Gestalt an. Diagnostische und normative Symbole erscheinen in immer größerer Zahl[22].

Damit kommt das eigentliche Wesen des politischen Prozesses in den Blick. „Politik ist der Übergang von einem unangefochtenen Konsensus zum nächsten. Er beginnt in einer Konfliktsituation und endet mit deren Lösung. Die Lösung ist allerdings nicht die ‚vernünftigste‘ Lösung, sondern die emotional befriedigende. Gegenüber dem Prozeß, in dem ein emotionaler Konsensus erneut geschaffen wird, sind die rationalen und dialektischen Stadien der Politik von subsidiärer Bedeutung[23].“

c) Politisches Handeln als Ersatzbefriedigung

Der politische Prozeß ist nicht nur ein emotionales und kein rationales Geschehen, er ist letztlich nicht einmal ein öffentliches, sondern ein privates Ereignis. Hinter der Fassade des Klassenkampfes findet sich die Dialektik der menschlichen Persönlichkeit[24].

---

[21] *Lasswell* und *Kaplan*, p. 240.

[22] *Lasswell* und *Kaplan*, p. 241.

[23] *Lasswell*, Psychopathology, in The Writings, p. 185.

[24] *Lasswell*, Politics, in The Writings, p. 410.

Das Studium der Politik ist nicht nur das Studium der Einflußverteilung, sondern auch das Studium derjenigen, die Einfluß haben, d. h. des homo politicus. „Das politische Leben, dieses Wort in seinem engsten Sinn gebraucht, ist ein Leben voller Konflikte und setzt Menschen voraus, die in aktive Beziehung zu ihrer Umwelt treten können. Impulse müssen gegen die menschliche Umwelt nach außen gerichtet werden. Eine vollentwickelte politische Persönlichkeit verbindet bestimmte Motive mit bestimmten Fähigkeiten, verschmilzt die emotionale Möglichkeit, Impulse nach außen zu wenden, mit genügendem Geschick, sich den Erfolg zu sichern[25]."

Wird dieser Weg politischer Analyse erst einmal beschritten, so rückt damit auch der politische Prozeß in ein ganz anderes Licht. Politik ist dann nicht nur der Kampf um die Macht, um die Teilhabe an Werten, sondern ist „der Prozeß, in dem die irrationalen Grundlagen der Gesellschaft an die Oberfläche kommen"[26].

Die Tatsache, daß der Mensch Symbole „gebraucht" (manipuliert — der Begriff „Ideologie" gehört in diesen Zusammenhang), sagt noch nichts darüber, ob der Mensch vernünftig ist oder ob er von bestimmten Trieben dominiert wird (Gewinnsucht, Ruhmsucht, Machtstreben). Die Beantwortung dieser Frage muß einer Untersuchung menschlichen Verhaltens unter verschiedenen Bedingungen und der Rolle, die Symbole dabei spielen, überlassen bleiben[27]. Immerhin formuliert Lasswell die folgende Vermutung: „Die Politik ist ... die Sphäre des Konflikts ... Sie bringt all die Eitelkeit und Bösartigkeit, den Narzißmus und die Aggressivität der streitenden Parteien ans Tageslicht[28]." In letzter Konsequenz identifiziert Lasswell das Politische mit dem Privaten. "The politician displaces his private motives upon public objects, and rationalizes the displacement in terms of public advantage[29]."

Der homo politicus begehrt in Relation zu anderen Werten die ständige Vermehrung seiner Macht bis zur äußerst möglichen Grenze, er rechnet damit, daß Macht Macht schafft, und benutzt die Identifizierung mit anderen dazu, seine aktuelle und potentielle Machtposition zu erweitern[30].

Das Modell des Machtmenschen hat Lasswell von Spranger übernommen. Der reine Machtmensch, von dem sowohl Spranger wie Lasswell

---

[25] *Lasswell*, op. cit., p. 411.

[26] *Lasswell*, Psychopathology, in The Writings, p. 184.

[27] *Lasswell* und *Kaplan*, p. 11.

[28] *Lasswell*, Psychopathology, in The Writings, p. 184.

[29] *Lasswell*, Politics, in The Writings, p. 411; Psychopathology, in The Writings, p. 74 ff.

[30] *Lasswell* und *Kaplan*, p. 78.

sagen, daß die Wirklichkeit diesen reinen Typus des politischen Menschen nur selten zeigt[31], „stellt alle Wertgebiete des Lebens in den Dienst seines Machtwillens“[32], das ist der Wille, „die eigene Wertrichtung in den anderen als dauerndes oder vorübergehendes Motiv zu setzen“[33].

Sprangers „scharfsinnige Beobachtungen“ gehören für Lasswell zu den wertvollsten Beiträgen zur gesellschaftswissenschaftlichen Literatur[34]. Lasswell nennt die Sprangersche Typenlehre eine Lehre von „Kerntypen“, d. h. Menschen, die ihr Zentrum in einer ganz bestimmten Werttendenz finden[35]. Wie die Spranger gezollte Anerkennung und „Psychopathology and Politics“ zeigen, wird solchem Denken durchaus Bedeutung beigemessen, Lasswell allerdings ist an dem „Entwicklungstyp“ homo politicus interessiert. Um es anders auszudrücken: Spranger und Lasswell unterscheiden sich in der Frage nach der Motivationsform des politischen Typus.

Spranger nennt im wesentlichen zwei solcher Motivationsformen. (1) Das ständige Motiv des Machtmenschen stellt der Wille, den anderen überlegen zu sein, dar, der Wille, „unter allen Umständen ‚oben‘ zu bleiben und das Übergewicht zu haben“[36]. Für Spranger ist dies sozusagen ein ursprünglicher „Wille zur Macht“. (2) Spranger anerkennt ein sittliches Motiv des politischen Menschen. „Die Motivationsform, von der wir bisher sprachen, betrifft eigentlich nur die rohe Technik der Macht, nicht aber ihren höchsten Sinn. Wenn man diesen Sinn der Macht mit dem Wort Freiheit bezeichnet, so leuchtet sogleich ein, daß Freiheit nicht darin bestehen kann, im gegebenen Augenblick das Beliebige zu tun. Vielmehr schwingt in dem Wort Freiheit eine ethische Bedeutung mit. Und wenn wir über das bloß Psychologische zu dem ethischen Gehalt der Freiheit fortgehen, so bedeutet sie zuletzt nichts anderes als die Kraft zum höchsten Wert. Wo aber diese — dem Religiösen sich nähernde — Motivationsform gemeint ist, da treten auch andere Erscheinungen auf als das bloß kluge Ergreifen des Moments[37].“

Im Unterschied zu Spranger interessiert sich Lasswell vor allem für den Zusammenhang zwischen Lebensgeschichte und Persönlichkeitsentwicklung. Welche Erlebnisse der für die Entwicklung des Menschen entscheidenden Jahre haben eine Bedeutung für die politischen Züge und

---

[31] Eduard *Spranger*, Lebensformen, S. 222; *Lasswell* und *Kaplan*, p. 78.
[32] *Spranger*, a. a. O., S. 215.
[33] *Spranger*, a. a. O., S. 213.
[34] *Lasswell*, Psychopathology, in The Writings, p. 52.
[35] *Lasswell*, op. cit., p. 49.
[36] *Spranger*, a. a. O., S. 225/226.
[37] *Spranger*, a. a. O., S. 227.

Interessen des Erwachsenen? Können wir die Lebensgeschichte zu physischen und kulturellen Faktoren in Beziehung setzen[38]?

Der politische Typus ist gekennzeichnet durch ein angespanntes und unbefriedigtes Verlangen, daß man ihm gegenüber ehrerbietig und nachgiebig sei. Dieses Verlangen, in der unmittelbaren Umwelt (Familie) sowohl akzentuiert wie unerfüllt, wird auf solche öffentlichen Objekte, Personen und Einrichtungen verschoben, die mit dem Machtprozeß verbunden sind. Die Übertragung wird natürlich mit Erfordernissen des öffentlichen Interesses gerechtfertigt[39].

In „Psychopathology and Politics" sowohl wie in „Power and Personality" bringt Lasswell eine Reihe von Fällen, die seine Thesen beweisen sollen. Er hat diese Fälle in drei Gruppen unterteilt, die die Rolle des Agitators, des Bürokraten und des politischen Theoretikers zum Gegenstand haben. Es würde zu weit gehen, die Fallgeschichten hier wiederzugeben. Stattdessen sollen lediglich einige der Lasswellschen Folgerungen für den Typus des politischen Agitators erwähnt werden.

Der Agitator wird gekennzeichnet durch sein Verlangen nach dei Sympathie der Massen, eine Eigenschaft, die entweder auf Hindernisse zurückgeführt wird, die den frühen Liebesbeziehungen entgegengestanden haben, oder auf zu große Bewunderung und Nachgiebigkeit seitens der Eltern. Libido, die keine Objekte außer dem Selbst findet, auf die sie sich richten kann, wird dem Selbst zugewandt. Eine starke homosexuelle Komponente ist charakteristisch[40]. Das Verlangen nach individuell-emotionalen Beziehungen homosexueller Art wird auf kollektive Objekte verschoben. Massensympathien werden emotional bewertet. Die Familiengeschichte verweist gewöhnlich auf weitgehende Unterdrükkung von Haßäußerungen, die zum Teil gegen entfernte Objekte gewandt werden und somit das Interesse an öffentlichen Fragen fördern[41].

Bei solchen Thesen läßt es Lasswell nicht bewenden. Nicht nur, daß der Politiker Politiker auf Grund bestimmter Jugenderlebnisse wird: auch der Inhalt politischer Lehren läßt sich unter Berücksichtigung psychoanalytischer Erkenntnisse deuten[42]. Lasswell bringt in diesem

---

[38] *Lasswell*, op. cit., p. 8. Der manipulative Zweck, dem solche politischwissenschaftliche Analyse dient, wird klar ausgesprochen: das Verständnis dieser Wechselbeziehung kann als Grundlage für Empfehlungen dienen, die Elite einer freien Gesellschaft „zu entwickeln"; *Lasswell*, Personality, p. 19.

[39] *Lasswell*, op. cit., p. 38.

[40] Dies gilt für das gesamte politische Leben. „Das politische Leben sublimiert viele homosexuelle Tendenzen. Typischerweise arbeiten Politiker in kleinen Cliquen oder Klubs zusammen, und viele von ihnen haben beträchtliche Schwierigkeiten bei dem Versuch, eine ausgeglichene Heterosexualität zu erreichen;" *Lasswell*, Psychopathology, in The Writings, p. 178.

[41] *Lasswell*, op. cit., p. 124 ff.

[42] *Lasswell*, op. cit., p. 153.

Zusammenhang den folgenden, von Wilhelm Stekel übernommenen Fall. „M war ein prominenter Sozialist, der für die Brüderlichkeit aller Menschen auf wirtschaftlichem Gebiet agitierte und dessen wichtigstes privates Motiv ein bitterer Haß gegen seinen Bruder war. Dieser Haß wurde zum größten Teil von dem Bruder auf die kapitalistische Autokratie übertragen, und die Gegenreaktion bestand in dem sozialen Ideal brüderlicher Gleichheit ... M verbrachte die Jahre damit, im In- und Ausland zu agitieren und mußte für anderthalb Jahre ins Gefängnis. Indem er die Gesellschaft dazu provozierte, sich an ihm zu rächen, gelang es ihm, sein masochistisches Verlangen nach Strafe für seinen Haß zu befriedigen[43]."

Durch intensive Analyse wird es möglich, das Wesen ungekannter, in der Gesellschaft wirkender Kräfte zu deuten und Mittel und Wege zu finden, sie im gesellschaftlichen Interesse zu „behandeln"[44]. „Es ist an der Zeit, die Annahme aufzugeben, das Problem der Politik sei die Frage, wie man das Gespräch zwischen allen in einem bestimmten Fall angesprochenen Interessen fördern könne. Gespräche komplizieren häufig nur die sozialen Schwierigkeiten, denn die Erörterung ausgedehnter Interessen schafft eine Konfliktsatmosphäre, die hemmende, fiktive und irrelevante Wertkonstellationen hervorruft. Das Problem der Politik ist nicht so sehr, Konflikte zu lösen, als sie zu verhindern ... Diese Neuformulierung des Gegenstandes der Politik kann man die Idee einer Präventivpolitik nennen ... Die Fragestellungen müssen von der Wahrheit über die Grundlagen harmonischer menschlicher Beziehungen beherrscht werden[45]."

d) Politische Geschichte als Lebensprozeß

Lasswells Begriff des Politischen ist deshalb so schwer zu fassen, weil im Grunde zwei Arten, Politik zu verstehen, entwickelt werden. Die erste könnte man als die soziologische Methode bezeichnen (Lasswell selbst spricht von „Sozioanalyse"[46]): sie erschließt das, was Lasswell die „Fassade"[47] genannt hat, den äußeren Prozeß der Bildung, Verteilung und Ausübung von Macht. „Typische Fragen, an die man mit extensiven Beobachtungsmethoden herangehen kann, sind: Welche Beziehung besteht (in gewissen Zeitperioden) zwischen der Struktur der Preisbildung und der Umlaufgeschwindigkeit der Kaufkrafteinheiten? Welche Beziehung besteht zwischen Veränderungen im Stande der Werktätigen und Delikten gegen Person und Eigentum?" Daneben steht die psycho-

---

[43] *Lasswell*, op. cit., p. 157—158.

[44] *Lasswell*, op. cit., p. 191.

[45] *Lasswell*, op. cit., p. 196/197.

[46] *Lasswell*, Psychoanalyse und Sozioanalyse, Imago 1933, 377.

[47] *Lasswell*, Politics, in The Writings, p. 410.

analytische Methode (Lasswell selbst spricht in der Regel von Psychoanalyse). Lasswell unterscheidet diese beiden Arten der Analyse auch als die extensive und intensive Methode. „Typische Fragen, an die man mit intensiven Beobachtungsmethoden herangehen kann, sind: Zeigen junge Männer, die sich großen Gefahren aussetzen, Reaktionsbildungen auf passive homosexuelle Triebe...? Zeigen Menschen, die dazu neigen, antisoziale Handlungen oder Impulse frei zu bekennen, Schuldgefühle, wie sie aus starken Über-Ich-Bildungen kommen...?“[48]

Sozioanalyse und Psychoanalyse und der ihnen jeweils korrespondierende Begriff des Politischen sind allerdings nicht nebeneinander zu denken, sondern in dialektischer Beziehung zueinander[49]. Was das heißen soll, ist außerordentlich schwer zu ermitteln, da einmal der soziologische Aspekt betont wird[50], während ein andermal alles Gewicht auf einer psychoanalytischen Interpretation liegt[51]. Es wird nie gesagt, unter welchen Bedingungen sich welche unbewußten Impulse auf die bewußte Verfolgung welcher Werte auswirken. Die tiefenpsychologischen Deutungen sind so weit gefaßt, daß jeweils auch eine ganz andere Interpretation möglich wäre. Horwitz ist zuzustimmen, wenn er meint, daß zum Beispiel die aus dem oben erwähnten Fall des M gezogenen Schlußfolgerungen in keiner Weise die Tatsache berücksichtigen, daß von den vielen Individuen, die ihren Bruder hassen, nur wenige den Sozialismus wählen, um ihre Aggressionen zu verschieben. Lasswell und Stekel „machen kaum etwas anderes, als mit den Wörtern ‚Bruder‘ und ‚Brüderlichkeit‘ zu spielen.“ Sie lassen die großen, politisch bedeutungsvollen Unterschiede der einzelnen sozialistischen Lehren völlig unberücksichtigt[52].

Die von Lasswell in „Psychopathology and Politics“ sowohl wie in „Power and Personality“ berichteten Fallgeschichten sind weitgehend pathologischer Natur. Crick schreibt, „Psychopathology and Politics“ entlasse den Leser fast mit dem Eindruck, daß das Streben nach Macht

---

[48] *Lasswell*, Imago 1933, 378.

[49] *Lasswell*, a. a. O., S. 380.

[50] In bezug auf das noch zu erörternde, für ihn so überaus wichtige „Entwicklungsmodell“ des „Garnisonsstaates“ sagt *Lasswell*, dessen Entwicklung sei so schnell vorangegangen, daß andere als Persönlichkeitsfaktoren dabei die Hauptrolle gespielt haben müssen; *Lasswell*, Political Constitution and Character, 46 Psychoanalysis and the Psychoanalytic Review 3 (16) (1960). In „Politics“ werden der russische Bolschewismus, der deutsche Nationalsozialismus und der italienische Faschismus als Produkte des Klassenkampfes verstanden; *Lasswell*, Politics, in The Writings, p. 404.

[51] Zum Beispiel die Erwähnung homoerotischer Elemente und ihrer Sublimierung in der Jugendbewegung oder die an Federn („Die vaterlose Gesellschaft“) anschließende „Erklärung“ von Revolutionen als gegen den „Vater“ gerichtet; *Lasswell*, Psychopathology, in The Writings, p. 177 ff.

[52] *Horwitz*, p. 267.

und öffentlichen Ämtern immer eine Krankheit sei[53]. Horwitz übt scharfe Kritik an der Fallauswahl Lasswells, die kaum ein repräsentatives Bild des politischen Typus zeichne. Darüber hinaus wirft er Lasswell vor, daß es ihm nicht gelungen sei, politische Ansichten als „nachträgliche Rechtfertigung" unbewußter Triebe zu entlarven oder eine sinnvolle Verbindung herzustellen zwischen politischen Ansichten und der psychischen Entwicklung eines Individuums[54].

So berechtigt diese Kritik ist, so kann sie doch nicht voll befriedigen. Daß es „Sublimierung" und „Ideologisierung" gibt, und daß sich beides im politischen Bereich auswirkt, kann kaum bestritten werden. Ebensowenig, daß die Psychoanalyse vieles dazu beigetragen hat, die Verkehrungen, Verdrängungen, Verschleierungen zu entlarven.

Bei der Auseinandersetzung mit Lasswells psychoanalytischem Verständnis der Politik sind verschiedene Aspekte zu unterscheiden.

(a) Der allgemeine Aspekt: politische Geschichte wird weitgehend zur Naturgeschichte, sie ist ein Lebensprozeß wie der umfassende Entwicklungsprozeß der Natur; richtiger, sie ist ein Bestandteil eben dieses Prozesses.

(b) Der speziell psychoanalytische Aspekt: Politik wird gesehen als eine neurotische Erscheinung. Und zwar ist dies zu beziehen (aa) sowohl auf den einzelnen Politiker[55] als (bb) auf die Politik und Kultur schlechthin. Daß diese letzte Folgerung innerhalb des Lasswellschen Systems berechtigt ist, ergibt sich aus dessen therapeutischem Aspekt: gefährliche Ursache politischer Spannungen sind Entbehrungen; will man ein demokratisches Äquilibrium schaffen, so müssen die politischen und rechtlichen Institutionen dem einzelnen soviel Befriedigung seiner Libido gewähren wie möglich[56]. Der „gesunde" Endzustand wird ein Zustand ohne Macht, und das heißt innerhalb des Lasswellschen Denkens, ein Zustand ohne Politik sein[57]. Wir kommen dann nicht nur ohne Politik aus, sondern sogar ohne Wissenschaft: „In gewisser Weise ist es

---

[53] *Crick*, p. 199/200.

[54] *Horwitz*, p. 268.

[55] Auf den ersten Seiten von „Psychopathology and Politics" sagt *Lasswell*, es sei nicht der Zweck seiner Arbeit nachzuweisen, daß die Politiker geisteskrank seien. Die gegebenen Beispiele und die allgemeinen Schlußfolgerungen lassen diese Bemerkungen allerdings eher als eine Konzession an den Leser erscheinen; vgl. *Lasswell*, Psychopathology, in The Writings, p. 7. In „Power and Personality" findet sich der bemerkenswerte Satz: „Es ist nicht zu weit hergeholt zu sagen, daß jeder ein geborener Politiker ist, nur daß die meisten dem entwachsen"; *Lasswell*, Personality, p. 160; dazu *Horwitz*, p. 269.

[56] Vgl. *Lasswell*, Character, in The Writings, p. 511—513. „Der Mensch ist nicht als Sklave geboren, sondern durch Beeinträchtigung einer gesunden Sexualentwicklung zum Sklaven geworden"; *Lasswell*, Personality, p. 167.

[57] Vgl. *Lasswell*, op. cit., p. 110.

das Ziel der Wissenschaft vom Menschen, eine solche Wissenschaft überflüssig zu machen[58]." Politik und Wissenschaft erfüllen dieselben Funktionen wie eine Neurose: sie machen es möglich, unter harten Bedingungen zu leben. Ist die Menschheit erst einmal gesund, so verschwinden sie wie die Neurose. Auf diesen Fragenkreis wird in dem Kapitel „Das psychoanalytische Naturrecht" ausführlich einzugehen sein. Dort ist die Lasswellsche Position auch näher zu qualifizieren.

Es ist hier nur noch mit einigen Worten der oben erwähnte „allgemeine" Aspekt des psychoanalytischen Verständnisses der Politik zu erörtern: politische Geschichte als Bestandteil des allumfassenden Entwicklungsprozesses der Natur.

Im ersten Kapitel von „Psychopathology and Politics" sagt Lasswell über die „Lebensgeschichte" (im Sinne der psychischen Entwicklungsgeschichte des Individuums), sie sei Naturgeschichte und als Naturgeschichte beschäftige sie sich mit Tatsachen, die unter Entwicklungsgesichtspunkten bedeutsam seien[59]. Klarer kann der geistesgeschichtliche Zusammenhang, in den Lasswells Denken gehört, in der Tat nicht angegeben werden[60]. Die im 19. Jahrhundert stattfindende Umformung der Naturwissenschaften zu historischen Wissenschaften, die die Evolution zum Gegenstand ihrer Untersuchung machen, hat auf die politische Wissenschaft übergegriffen. Die Lebensgeschichte ist ein Prozeß, der unauflöslich mit dem allgemeinen Gesellschaftsprozeß und dem Lebensprozeß überhaupt verbunden ist[61].

Diese Identifizierung sozialer Prozesse mit der Naturgeschichte ist älter als das 19. Jahrhundert. Sie geht bis ins 17. Jahrhundert zurück, das sich mit dem Phänomen ständig steigenden Wohlstandes auseinanderzusetzen hatte und diesen anscheinend endlosen Wachstumsprozeß als Teil des Lebensprozesses verstand[62].

---

[58] *Lasswell*, Character, in The Writings, p. 524.

[59] *Lasswell*, Psychopathology, in The Writings, p. 9.

[60] Vgl. dazu auch Erik *Wolf*, Große Rechtsdenker der deutschen Geistesgeschichte, S. 623 f.

[61] Typisch für das „Prozeßdenken" innerhalb der Soziologie sind etwa die Formulierungen von Leopold *v. Wiese*, Beziehungssoziologie, in Handwörterbuch der Soziologie, S. 66 ff. (bes. S. 67, 70). Neuerdings wird an der Kategorie des Prozesses zum Teil scharfe Kritik geübt; vgl. dazu Ralf *Dahrendorf*, Gesellschaft und Freiheit, S. 66 ff.

[62] *Arendt*, Vita activa, S. 96. Hannah *Arendt* hat den Zusammenhang des Prozeßdenkens mit dem das moderne Leben bestimmenden Phänomen der Arbeit (als vom Werk unterschieden) untersucht (a. a. O. S. 76 ff., 88 ff.). Sie hat insbesondere darauf hingewiesen, daß Arbeit und Fortpflanzung für *Marx* zwei Arten desselben fruchtbaren Lebensprozesses waren: Arbeit dient der Wiedererzeugung des eigenen Lebens, sichert das Überleben des Individuums, während Fortpflanzung die das Überleben der Art ermöglichende Erzeugung fremden Lebens ist; *Marx*, Deutsche Ideologie, in Die Frühschriften, S. 356; *Arendt*, a. a. O., S. 97.

Lasswells Kategorie des „soziopsychosomatischen" Prozesses verweist bereits auf einen engen Zusammenhang[63]. Dieser Prozeß wird von Lasswell als eine endlose Kette von Wechselwirkungen verstanden. „Befriedigung bestimmter Begehren wird bewußt oder unbewußt erstrebt, indem verfügbare Werte als Mittel zur Beeinflussung von Wechselwirkungen eingesetzt werden. Die jeweils gegebene Interpretation eines erstrebten Ereignisses und die angewandten strategischen Methoden sind institutionalisierte Praktiken der Gesellschaft . . .[64]."

Die Theorie von der Gesellschaft, die dieser Auffassung zugrundeliegt, hat verschiedene Ströme in sich aufgenommen[65]. Zu ihnen gehört ein Biologismus, der einerseits darwinistische Vorstellungen auf die Gesellschaft überträgt und andererseits von Comte und Spencer die Analogie von physiologischer und soziologischer Analyse übernimmt: die Gesellschaft als ein Organismus, dessen Teile funktional aufeinander bezogen sind. Dazu kommen ein starker ethnologischer Einfluß: Gesellschaft wird als ein kohärentes Funktionssystem von Normen verstanden, und die Entwicklung der Neopsychoanalyse in den Vereinigten Staaten. Für Lasswell am wichtigsten ist der Einfluß William James', George Herbert Meads und Charles Horton Cooleys, d. h. dessen, was Dahrendorf als den Versuch einer „Konstruktion der Gesellschaft aus den Einzelnen oder genauer aus der Beziehung von Einzelnen" bezeichnet hat. „Der Mensch schafft seine Umwelt, indem das Selbst den anderen verinnerlicht und die auf diese Weise entstehenden Rollen spielt[66]."

Der Zusammenhang der Kategorie der Rolle mit der Kategorie des Gesellschaftsprozesses wird hier deutlich: für James und Lasswell wird dieser Prozeß dadurch vorangetrieben, daß das Individuum zur Erreichung seiner Zwecke jeweils bestimmte Rollen spielt[67]. James und Lasswell denken zunächst vom einzelnen her; die Gefahr solchen Prozeßdenkens kann aber nicht übersehen werden, das Verhältnis von Rolle und Prozeß braucht nur umgekehrt zu werden; eine Umkehrung, die naheliegt, wenn man die „Erwartungen" berücksichtigt, die die jeweilige Bezugsgruppe oder die Gesellschaft im ganzen an den Inhaber einer Rolle stellt[68]. So ist es denn auch charakteristisch, daß der amerikanische Soziologe Ralph Linton, auf den die neuere, terminologisch scharf herausgearbeitete Verwendung der Kategorien Status und Rolle in der

---

[63] Vgl. auch die Formulierung, die Zukunft sei Manifestation eines „kosmischen Wiederholungszwanges"; *Lasswell*, Imago 1933, 377.

[64] *Lasswell*, Impact, p. 108.

[65] Siehe *Dahrendorf*, Die angewandte Aufklärung, S. 133 ff.

[66] *Dahrendorf*, a. a. O., S. 137.

[67] *Lasswell* und *Kaplan*, p. 12.

[68] Dazu siehe *Dahrendorf*, Homo Sociologicus, Kölner Zeitschrift für Soziologie und Sozialpsychologie, 1958, 178 (190).

Soziologie zurückgeht[69], die Rolle vor allem von der Gesellschaft her sieht, funktional versteht. „Es ist klar, daß ... je vollkommener die Mitglieder einer Gesellschaft ihren Status und Rollen angepaßt sind, die Gesellschaft desto reibungsloser funktionieren wird[70]." Neuerdings definiert auch Talcott Parsons Rolle als die Gesamtheit der organisierten Teilnahme eines Individuums an dem Funktionieren von Kollektiven[71]. Einzelne Menschen wie einzelne Gegenstände der Natur werden nur noch in ihrer Funktion in dem allumfassenden, ständig Veränderungen hervorrufenden „Prozeß" gewertet[72].

Die Gefahr, daß der einzelne dem Lebensprozeß untergeordnet wird, besteht aber nicht nur für den „homo sociologicus", sondern gerade auch für den psychoanalytisch reflektierenden „homo politicus" Lasswells. Denn, um es mit den Worten Hannah Arendts zu sagen, „theoretisch ist gar nicht zu leugnen, daß nicht nur die Leidenschaften und Triebe, sondern überhaupt alle von der Selbstreflexion wahrgenommenen Gegenstände Bewegungen und Prozesse sind: nur der Gegenstand der im Bewußtsein vorgefundenen Akte, sofern ihm als einem Ding der Außenwelt Realität zugesprochen wird, bleibt unbeweglich das, was er ist, und überdauert in seiner Identität den Akt des Wahrgenommenwerdens — sowie auch nur die Gedanken des Denkens, aber niemals das Denken selbst, die ewige Bewegtheit des Bewußtseinsinnern transzendieren. Und sofern Homo faber sich auf die Selbstreflektion einläßt und die Orientiertheit an einer gegenständlichen Welt aufgibt, wird auch er nicht mehr von Ideen, Modellen oder Gestalten herzustellender Dinge in seiner Tätigkeit geleitet sein, sondern von Prozessen sich leiten lassen, den Trieben und Leidenschaften, wie eine ältere Zeit es nannte, oder den Erwerbs- und Konsumprozessen, die gegenständlich nicht mehr bestimmt sind und daher prinzipiell nicht gesättigt werden können[73]."

Es geht allerdings nicht nur um die Gefahr einer unbeabsichtigten Unterordnung. Lasswells eigenes Konzept der Sozialpsychiatrie enthält so viel Manipulation, daß zu fürchten ist, der „Lebensprozeß" der Demokratie wird das alles beherrschende Kriterium[74]. So schreibt Lasswell etwa: „Die Entwicklung demokratischer Persönlichkeit umfaßt den grundlegenden Prozeß der Verschiebung von Trieben, in der Familie und dem unmittelbaren Umkreis geformt, auf die weitere Umgebung

[69] *Dahrendorf*, a. a. O., S. 350.
[70] Ralph *Linton*, The Study of Man, p. 114/115; vgl. dazu *Dahrendorf*, Über den Ursprung der Ungleichheit unter den Menschen, S. 31.
[71] *Talcott* Parsons, Structure and Process in Modern Societies, p. 171.
[72] Vgl. *Arendt*, a. a. O., S. 289.
[73] *Arendt*, a. a. O., S. 292.
[74] „Unser Hauptbezugssystem ist die Gemeinschaft", heißt es in *Lasswell*, Character, in The Writings, p. 473.

und ihre Legitimierung durch das Gemeinwohl[75]." Charakteristisch für dieses Denken ist etwa die Begründung, mit der Lasswell das Recht des Staates bejaht, den Selbstmord zu verbieten: „Zuviel Kollektivwerte sind betroffen. Der Mensch stellt nicht nur eine ungeheure gesellschaftliche Investition dar, sondern er gehört auch zu den potentiellen Aktiven der Gesellschaft[76]."

Es ist allerdings zu berücksichtigen, daß Lasswell trotz seiner Bemerkung, die psychische Entwicklung eines Individuums sei Naturgeschichte, an anderer Stelle vor unanwendbaren Analogien aus den Naturwissenschaften warnt und als die Rolle wissenschaftlicher Analyse menschlicher Beziehungen „Freiheit" proklamiert[77]. Das Gefährliche in all diesem ist aber, daß Lasswell sich anschickt, den von einer freien Gesellschaft geforderten Menschentypus zu „machen". Damit wird dem Hobbesianischen Problem letztlich eine Hobbesianische Lösung gegeben, nur sie ist noch radikaler, als die von Hobbes selbst ins Auge gefaßte. Hobbes sagt in der Einführung zum „Leviathan", daß der Mensch die Natur nachahme, wenn er „Automaten", Maschinen, künstliche Tiere schaffe. "Art goes yet further, imitating that Rationall and most excellent worke of Nature, Man. For by Art is created that great Leviathan called a Common-Wealth, or State (in latine Civitas), which is but an Artificiall Man; . . .[78]" Lasswells Demokratie ist ein solcher künstlicher Mensch, nur daß auch seine Glieder, seine Mitglieder, gemacht sind, damit dieser der Natur nachgeahmte Prozeß auch richtig funktioniert. Und hätte es noch eines Beweises bedurft, daß das eigentliche Kriterium dieses Denkens der Lebensprozeß ist, Lasswell liefert ihn selbst. In seiner Präsidentenrede vor der American Political Science Association 1956 sagte Lasswell: „Ich habe darauf aufmerksam gemacht, daß das Gefüge von Grundwerten, insbesondere der europäischen Kultur, wahrscheinlich ungeheuren Herausforderungen ausgesetzt sein wird, wenn Biologie und Technologie die auf der Hand liegenden Unterschiede zwischen dem Menschen und Nachbararten sowie zwischen dem Menschen und elektronisch gesteuerten Maschinen verkleinern werden. Die Krise wird besonders ausgeprägt, wenn es uns gelingt, Lebensformen zu schaffen oder zu entdecken, deren Intellekt oder Instinkt dem Menschen überlegen ist. Unsere Überlieferungen sind nicht auf das Leben, sondern auf den Menschen hin orientiert. Es gibt verschiedene paranoide Traditionen des ‚Auserwähltseins'. Die Aufgabe, diese egozentrischen Anschauungen zu modifizieren, ist in der Tat schwierig[79]." Lasswells neuestes Werk, „The

[75] *Lasswell*, Personality, p. 152.
[76] *Lasswell*, The Future of Political Science, p. 182.
[77] *Lasswell*, Character, in The Writings, p. 523—524.
[78] *Hobbes*, Leviathan, Introduction.
[79] *Lasswell*, The Political Science of Science, 50 The American Political

Future of Political Science" endet mit der Aufforderung, die bisher noch „rätselhaften" Möglichkeiten des „kosmischen Prozesses" zu verwirklichen[80].

2. Konfigurative Analyse

a) Die Elemente konfigurativer Analyse

„Wenn die wichtigen politischen Veränderungen der Vergangenheit durch revolutionäre Ereignisse gekennzeichnet waren, die sich entwikkelten, bis sie durch andere revolutionäre Entwicklungen gehemmt oder überholt wurden, dann ist es möglich, daß die Zukunft derselben Entwicklungslinie folgt. Unsere ‚Gegenwart' wäre ein Übergangsstadium zwischen der letzten und der nächsten Weltrevolution. Genaue Selbstorientierung müßte daher erkennen, welche Elite und welche Symbole im nächsten Stadium weltpolitischer Veränderungen auftauchen werden... Sind die entscheidenden Faktoren des allumfassenden Ganzen nicht bekannt, so ist es nicht möglich, die Details richtig einzuordnen. Ohne die Symbole des Gesamtzusammenhanges können Detailsymbole keine Daten sein[81]."

Diese Sätze enthalten Lasswells methodologische Hauptforderung. Ebensowenig wie er je müde geworden ist, sein in dem ersten Abschnitt dieses Teils dargelegtes Ziel in ungezählten Variationen zu wiederholen, hat er aufgehört zu verlangen, daß die politische Analyse sich einer „konfigurativen" Methode bedienen müsse: ohne sie sei es nicht möglich, irgendein politisches Phänomen richtig zu interpretieren. Diese Forderung wird insbesondere auch bei der späteren „Anwendung" des Lasswellschen Denkens auf die Rechtswissenschaft erhoben. So heißt es etwa in einem Aufsatz über politische und juristische Analyse: Sollen Details eines bestimmten Gesellschaftsprozesses mit denen eines anderen verglichen und soll eine umfassende Sozialwissenschaft entwickelt werden, so müssen diese Details in ein und dieselbe umfassende Karte des gesellschaftlichen Gesamtzusammenhangs eingetragen werden[82]. Ebenso wird von den dreißiger Jahren bis heute immer wieder betont, daß diese „Karte" eine „Weltkarte" zu sein habe. Revolutionäre Entwicklungen sind nur noch in ihrer globalen Bedeutung zu verstehen, Unsicherheit und mangelnde Stabilität in irgendeinem beliebigen Teil der Welt können die Ursache von Revolutionen und Kriegen sein, die alle

---

Science Review 961 (978) (1956); vgl. auch *Lasswell*, The Future of Political Science, p. 4 ff.

[80] *Lasswell*, op. cit., p. 242.

[81] *Lasswell*, World Politics and Personal Insecurity, p. 4.

[82] *Lasswell*, The Qualitative and the Quantitative in Political and Legal Analysis, 88 Daedalus: Journal of the American Academy of the Arts and Sciences 633 (637) (1959).

Völker der Welt betreffen[83]. Oder, wie Lasswell und McDougal es in einem Aufsatz über Rechtsvergleichung formuliert haben: „Rechtsordnungen sind in dem umfassenden Zusammenhang des Weltgeschehens, d. h. in den Gesellschaftsprozeß des Erdballs, eingebettet. Wir sprechen von einem ‚Prozeß', weil Wechselbeziehungen bestehen; von einem ‚Gesellschafts'prozeß, weil die aktiven Teilnehmer Menschen sind; von ‚Welt', weil die sich immer erweiternden Kreise menschlicher Wechselbeziehungen schließlich die Bewohner der entferntesten Winkel des Erdballs einschließen[84]."

Der Begriff „konfigurative Analyse" wird von Lasswell nicht immer einheitlich verwandt. In „Power and Society" wird die gleichzeitige Einnahme des „kontemplativen" und des „manipulativen" Standpunkts als „der Grundsatz konfigurativer Analyse" bezeichnet[85]. An anderer Stelle werden „extensive" und „intensive" Analyse als Methoden genannt, die es ermöglichen, Aspekte einer Gesamtkonfiguration zu gewinnen[86], In „World Politics and Personal Insecurity" heißt es, die konfigurative Methode politischer Analyse bestehe in der Verwendung von „Entwicklungs"- und „Gleichgewichts"kategorien und einer sowohl kontemplativen wie manipulativen Einstellung zu politischen Veränderungen[87]. In „Power and Personality" schließlich werden unter anderem Wertdenken, Trenddenken, wissenschaftliches Denken und Denken in Entwicklungsmodellen als Elemente konfigurativer Analyse aufgezählt[88].

Diese verschiedenen Formulierungen stehen nicht in Widerspruch zueinander, sondern „um höchste Rationalität zu erreichen, ist es notwendig, jede Methode anzuwenden, ohne sich ausschließlich auf eine zu verlassen". Orientierung in der „Vielfalt der Ereignisse"[89] bedarf all dieser „Werkzeuge" gleichzeitig[90]. Die wichtigsten Elemente konfigurativer Analyse sind jedenfalls die folgenden drei „Methodenpaare":

(1) kontemplative und manipulative Analyse;

(2) extensive und intensive Analyse;

(3) Gleichgewichts- und Entwicklungsanalyse.

---

[83] Vgl. oben A IV.

[84] *McDougal* und *Lasswell*, The Identification and Appraisal of Diverse Systems of Public Order, 53 The American Journal of International Law 1 (1959); wieder abgedr. u. zit. nach *McDougal*, Studies, p. 3 (10).

[85] *Lasswell* und *Kaplan*, p. XIII.

[86] *Lasswell*, Psychoanalyse und Sozioanalyse, Imago 1933, 377/378.

[87] *Lasswell*, World Politics and Personal Insecurity, p. 4.

[88] *Lasswell*, Personality, p. 201 ff.

[89] Der Begriff „manifold of events" ist von *Whitehead* und *Russell* übernommen. Zu seiner genaueren Definition, insbes. seiner Erstreckung auf „subjektive" Ereignisse, siehe *Lasswell*, op. cit., p. 232/233. Vgl. auch seine Bestimmung des Staates als eines „manifold of events" in *Lasswell*, Psychopathology, in The Writings, p. 240 ff.

[90] *Lasswell*, Personality, p. 203/204.

Lasswell selbst hat versucht, den Unterschied zwischen dem kontemplativen und dem manipulativen Standpunkt auf eine einfache Formel zu bringen. Sie lautet: die kontemplative Analyse stellt die Existenz von funktionalen Beziehungen fest, sie bestätigt zum Beispiel, daß Y eine Funktion von X sei; die manipulative Einstellung ist auf Ziele gerichtet und beschäftigt sich mit den Möglichkeiten ihrer Verwirklichung. Sie sagt etwa, daß man X tun müsse, um Y zu erzeugen. Obwohl kontemplative Formulierungen jeweils in manipulative übersetzt werden können (und umgekehrt), betont Lasswell die Andersartigkeit beider Standpunkte. Rein manipulatives, nach Mitteln und Wegen suchendes Denken gefährdet die Objektivität der Forschung immer dann, wenn deren Ergebnisse zu den vorfixierten Zielen in Widerspruch geraten. Ausschließlich kontemplativer Analyse andererseits mißlingt es nur allzu häufig, eine Beziehung herzustellen zwischen der Relevanz ihrer Fragestellungen und den reichen Möglichkeiten und dringendsten Nöten der Gesellschaft in einer gegebenen Situation[91]. Berücksichtigt man diese Erwägungen, so ist eine Konfiguration kontemplativer und manipulativer Elemente geradezu eine Notwendigkeit. Lasswell bekennt sich in diesem Zusammenhang zu der „Einheit von Theorie und Praxis" im Marxismus und im Pragmatismus[92]. Der Hinweis auf den Marxismus ist bei der folgenden Darlegung der Methoden extensiver und intensiver Analyse genauer zu untersuchen.

b) Extensive und intensive Analyse

Für die konfigurative Analyse ist nach Lasswell die Methode, derer sich der Marxismus bedient hat, beispielgebend[93]. Die wissenschaftliche Forschung bedarf zentraler Kategorien. Die marxistische Schlüsselkategorie ist die „Klasse", ihre Aufstellung einer der bedeutendsten Beiträge zur Gesellschaftswissenschaft[94]. Mit Hilfe des Bezugssystems „Klasse" ist es der marxistischen Analyse gelungen, wichtige neue Erkenntnisse zu gewinnen. Systematisches Denken bedarf solcher methodologischen Hilfen; es muß allerdings berücksichtigt werden, daß damit die Aufmerksamkeit von anderen, gleich wichtigen Möglichkeiten, die Gesellschaft zu sehen, abgelenkt wird[95].

Die „Schlüsselkategorie" der Klasse hat Lasswell von Marx (und seinen Nachfolgern) mit gewissen Einschränkungen[96] ebenso übernom-

---

[91] *Lasswell* und *Kaplan*, p. XII.

[92] *Lasswell* und *Kaplan*, p. XII. Vgl. hierzu auch Hannah *Arendt*, Diskussionsbemerkung in Carl J. Friedrich (ed.), Totalitarianism, p. 228.

[93] Vgl. *Lasswell*, 88 Daedalus 638.

[94] *Lasswell*, op. cit., p. 639/640.

[95] *Lasswell*, Politics, in The Writings, p. 443.

[96] Vgl. *Lasswell* und *Kaplan*, p. 31, 62 ff.; siehe auch *Lasswell*, World Politics and Personal Insecurity, p. 5.

men wie die Unterscheidung von materiellem Unterbau und ideologischem Überbau[97]. Diese Unterscheidung ist für die Kategorien „extensive" und „intensive" Analyse, aber auch für die Lasswellsche Auseinandersetzung mit Marx wesentlich.

Ausgangspunkt ist für Lasswell die Hypothese, daß die Uniformität des ideologischen Überbaus der Gesellschaft eine Funktion des materiellen Unterbaus, aber auch anderer politischer Symbole sei[98]. Unter „Ideologie" versteht Lasswell denjenigen „politischen Mythus", der bestimmt ist, eine gegenwärtige Gesellschaftsstruktur zu konservieren[99]. „Politischer Mythus" ist das „nicht notwendigerweise" als fiktiv oder irrational anzusehende Gefüge der grundlegenden politischen Symbole einer Gesellschaft[100].

Lasswell geht von einer grundsätzlichen Übereinstimmung zwischen dem marxistischen Begriff der Ideologie und seiner eigenen Schlüsselkategorie des „Symbols" aus. Diese Kategorie wird verwandt für alles, das „Bedeutung" hat. Die wichtigsten Symbole sind sprachliche, genannt werden aber auch Fahnen, Insignien, Monumente[101]. Die Symbole sind Ausdruck von Erwartungen, Forderungen, Identifizierungen, Ausdruck „subjektiver Ereignisse". Der „Grundsatz der Symbolisierung" anerkennt nicht nur die Rolle, die Symbole vor allem in der Politik spielen, sondern berücksichtigt insbesondere auch den Unterschied zwischen Symbol und dem, was symbolisiert wird (im politischen Bereich dienen Symbole etwa dazu, die eigentliche Machtstruktur zu verschleiern)[102].

Über die „politischen Symbole" im besonderen sagt Lasswell: „Sie funktionieren unmittelbar im Machtprozeß, indem sie dazu dienen, Machtpraktiken zu begründen, zu verändern oder zu erhalten. Am bekanntesten sind vielleicht diejenigen politischen Symbole, denen Autorität ... zukommt: Verfassungen, Statuten, Gesetze, Verträge usw." Aber es gibt auch andere Arten; zu ihnen gehören etwa politische Theorien und Philosophien. „Alle politischen Symbole ... haben ihre Ursachen und Wirkungen in Machtbeziehungen[103]."

Obwohl Lasswell der Unterscheidung zwischen materiellen und ideologischen Faktoren im ganzen einen Wert zubilligt, kritisiert er doch,

---

[97] Vgl. etwa *Lasswell* und *Kaplan*, p. 124.

[98] *Lasswell* und *Kaplan*, p. 124.

[99] *Lasswell* und *Kaplan*, p. 123.

[100] *Lasswell* und *Kaplan*, p. 116. Dient die Ideologie der Erhaltung des status quo, so ist es die Aufgabe der Utopie (der Terminus wird unter Berufung auf Mannheim eingeführt), grundlegende Veränderungen in der Machtverteilung herbeizuführen; *Lasswell* und *Kaplan*, p. 123.

[101] *Lasswell* und *Kaplan*, p. 10.

[102] *Lasswell* und *Kaplan*, p. XVIII/XIX.

[103] *Lasswell* und *Kaplan*, p. 103/104.

daß die Art und Weise ihres Zusammenspiels weitgehend ungeklärt geblieben ist[104]. Darüber hinaus haben neuere wissenschaftliche Erkenntnisse die ganze Dichotomie in Frage gestellt[105].

Dadurch, daß sich der Marxismus nur der „üblichen" Forschungsmethoden bedient habe, der Mittel extensiver Analyse also, war es ihm nicht möglich, die genetische Reihenfolge der Persönlichkeitsentwicklung aufzuzeigen und die Entwicklung eines Individuums mit der anderer in Verbindung zu setzen. Es ist nicht Lasswells Ziel, die extensive Analyse durch intensive Methoden abzulösen, sondern der ständige Wechsel zwischen extensiven und intensiven Techniken „verspricht eine außerordentlich fruchtbare moderne Analyse menschlicher Beziehungen"[106].

Im einzelnen führt Lasswell zum intensiven Persönlichkeitsstudium aus, es habe Licht geworfen auf das Zusammenspiel von symbolischen und materiellen Faktoren im Prozeß politischer Veränderungen. Die Psychoanalyse habe vor allem zum Verständnis der symbolischen Aspekte geschichtlicher Entwicklungen beigetragen[107]. Veränderungen im materiellen Unterbau kommen nicht notwendigerweise sofort zu Bewußtsein, Veränderungen in der „ideologischen Situation" an dem einen Ort müssen nicht ebensolche an einem anderen zur Folge haben. „Die Beziehungen zwischen Materie und Materie, Materie und Ideologie, Ideologie und Ideologie sind vielfältig und komplex[108]." Die Kritik besteht somit vor allem darin, daß Marx sich zu einseitig auf das Verhältnis Unterbau — Überbau beschränkt habe. „Die Psychoanalyse", schreibt Lasswell in seinem Aufsatz über „Psychoanalyse und Sozioanalyse" in „Imago", „hat unser Wissen von den dialektischen Beziehungen unter den Symbolen sehr erweitert. Veränderungen der ökonomischen Situation modifizieren die Arbeitsteilung, verschieben bei vielen Menschen den Brennpunkt der Aufmerksamkeit und beschleunigen so Veränderungen in ihrer Ichfunktion, die ihrerseits wiederum die ökonomischen Beziehungen des Über-Ichs und des Es bestimmen. Da die Komplexität dieser Zwischenbeziehungen von Marx nicht völlig erfaßt wurde, wurden die Zeiträume, die für ein mögliches Auftreten des Sozialismus in Frage kommen könnten, immer gewaltig unterschätzt. Die Psychoanalyse liefert hauptsächlich Beiträge zu dialektischen Verfahrensweisen, die bisher nur die Material-Material-, Material-Symbol- und Symbol-Material-Umschlagsreaktionen umschlossen[109]."

---

[104] *Lasswell*, 88 Daedalus 634.
[105] *Lasswell*, op. cit., p. 636.
[106] *Lasswell*, World Politics and Personal Insecurity, p. 24.
[107] *Lasswell*, op. cit., p. 24.
[108] *Lasswell*, op. cit., p. 60.
[109] *Lasswell*, Imago, 1933, 380/381.

Lasswell beschäftigt sich nicht mit der Frage, inwieweit Marxismus und Psychoanalyse überhaupt miteinander vereinbar sind. Dies ist insoweit verständlich, als Lasswell, von der Psychoanalyse, nicht vom Marxismus herkommend, gerade die ausschließliche Verknüpfung der Kultur mit den ökonomischen Bedingungen kritisiert. Lasswell sind deshalb nicht in erster Linie die Argumente des Materialismus gegen Freud vorzuhalten, sondern es ist zu fragen, wie die Psychoanalyse ihr eigenes Verhältnis zum Marxismus bestimmt.

Freud hat die Bedeutung der wirtschaftlichen Verhältnisse nie unterschätzt[110]. Unter dem Gesichtspunkt der Libidoökonomie ist die Arbeit für ihn die wichtigste Technik der Lebensführung, denn keine andere „bindet den einzelnen so fest an die Realität als die Betonung der Arbeit, die ihn wenigstens in ein Stück der Realität, in die menschliche Gemeinschaft sicher einfügt“[111]. Freud erkennt auch die Rolle des Privateigentums als eines „starken Werkzeugs“ menschlicher Aggressionslust[112], es ist ihm unzweifelhaft, „daß eine reale Veränderung in den Beziehungen der Menschen zum Besitz hier mehr Abhilfe bringen wird als jedes ethische Gebot“[113]. Entscheidend ist aber, daß die Arbeit nur *ein* Weg zum Glück ist, wenig geschätzt, und daß das Privateigentum nur *eines* der Werkzeuge der Aggressionslust ist[114]. Das Konzept der Sublimierung sucht die eigentlichen Ursachen kultureller Phänomene jenseits der ökonomischen Verhältnisse bei den Trieben.

Lasswell erweckt den Eindruck, als vereine er Marx mit Freud, davon kann aber nicht die Rede sein. Es werden lediglich bestimmte Elemente des dialektischen Materialismus und der Psychoanalyse aus ihrem Zusammenhang gelöst und einem „systematischen Funktionalismus“ dienstbar gemacht, ohne daß Lasswell nach der Legitimität dieses Vorgehens fragt. Der „systematische Funktionalismus“ nimmt seine Grundvorstellungen weder von Freud noch von Marx, sondern, wie im einzelnen darzulegen sein wird, aus der Tradition des Utilitarismus. Entsprechend entlehnt er verschiedenen Systemen, was immer ihm zweckmäßig erscheint, ohne sich mit deren Erkenntniszusammenhang auseinanderzusetzen[115].

Lasswell anerkennt als den besonderen Verdienst Marx', daß er in der modernen Gesellschaftslehre wieder den „politischen Standpunkt“

---

[110] Vgl. dazu Ludwig *Marcuse*, Sigmund Freud, S. 101.

[111] *Freud*, Das Unbehagen in der Kultur, in Ges. Werke Bd. 14, 438.

[112] *Freud*, a. a. O., S. 473.

[113] *Freud*, a. a. O., S. 504.

[114] Vgl. auch *Lasswell*, Conflict, Social, 2 Encyclopaedia of the Social Sciences 194 (196).

[115] Dieses Vorgehen gehört zur Arbeitsweise der „unideologischen Ideologienlehre“; dazu Theodor W. *Adorno*, Prismen, Kulturkritik und Gesellschaft, S. 20.

eingenommen habe. Darunter wird verstanden, daß der Marxismus bestimmte Bereiche der Gesellschaft, die stillschweigend von der politischen Betrachtung ausgenommen worden waren, ihr von neuem unterworfen habe. Der Marxismus habe die Trennung von Nationalökonomie und politischer Philosophie überwunden, er habe den Markt des freien Wettbewerbs politisiert, indem er seine Folgen für die „Wertpyramide" der Gesellschaft, für deren verfassungs- und privatrechtliche Struktur, für Wissenschaft, Philosophie und Religion untersucht habe[116].

Das Mißverständnis, dem Lasswell hier verfällt, ist bezeichnend. Verhält es sich in Wirklichkeit doch genau umgekehrt: Marx hat nicht etwa die Wirtschaft „politisiert", sondern die Politik „privatisiert". Indem alle Politik nur noch als Überbau für wirtschaftliche Interessen verstanden wird, wird die Trennung zwischen Politik und privatem Bereich aufgehoben: die Staatswissenschaft wird zur Volkswirtschaftslehre und die Nation zum „Haushalt". Hannah Arendt hat allerdings zurecht darauf hingewiesen, daß dies ein Axiom ist, das Marx unbesehen von Adam Smith und James Stuart Mill übernommen hat. Es ist von Marx lediglich bis zu seiner letzten Konsequenz entwickelt worden: der Voraussage, daß der Staat eines Tages ganz untergehen werde[117].

In bestimmter Hinsicht ist Lasswell allerdings recht zu geben. Marx hat sich nicht mit der liberalen Fiktion begnügt, daß die Interessenkonflikte des Marktes von selbst eine „Harmonie" erzeugen würden, daß das Ergebnis des Kampfes aller gegen alle das öffentliche Interesse sei[118]. Indem Marx zum Kampf aufrief, wurden die Realitäten des Marktes ins Licht gerückt. „Politisierung" kann das freilich nur genannt werden, wenn man von dem eigentlichen Vorgang abstrahiert, der durch Namen wie Bentham, Mill, Adam Smith und Marx gekennzeichnet ist[119].

Die Selbstverständlichkeit, mit der Lasswell in diesem Denken eine „Politisierung" der Gesellschaft sieht, zeigt, wie sehr die moderne Verhaltenswissenschaft einen spezifischen Begriff des Politischen verloren hat. Am Ende dieser Entwicklung steht ein Verständnis, daß Politik als Verschiebung der Libido auf öffentliche Objekte auffaßt[120].

---

[116] *Lasswell*, World Politics and Personal Insecurity, p. 22.

[117] *Arendt*, Vita Activa, S. 34/35, 42, 59. An den Untergang des Staates, sogar der politischen Wissenschaft selbst, denkt auch *Lasswell*, wie oben gezeigt wurde.

[118] Vgl. *Arendt*, a. a. O., S. 44.

[119] Siehe hierzu im einzelnen Sheldon S. *Wolin*, Politics and Vision, p. 305 ff.

[120] Zu der Bedeutung, die der Psychoanalyse in diesem Zusammenhang für das amerikanische Denken zukommt, vgl. Philip *Rieff*, Freud, The Mind of the Moralist, p. 267.

c) *Gleichgewichts- und Entwicklungsanalyse*

Das neben kontemplativer und manipulativer, intensiver und extensiver Analyse dritte Methodenpaar konfigurativer Interpretation besteht aus den aufeinanderbezogenen Mitteln der Gleichgewichts- und Entwicklungsanalyse. „Wir verstehen Macht als einen in der Zeit ablaufenden Prozeß, der sich aus Handlungen zusammensetzt, die mit Hilfe der Erfahrung zu beobachten und lokalisierbar sind. Sowohl Strukturen wie Funktionen werden als Abstraktionen von etwas aufgefaßt, das empirisch als Prozeß gegeben ist. Diese Orientierung politischer Fragestellung kann als der Grundsatz der Zeitgebundenheit bezeichnet werden. Der Grundsatz der Zeitgebundenheit bedeutet nicht eine ausschließliche Beschäftigung mit Situationsveränderungen ohne Berücksichtigung von Zuständen. Die Fragestellung bezieht sich auf beide Problemkonstellationen und kann je nachdem als Gleichgewichts- oder Entwicklungsanalyse bezeichnet werden[121].“

aa) Gleichgewichtsanalyse

Wenn variable Faktoren in der Art eines Systems aufeinander einwirken, d. h. ein bestimmtes Gefüge von Wechselwirkungen sich so wie ein Organismus zu erhalten strebt, kann man von einem Äquilibrium sprechen. Die Gleichgewichtsanalyse sucht solche Systeme zu isolieren und die Bedingungen ihrer Erhaltung zu erforschen[122].

Lasswell hat das Aufeinandereinwirken variabler Faktoren, die dadurch bedingten Störungen politischen Gleichgewichts und dessen erneute Ausbalancierung in „Politics: Who Gets What, When, How“ an einer Fülle von Beispielen dargestellt. Im ganzen bleibt das Prinzip der Gleichgewichtsanalyse allerdings wenig überzeugend[124]. Der Grund hierfür liegt darin, daß es Lasswell nicht gelingt, Gleichgewichts- und Entwicklungsanalyse scharf voneinander zu trennen. Das kann nicht verwundern bei einer politischen Wissenschaft, die den „Prozeß“ zu ihrer eigentlichen Schlüsselkategorie gemacht hat. So enthält denn selbst die Definition der Gleichgewichtsanalyse noch dynamische Elemente: „Gleichgewichtsanalyse wägt Details als Ausdruck quantitativer Veränderungen von Variablen, mit deren Hilfe politische Veränderungen gemessen werden[125].“

---

[121] *Lasswell* und *Kaplan*, p. XIV.

[122] *Lasswell* und *Kaplan*, p. XIV/XV.

[123] Vgl. dazu *Horwitz*, p. 244.

[124] Vgl. dazu auch Heinz *Eulau*, H. D. Lasswell's Developmental Analysis, 11 Western Political Quarterly 229 (241/242) (1958).

[125] *Lasswell*, World Politics and Personal Insecurity, p. 5.

Dieser Satz soll sagen[126], daß die Gleichgewichtsanalyse sich vor allem mit der minutiösen Erforschung all jener Einzelheiten beschäftigt, die eine Störung des Gleichgewichts hervorrufen könnten. Das scheint zu bedeuten, daß die Gleichgewichtsanalyse im Grunde in der Analyse von Prozessen und Entwicklungen aufgeht.

Der von Horwitz gezogene Schluß liegt nahe, daß die Daten der Gleichgewichtsanalyse wesentliche Bedeutung für Lasswell nur insoweit erlangen, als sie gleichzeitig zum Gegenstand der Entwicklungsanalyse gemacht werden[127]. Diese Folgerung ist nur in einem beschränkten Maße richtig. Nimmt man ebenso wie Lasswell nicht nur einen „kontemplativen“, sondern auch einen „manipulativen“ Standpunkt ein, dann wird das Verhältnis gerade umgekehrt: alle Methoden konfigurativer Analyse werden in den Dienst der Gleichgewichtsanalyse gestellt. Denn Lasswells politische Wissenschaft sucht nach den Bedingungen der Demokratie, Demokratie ist aber für Lasswell per definitionem ein Gleichgewichtszustand: im demokratischen Äquilibrium befinden sich Institutionen und Menschen in einem Verhältnis ständiger Ausgeglichenheit. Bedingungen des demokratischen Äquilibriums sind u. a.: Ausgewogenheit der Einkommenverteilung in der demokratischen Gesellschaft; Stetigkeit gesellschaftlicher Entwicklungen, d. h. Fehlen plötzlicher gewaltsamer Veränderungen; Ausgeglichenheit der demokratischen Persönlichkeit, Selbstrespekt und Achtung anderer[128].

Dieses Aufeinanderbezogensein beider Methoden politischer Analyse muß im Auge behalten werden, will man die Entwicklungsanalyse richtig einordnen.

bb) Entwicklungsanalyse

„Der Blick dessen, der soziale Beziehungen analysieren will, muß in ständigem Wechsel bald auf die Geschichte der Vergangenheit und bald auf das Zukünftige gerichtet sein, das bestimmt ist, Geschichte zu werden. Seine Aufgabe ist es, das Wesen sozialer Strukturen im Bereich der Zukunft ebenso zu erfassen wie im Bereich der Vergangenheit, da ja Zukunft und Vergangenheit nur Aspekte ein und derselben umfassenden, übergreifenden Einheit sind. Denn wäre die Zukunft nicht ihrem

---

126 Die abstrakte Konstruiertheit sowie die umfangreiche Spezialterminologie der Lasswellschen Sprache erschweren das Verständnis beträchtlich. Die *New York Times* charakterisiert Lasswells Stil als „hochdeutsch“ („his high-German style of writing“), das Yale Law Journal hebt von einem Buch rühmend hervor, daß es „auf englisch“ geschrieben sei; vgl. New York Times, June 24, 1962, Section VII, p. 6; Ralph S. *Brown* Jr., Review of „National Security and Individual Freedom“, 61 Yale Law Journal 118 (120) (1952).

127 *Horwitz,* p. 245.

128 *McDougal,* Studies, p. 70 ff.; *Lasswell,* Personality, p. 146.

Wesen nach eine Neuauflage der Vergangenheit und dadurch eine Manifestation eines kosmischen Wiederholungszwanges, könnte ein kritischer Denker wohl niemals seine Aufgabe lösen, sich mit Hilfe von Ablaufsmodellen, die er aus der Vergangenheit gewonnen hat, in der Zukunft zu orientieren. Möglicherweise wird eine Durchmusterung der Vergangenheit nach Beispielen nichtregelhafter Abläufe den Schlüssel zum Verständnis antithetischer Strukturen liefern, deren Entstehung man als der wahrscheinlichsten im Laufe der Zeit erwarten durfte; aber es ist völlig unzulässig, mit Marx anzunehmen, daß historische Beispiele einer Veränderung durch ‚sprunghafte Entwicklung' es erlauben, einen zwingenden Schluß auf ein Veränderungsgesetz in der zukünftigen Entwicklung zu ziehen. Es gibt kein bekanntes Entwicklungsprinzip, das unfehlbar zu einer gesunden, geschichtlich-vorhersagenden Analyse einer Gesamtkonfiguration führt; wer solche Analysen macht, muß lernen, Unsicherheit zu ertragen[129]."

Der Grund für die hier zum Ausdruck kommende Zurückhaltung ist nicht so sehr ein erkenntnistheoretischer Relativismus, als die Einsicht, daß die politische Wissenschaft mit dem „Zufall" rechnen muß. Indem Lasswell den „Grundsatz der Indetermination" aufstellt[130], begegnet er einer möglichen, z. B. von Hannah Arendt geäußerten Kritik am Funktionalismus: In der Form eines Kalküls mit Konsequenzen zu denken, lasse außer acht, daß auf dem Gebiet menschlicher Angelegenheiten das unendlich Unwahrscheinliche ständig geschieht; der moderne Realismus sei ebenso irrational wie der moderne Rationalismus unrealistisch[131].

Ist der Grundsatz der Indetermination zum Teil also auf einer realistischen Einstellung zu der Art des Zusammenwirkens variabler gesellschaftlicher Faktoren gegründet[132], so beruht er andererseits paradoxerweise gerade auf der Determinierbarkeit von Natur und Mensch. Eine manipulative politische Wissenschaft kann unmöglich von der Annahme ausgehen, daß alles vordeterminiert sei, näher schon steht ihr der Satz, alles sei determinierbar[133]. „Die europäische Kultur ist aktivistisch", schreibt Lasswell: „Sie fördert die Manipulation des Menschen und der Natur; sie begünstigt es, Impulse nach außen statt nach innen zu wenden[134]." Denken in Entwicklungskategorien bedeutet nicht etwa, den

---

[129] *Lasswell*, Imago, 1933, 377.

[130] *Lasswell* und *Kaplan*, p. XVII/XVIII.

[131] *Arendt*, Vita Activa, S. 293.

[132] Also nicht auf den immer neuen Beginn menschlichen Handelns wie bei *Arendt*.

[133] In diesem Sinne ist die Bemerkung *Lasswells* zu verstehen: „Der Propagandist nimmt es als selbstverständlich hin, daß alles in der Welt verursacht, aber nur zum Teil voraussagbar ist ..."; *Lasswell*, Propaganda, 12 Encyclopaedia of the Social Sciences 527 (1930).

[134] *Lasswell*, Politics, in The Writings, p. 453/454.

notwendigen Verlauf der Geschichte vorauszusagen, sondern es wird gerade umgekehrt gefordert, in den Geschichtsverlauf ändernd einzugreifen, damit die Zukunft in Übereinstimmung mit den eigenen Wünschen gestaltet werden kann. Im Mittelpunkt des Interesses muß die Frage stehen, wie wahrscheinliche Entwicklungstendenzen geändert, abgewandt oder beschleunigt werden können[135]. Kurz: Entwicklungsanalyse will den möglichen Geschichtsverlauf voraussehen, damit er manipuliert werden kann.

Die Entwicklungsanalyse interpretiert Details in bezug auf mögliche Veränderungen in der Position von Eliten und Symbolen. Ein Entwicklungsmodell ist keine wissenschaftliche Hypothese, kein wissenschaftliches Gesetz, kein wissenschaftlicher Grundsatz[136]. Es wird versuchsweise, nicht dogmatisch formuliert und beruht auf einer kritischen Prüfung von Trends und Daten über die Verteilung der Werte in einem Gemeinwesen. Wenigstens teilweise durch Experiment und Kontextanalyse bestätigte wissenschaftliche Erkenntnisse werden verarbeitet. Historische Trends deuten typischerweise an, wo es zukünftig zu Konflikten kommen kann. „Alles verfügbare Wissen über das Zusammenwirken wissenschaftlich erforschter Faktoren muß herangezogen werden, um die wahrscheinliche Lösung zukünftiger Konflikte richtig einzuschätzen[137].“

cc) Entwicklungsmodell des Garnisonsstaates

Lasswells Hauptkritik an der marxistischen Zukunftsprognose besteht darin, daß Marx die möglichen Einwirkungen der Technologie auf die Struktur der Staaten und die Verteilung von Macht nicht genügend berücksichtigt habe. Insbesondere hätten Marx und Engels übersehen, daß die Führer der Nationalstaaten ein Interesse daran haben könnten, Kriege aufzuschieben und den gegenwärtigen Krisenzustand zu verlängern, um ihre eigene Macht in Gestalt einer Kastenherrschaft zu konsolidieren. Auf diese Weise würde die Erde in eine Welt von Garnisons- oder Polizeistaaten verwandelt, die beherrscht sind von Fachleuten für die Anwendung moderner technowissenschaftlicher Gewaltmittel[138].

Dies ist Lasswells berühmtes Entwicklungsmodell des Garnisonsstaates. Obwohl „nichts anderes als eine Skizze“, hat es seinen eigenen Worten zufolge geholfen, die Aufmerksamkeit von Wissenschaftlern auf den Komplex der Beziehungen zwischen politischer Zivilverwaltung und

---

[135] *McDougal*, Studies, p. 55.
[136] *Lasswell*, Personality, p. 207.
[137] *Lasswell*, 88 Daedalus 640.
[138] *Lasswell*, Personality, p. 211.

Militär zu lenken[139]. Horwitz sagt, daß dieses zuerst 1937 entworfene Modell[140] in den Vereinigten Staaten größte und andauernde Beachtung und Zustimmung gefunden habe. Es sei zu einem klassischen Bestandteil der modernen Gesellschaftswissenschaft geworden[141].

Der „Garnisonsstaat" ist ein Modell der zukünftigen Entwicklung der Weltpolitik. Seine Aufgabe besteht darin, die einzelnen Fachleute zu einer eigenen Klärung ihrer Zukunftserwartungen anzuregen, damit sie ihre wissenschaftliche Arbeit entsprechend planen können[142].

Die Hauptthese lautet, daß die andauernde Krise zur universalen Herrschaft neuer gesellschaftlicher Kasten führen wird, die sich auf die Kontrolle der Machtmittel gründet[143]. Der Trend läuft von dem vorherrschenden Einfluß der Wirtschaftsfachleute zur Suprematie der Fachleute der Gewalt, d. h. zur Suprematie der „Soldaten". Die herrschende Elite des Garnisonsstaates wird das notwendige technische Handwerkszeug vorzüglich beherrschen; sie wird im Interesse einer positiven Einstellung der Bevölkerung insbesondere die „Symbole" manipulieren[144], Arbeitslosigkeit „psychologisch" abschaffen, die unterste Bevölkerungsgruppe und gegenrevolutionäre Elemente gewaltsam unterdrücken. Damit die Unzufriedenheit in dem ständigen Spannungszustand nicht zu groß wird, wird Einkommen ziemlich gleichmäßig verteilt sein; die Elite wird aus den Fähigsten rekrutiert; die Regierungsgewalt wird diktatorisch und zentralistisch gehandhabt; alles wird verstaatlicht[145].

Lasswell gibt noch weitere Details. Sein Modell des totalen Staates legt das Gewicht zutreffenderweise auf den technologischen Aspekt der totalen Herrschaft. Im übrigen ist zu bezweifeln, ob es eine korrekte Voraussage der weltpolitischen Entwicklung enthält, da für jede langfristige Prognose — wie Friedrich zutreffend bemerkt — die notwendigen Daten nicht zur Verfügung stehen[146]. Jedoch darf nicht übersehen werden, daß das Entwicklungsmodell mehr der Kontrolle, also der Aufrechterhaltung des demokratischen Gleichgewichts, als einer unfehlbaren Analyse des Geschichtsverlaufs gilt. So ist Lasswell denn auch nie

---

[139] *Lasswell*, 88 Daedalus 641.

[140] *Lasswell*, Sino-Japanese Crisis: The Garrison State versus the Civilian State, 1937 China Quarterly 643.

[141] *Horwitz*, p. 289.

[142] *Lasswell*, The Garrison State, 46 The American Journal of Sociology 455 (1940/41).

[143] *Lasswell*, 88 Daedalus 641.

[144] „Wahrheit und Lüge, Wirklichkeit und Fiktion werden so vereint, daß nichts Helles entsteht, sondern die radikale Lüge selber Wirklichkeit wird"; Karl *Jaspers*, Die Atombombe und die Zukunft des Menschen, S. 160.

[145] *Lasswell*, 46 The American Journal of Sociology 455.

[146] Diskussionsbeitrag in Carl J. Friedrich (ed.), Totalitarianism, p. 376.

müde geworden zu betonen, wie leicht in der ewigen Krise auch die Demokratien zu Garnisonsstaaten werden können. Der andauernde Nervenkrieg führt zu Ungeduld, Hysterie, Einschränkung der Grundrechte[147], steigende Verteidigungsausgaben, Ausdehnung und Zentralisierung staatlicher Tätigkeit, Vorenthaltung von Informationen, politischer Polizei, Schwächung der Presse, der öffentlichen Meinung, der Parteien, des Parlaments, der gesamten Zivilverwaltung einschließlich der Gerichte[148].

Mit seinem Entwicklungsmodell des Garnisonsstaates spricht Lasswell den Gegensatz von totaler Herrschaft und politischer Freiheit an[149]. Lasswell hat sich bei weitem nicht als einziger den damit aufgeworfenen Fragen gestellt, charakteristisch für ihn ist aber die Konsequenz, mit der er sich den „manipulativen" Aspekten widmet, d. h. wie immer begnügt sich Lasswell nicht mit „kontemplativen" Erwägungen. Entwicklungsmodelle dienen vor allem dazu, die Verantwortung klarzumachen. Die Aufgabe des politischen Wissenschaftlers besteht darin, schöpferisch zu denken, strategische Konzepte zu entwickeln, die eine Verwirklichung unserer Ideale wahrscheinlich werden lassen[150].

d) Propaganda, Elite und Weltordnung

Nach Lasswell gehört die Propaganda zu den wesentlichen Elementen einer „manipulativen" Strategie. Um ihre mögliche Wirkung zu ermessen, ist zunächst auf die Lasswellsche Kategorie des „Selbst" einzugehen.

Unter dem „Selbst" versteht Lasswell das Ich und alles, mit dem sich dieses Ich identifiziert. Identifizierung ist der Prozeß, in dem das Ich zum Mitglied eines Aggregats oder einer Gruppe wird, Identifizierungssymbole benutzt[151]. Die Kategorie des „Selbst" oder des „Selbst-Systems" wurde von Lasswell unter dem Einfluß von George Herbert Mead, Harry Stack Sullivan und Charles Horton Cooley in seine Psychologie übernommen, sie spielt für ihn eine bedeutende Rolle. Unterschieden werden „primäre" und „sekundäre" Identifizierungssymbole, also

---

[147] *Lasswell*, National Security and Individual Freedom, p. 23/24 et passim.

[148] *Lasswell*, op. cit., p. 46. Welche Folgen ein solcher Zustand gerade für die Rechtsprechung haben kann, zeigt *Lasswell* an dem Beispiel der Entscheidungen des Obersten Gerichtshofs über die Ausgehverbote und Konzentrationslager für Amerikaner japanischen Ursprungs während des zweiten Weltkrieges; *Lasswell*, op. cit., p. 151, vgl. auch p. 134; die beiden wichtigsten Entscheidungen sind Hirabayashi v. United States, 320 U. S. 81 (1943) und Korematsu v. United States, 323 U. S. 214 (1944).

[149] Vgl. auch *Lasswell*, National Security and Individual Freedom, p. 49.

[150] *Lasswell*, The Political Science of Science, 50 The American Political Science Review 961 (966) (1956).

[151] *Lasswell* und *Kaplan*, p. 10.

„Ich" und „Wir" (Familie, Freunde, Nachbarn, Nation). Das Selbst-System umfaßt auch die „anderen", die in das „Wir" eingeschlossen sind (nicht aber jene, mit denen ich mich nicht identifiziere). Das Selbst-System besteht aus je einem Gefüge von Identifizierungen, Forderungen, Erwartungen[152]. „Identifizierung dient als der Mechanismus für die Schöpfung des politischen ‚Wir'. Dieses ‚Wir' liegt im Zentrum politischer Phänomene. Politische Forderungen werden im Namen solcher Ichs vorgebracht, mit denen ein bestimmtes Ich sich identifiziert, und werden gerechtfertigt unter Bezugnahme auf das sich ergebende ‚Wir'. Politik beginnt dort, wo Ichs in bezug auf solche, im Namen identifizierter Gruppen erhobenen Forderungen emotional miteinander verbunden sind[153]." „Das Individuum betritt die politische Arena nicht als ein Ich, sondern ein Selbst. Politisches Handeln hängt davon ab, ob das Individuum sich als Teil eines umfassenden Selbst symbolisieren kann ...[154]."

Es ist kennzeichnend für einen Krisenzustand, wenn die Symbole der bisher anerkannten Ordnung gefährdet, ihre Praktiken in Frage gestellt werden. Je größer der Grad der Unsicherheit, desto eher können sich neue Forderungen und Erwartungen, neue Identifizierungen durchsetzen. Das Maß der Unsicherheit hängt ab von tiefgreifenden Veränderungen in der „Lebenssituation", der Arbeitsteilung, Arbeitslosigkeit, Machtkonzentration, es beruht aber auch auf Propaganda[155].

Die Rolle der Propaganda bei der Erzeugung und Bekämpfung der Unsicherheit der Massen, der Auflösung von Spannungszuständen, kann nach Lasswell nicht überschätzt werden. Der Zustand der ständigen Unsicherheit in unserer labilen Welt ruft danach, daß die verdichtete Spannung, das neurotische Bangen der Massen so harmlos wie möglich entladen werden. Dadurch, daß die Psychoanalyse die Aufmerksamkeit auf das Unbewußte gelenkt hat, ist es in den Bereich des Möglichen gerückt, die Unsicherheit der Massen durch Manipulation wichtiger Symbole zu kontrollieren[156]. Wie kommt es, fragt Lasswell, daß sich ein Mensch emotional an das Symbol eines anderen oder eines Kollektivs bindet?

Die Antwort, die Lasswell hierauf zu geben hat, stimmt ganz mit dem Verständnis von Politik als Verschiebung von Triebenergie auf öffentliche Objekte überein. Eine emotionale Bindung kommt zustande, wenn das Symbol des anderen als ein Mittel benutzt wird, um libidinöse Impulse zu befriedigen, denen es nicht erlaubt ist, sich auf unmittelbare und primitive Weise am Objekt selbst zu entladen. Die für den Bereich

---

[152] *Lasswell*, Character, in The Writings, p. 481.
[153] *Lasswell* und *Kaplan*, p. 12.
[154] *Lasswell* und *Kaplan*, p. 13.
[155] *Lasswell*, World Politics and Personal Insecurity, p. 8/9.
[156] *Lasswell*, op. cit., p. 25/26.

der Politik relevanten emotionalen Bindungen entstehen durch eine partielle Identifizierung, die auf der Wahrnehmung einer (als positiv gewerteten) Ähnlichkeit zwischen Subjekt und Objekt beruht. Die entgegengesetzte Wirkung tritt ein, wenn wir jemanden mit solchen Zügen unserer eigenen Persönlichkeit identifizieren, die wir als schwach oder verächtlich ablehnen. In diesem Fall verhalten wir uns negativ, und zerstörerische Impulse werden freigelassen[157].

Die Aufgabe der Sozialpsychiater als „Propagandisten" ist klar: sie müssen Symbole politischer Zielsetzung erfinden, die ohne Schwierigkeiten akzeptiert werden und die zu Verhaltensänderungen, zu dauernder Anpassung führen[158]. „Der Propagandist, der Symbole schafft, die nicht nur populär sind, sondern auch die positive Neuorientierung von Verhalten bewirken, ist kein Phrasendrescher, sondern ein Förderer öffentlichen Handelns[159]." An diesem Satz wird die ganze Komplexität des Problems deutlich: Propaganda muß vorhandene Neigungen, Vorurteile, die libido ansprechen, gleichzeitig will sie aber gerade auch auf eben alles dies einwirken, es verändern. Die Aussichten einer dauernden Veränderung von Gewohnheiten und Wertvorstellungen zu berechnen, bedeutet nicht nur, die Wünsche der Menschen zu kennen, sondern das ganze Gewebe von Beziehungen, in das der Mensch verflochten ist, zu berücksichtigen. „Daraus folgt, daß ideales Management eine Situation nicht durch Aufoktroyieren, sondern durch Divination kontrolliert. Die Aufgabe lautet nicht, etwas aufzuzwingen, sondern das herauszufinden, was, einmal in gesellschaftliche Wirklichkeit umgesetzt, dauern wird[160]." Es genügt aber nicht, die Position festzustellen, die das Objekt der Propaganda im System der Beziehungen innehat, sondern der „Propagandist" muß seinen eigenen Ort in diesem Gewebe ebenso kennen.

„Propagandist" ist nicht etwa eine besondere Rolle, ein Spezialberuf, sondern eine Aufgabe aller, insbesondere auch einer selbsterwählten wissenschaftlichen Elite[161]. Dies gilt nicht nur für eine konfigurative politische Wissenschaft, die sich per definitionem den kontemplativen und manipulativen Standpunkt gleichzeitig zu eigen macht, sondern für alle wissenschaftliche Arbeit. Was bereits von den Juristen gesagt wurde[162], gilt allgemein: „Die bloße Tatsache, daß man in einem Netz inter-

---

157 *Lasswell*, op. cit., p. 35/36.

158 Der Begriff „Propaganda" hat bei *Lasswell* keine negative Nebenbedeutung. Information will reine Kenntnisse, Wissen verbreiten, während Propaganda darauf gerichtet ist, politische Werturteile zu beeinflussen; vgl. etwa *Lasswell*, National Security and Individual Freedom, p. 94.

159 *Lasswell*, Propaganda, 12 Encyclopaedia of the Social Sciences 521 (527) (1930).

160 *Lasswell*, op. cit., p. 527.

161 *Lasswell*, World Politics and Personal Insecurity, p. 19.

162 Siehe oben A IV.

personaler Beziehungen existiert, bedeutet, daß man eine Position in der gegenwärtigen Wertpyramide innehat und selbst deren Form und Zusammensetzung teilweise modifiziert, ganz gleich, ob man sich dessen bewußt ist oder nicht[163]." Man hat gar keine andere Wahl: man besitzt Macht und übt sie auch aus. Die bloße Tatsache, daß man in der Öffentlichkeit, z. B. an einer Universität, spricht, sprachliche Symbole verwendet, genügt, um ein Sinngefüge zu schaffen, das sich mit größerer oder geringerer Geschwindigkeit durch die Kommunikationskanäle ausbreitet.

Aus diesem Sachverhalt gilt es nach Lasswell, die Folgerungen zu ziehen. Die Welt könnte geeint werden, wenn es einer Elite der Fachleute gelänge, sich mit Hilfe friedlicher Symbole gegenüber den Kasten des Garnisonsstaates durchzusetzen[164]. „Die Vorbedingung jeder stabilen Weltordnung ist ein Gefüge von Symbolen und Praktiken, die eine Elite stützen, welche sich mit Hilfe friedlicher Methoden durchsetzt und sich nur selten in der Lage finden wird, ihr Monopol an Zwangsmitteln bis zum äußersten ausnutzen zu müssen[165]." Kurz: die Unsicherheit in der Welt fordert, daß die Massen dazu gebracht werden, sich mit den Symbolen einer friedlichen Weltordnung zu identifizieren; „Propaganda" für die Weltordnung ist die einzige Hoffnung der Welt und die Aufgabe einer wissenschaftlichen Elite, die sich der unumgänglichen Machteffekte ihres Wirkens bewußt sein muß.

Die manipulativen Möglichkeiten, die einer Elite geboten sind, haben für Lasswell immer eine starke Anziehungskraft besessen. Will man dieses Elitedenken darstellen, so besteht eine Schwierigkeit zunächst darin, daß der Begriff „Elite" von Lasswell sehr verschiedenartig verwandt wird. Ursprünglich, z. B. in „Politics: Who Gets What, When, How" ist die Elite die herrschende Klasse, d. h. es sind diejenigen, die am meisten von allen bekommen. Je mehr sich dann im Lasswellschen Werk der manipulative Aspekt durchsetzt, desto häufiger bezeichnet Elite eine Auslese der besten Fachleute, die es für eine demokratische Gesellschaftswissenschaft zu gewinnen heißt. Neuerdings spricht Lasswell davon, daß die Elite der Demokratie (die „herrschende Klasse") die ganze Gesellschaft umfasse, womit er sagen will, daß demokratische Führer aus allen Gruppen der Bevölkerung ausgewählt werden und von der Unterstützung durch die gesamte Gemeinschaft abhängig sind[166]. Diese weit von seiner ursprünglichen Orientierung an Mosca und Pareto entfernte Formulierung dient allerdings eher dazu, von dem eigentlichen

---

[163] *Lasswell*, op. cit., p. 21.
[164] *Lasswell*, op. cit., p. 20.
[165] *Lasswell*, op. cit., p. 237
[166] *Lasswell*, Personality, p. 109

Gegenstand abzulenken[167]. Man hätte gewünscht, daß Lasswell ausführlicher auf das Problem der Spezialistenelite in einer Demokratie eingeht, denn hier liegt eine entscheidende Frage für ein Staatswesen, das „auf die Annahme gegründet ist, daß jeder kraft Geburt in der Lage ist, politische Angelegenheiten zu handhaben"[168]. Lasswell vermeidet eine gründliche Diskussion, denn die „Sozialpsychiatrie" der Demokratie muß auf eine Elite der Fachleute gegründet sein. Das Problem besteht darin, daß der Bürger, der ein „Laie" ist, erst dazu erzogen werden muß, die „richtigen" Experten zu wählen[169]. Früher hat Lasswell die hier liegende Aufgabe denn auch beim Namen genannt: Die Symbole einer demokratischen Friedensordnung müssen der Elite genügend Respekt verschaffen, so daß es ihr möglich ist, „ihre Nachfolger mit einem Minimum an Gewalt zu rekrutieren"[170].

Lasswells Elitedenken muß im Zusammenhang mit seiner konfigurativen Analyse gesehen werden. Sein eigenes Entwicklungsmodell des Garnisonsstaates, d. h. einer Herrschaft von Fachleuten der Macht, ist nämlich nichts anderes als die Spezialform eines umfassenderen Entwicklungsmodells, das Lasswell bei MacLaw Machajski gefunden hat und das er von dem marxistischen Zukunftsmodell abgesehen als die kühnste Entwicklungshypothese bezeichnet. Danach ist der Schlüssel zu unserer Epoche der Aufstieg einer Elite des Wissens („Wissen ist Macht"). Die Intellektuellen übernehmen unzweifelhaft die Führung[171]. Indem Lasswell sich entweder dieser Realität anpaßt[172] oder sie sich zunutze macht, erstrebt er die Bildung einer Elite, die die Symbole und Praktiken einer Weltordnung schaffen soll.

Angesichts des von Lasswell betriebenen „wissenschaftlichen" Aufwands muß es geradezu enttäuschen (oder vielleicht eher beruhigen?), daß seine Suche nach wirksamen Symbolen bis heute zu nichts anderem geführt hat, als daß er sich „das Prestige solcher Begriffe wie Recht zunutze macht" oder mit dem Begriff der „Menschenwürde" ein „plausibles Symbol aus dem nützlichen Vorrat der Naturrechtslehren"[173] ent-

---

[167] Vgl. *Crick*, p. 185. Siehe auch die Darstellung von *Lasswells* Elitedenken bei David *Easton*, Harold Lasswell: Policy Scientist for a Democratic Society, 12 Journal of Politics 450 (461 ff.) (1950). Es ist allerdings unzutreffend, wenn *Easton*, op. cit., 473/474 eine verschleierte Aufgabe des Elitedenkens durch *Lasswell* behauptet.

[168] Dazu Giovanni *Sartori*, Democratic Theory, p. 403.

[169] *Lasswell*, op. cit., p. 131.

[170] *Lasswell*, World Politics and Personal Insecurity, p. 237.

[171] *Lasswell*, Agenda for the Study of Political Elites, in Dwaine Marvick (ed.), Political Decision-Makers, p. 267.

[172] Siehe dazu auch David *Apter*, Ideology and Discontent, p. 34 ff.

[173] Diese Formulierungen bei *Lasswell*, World Politics and Personal Insecurity, p. 245.

lehnt. Es fragt sich, in welcher Weise diese „Symbole“ wirksamer als bisher „Gefühlskräfte“ auf sich lenken, einen „irrationalen Konsensus“ schaffen, wo er noch nicht existiert.

Untersuchungen der letzten Jahre in Amerika haben gezeigt, daß es für eine Nation zwar nützlich sein mag, solche Symbole, etwa die Unabhängigkeitserklärung, zu haben, wenn allgemein angenommen wird, daß sie den gemeinsamen „creed“ ausdrücken. Diese Nützlichkeit beruht in der Tat vor allem darauf, daß sie die wirklichen Differenzen verschleiern und es der Elite ermöglichen, trotz des mangelnden Verständnisses der Demokratie bei den breiten Massen diese Demokratie am Leben zu erhalten. Im übrigen haben die Arbeiten von Herbert McClosky und anderen aber darauf hingewiesen, „that the rule heretofore assigned to ideas and to intellectual processes in general has been greatly exaggerated“. McClosky schreibt: "Abundant anecdotal data from the observation of dictatorial and other nations further corroborates the conclusion that men may become attached to a party, a community, or a nation by forces that have nothing to do with ideology or consensus. Many of these forces are so commonplace that we often neglect them, for they include family, friends, home, employment, property, religion, ethnic attachments, a common language, and familiar surroundings and customs. These may lack the uplifting power of some political doctrines, but their ability to bind men to a society and its government may nevertheless be great. This observation, of course, is less likely to hold for the intelligentsia than for the inarticulates, but even the political behavior of intellectuals is never governed exclusively by appeals to the mind[174]."

e) *Phantasma oder Möglichkeit?*

„Stil und Hintergrund solcher Darlegungen gehören zur pseudowissenschaftlichen Literatur; der reinen Scharlatanerie gefährlich zugeneigt. Seine besten Ideen sind bei weitem besser als so etwas, aber er selbst scheint unfähig zu sein, Gutes und Schlechtes in seinem eigenen Werk zu unterscheiden“, sagt Bernard Crick über Lasswellsche Hypothesen der geschilderten Art[175]. Er nennt sie auch „seltsamste Mischung in realistische Sprache gehüllter unrealistischer Annahmen“[176]. Ähnlich meint Horwitz, diese Propaganda diene einer „nachlässig und fast gedankenlos aus Fetzen moderner politischer Philosophie zusammengeflickten Ideologie“[177].

---

[174] Herbert *McClosky*, Consensus and Ideology in American Politics, 58 American Political Science Review 361 (378) (1964).

[175] *Crick*, p. 189.

[176] *Crick*, p. 182.

[177] *Horwitz*, p. 303.

In der Tat steht bei Lasswell Phantastisches neben Möglichem. Die Auseinandersetzung wird durch die eigenartige Mischung dieser Elemente einerseits und durch die gleichzeitige Anwendung „kontemplativer“ und „manipulativer“ Methoden andererseits außerordentlich erschwert. Die wissenschaftlichen Elemente der Propaganda und die propagandistischen Elemente der Wissenschaft voneinander zu trennen scheint manchmal kaum möglich zu sein. Dies zumindest hat Lasswells politische Wissenschaft gelegentlich mit totalitärer Propaganda gemeinsam: „Wissenschaftlichkeit“, Prophetie und Werbeslogans sind zu einer undurchdringlichen Einheit verbunden[178].

Lasswell würde den „utopischen“ Charakter seines Weltordnungsmodells nicht leugnen. Allerdings darf dann „Utopie“ nicht als unausführbarer Plan ohne reale Grundlage verstanden werden, sondern man muß der Lasswellschen Definition folgen: ein „Symbolgefüge“, das im politischen Prozeß die Funktion hat, grundlegende Veränderungen in der Machtverteilung und -ausübung zu veranlassen[179]. Das Lasswellsche Entwicklungsmodell ist eine Reaktion sowohl auf die marxistische Prognose einer Diktatur des Proletariats wie auch auf Lasswells eigenes Konzept des Garnisonsstaates. Solchen Vorstellungen und möglichen Entwicklungen tritt Lasswell mit dem Postulat einer Weltordnung entgegen.

Die von Marxismus und Pragmatismus gleichermaßen beeinflußte Kontextanalyse, insbesondere das Denken in Entwicklungsmodellen[180], mußte zwangsläufig dazu kommen, sich mit der Interdependenz der Welt als einer der wichtigsten Erscheinungen der neuesten Geschichte zu beschäftigen. Welche radikalen Folgerungen Lasswell daraus zieht, daß alle Probleme Weltprobleme geworden sind, läßt sich am besten erkennen, wenn man ihn mit einem Denker konfrontiert, den dieselbe Frage bewegt.

Jaspers hat in seinem Versuch, politisches Bewußtsein in unserer Zeit zu klären, diese Zeit als eine Übergangszeit bezeichnet. „Weil Torheit und Bosheit, die bisher begrenzte Folgen hatten, heute die ganze Menschheit ins Verderben reißen, weil wir nunmehr, wenn wir nicht

---

[178] Über die Charakteristika totalitärer Propaganda siehe *Arendt*, Elemente und Ursprünge totaler Herrschaft, S. 544 ff., 550 f. Besonders die folgende Beobachtung Hannah *Arendts* ist in diesem Zusammenhang relevant: „Im Gegensatz zu älteren Formen politischer Propaganda, die dazu neigten, sich auf die Vergangenheit zu berufen, um Gegenwärtiges zu rechtfertigen, benutzt totalitäre Propaganda die Wissenschaft, um die Zukunft zu prophezeien.“

[179] *Lasswell* und *Kaplan*, p. 123.

[180] *Lasswell* und *Kaplan* verweisen in diesem Zusammenhang selbst auf *Dewey*; vgl. *Lasswell* und *Kaplan*, p. XII. Zu dem Kulturzusammenhang als bestimmenden Faktor der Erkenntnistheorie *Deweys* vgl. oben A III 4 d.

insgesamt füreinander und miteinander leben, insgesamt zugrunde gehen werden, verlangt die neue Situation eine ihr entsprechende Antwort." Jaspers formuliert diese Antwort, wie er sie geben würde: „Es genügt nicht, neue Institutionen zu finden; uns selbst, unsere Gesinnung, unseren sittlich-politischen Willen müssen wir verwandeln[181]." Jaspers umreißt mit diesen Sätzen genau das Problem, das auch Lasswell beschäftigt.

Hier hören die Gemeinsamkeiten allerdings bereits auf. Jaspers fordert unter Aufnahme christlicher Vorstellungen die „Umkehr"[182], er will die Realitäten und die fordernde Stimme aus Jahrtausenden auch noch bis in den Unterricht der Schulen dringen lassen, aber: diese Umkehr ist nicht zu erzwingen. „Ob dadurch im einzelnen Menschen etwas geschieht, das ist schon im jungen Menschen der Freiheit jedes Einzelnen überantwortet[183]."

Auch Lasswell ist von dem Gedanken an Änderung beherrscht, aber er macht „wissenschaftlichen" Ernst daraus. Insoweit ganz in der pragmatischen Tradition stehend, auf die Machbarkeit der Welt vertrauend, fragt er sich, welche Ergebnisse will ich und auf welche Art und Weise kann ich sie erreichen. Das Ziel, das es unbedingt zu verfolgen gilt, ist der Weltfriedenzustand. Um dorthin zu gelangen, genügt es in der Tat nicht, neue Institutionen zu finden[184], sondern, ganz wie Jaspers, sagt Lasswell, die Gesinnung muß verwandelt werden, der Glaube an eine auf der Grundlage der Menschenwürde errichtete Weltordnung in die Menschen eingepflanzt werden. Aber Lasswell schickt sich an, Forschung und Lehre, die ganze Wissenschaft, in den Dienst dieser Forderung zu stellen.

Auf die im Gegensatz von Jaspers und Lasswell anklingende Grundfrage nach der Art, wie ein solcher Gesinnungswandel zu bewirken ist, wird im nächsten Kapitel noch einzugehen sein. Im folgenden sollen einige Aspekte der Lasswellschen Propaganda erörtert werden.

Crick und Horwitz betonen den utopischen, unrealistischen, unwissenschaftlichen Charakter bestimmter Lasswellscher Entwicklungskategorien. Die Art, wie Lasswell seine an sich berechtigte und notwendige Forderung nach einer Kontextanalyse erfüllt, macht in der Tat den Eindruck, als sei er seiner eigenen Propaganda zum Opfer gefallen[185], als

---

[181] *Jaspers*, Die Atombombe und die Zukunft des Menschen, S. 49.

[182] *Jaspers*, a. a. O., S. 49.

[183] *Jaspers*, a. a. O., S. 52.

[184] Dieser Gedanke ist bei *Lasswell* bereits die Grundlage seiner Frühschrift „Psychopathology und Politics"; vgl. *Lasswell*, Psychopathology, in The Writings, p. 2.

[185] Vgl. auch *Horwitz*, p. 304.

habe er seine eigene Warnung vor den Gefahren einer manipulativen Einstellung nicht beachtet[186]. Das ist gefährlich, denn diese Propaganda weist totalitäre Züge auf[187], oder genauer: sie teilt einige Eigenschaften totalitärer Propaganda.

(1) In ihrer Analyse totalitärer Propaganda hat Hannah Arendt den Hauptgrund für deren Überlegenheit über jede andere Propaganda genannt: denjenigen, die ihr unterworfen sind, ist ihr Inhalt zu einem unangreifbaren Bestandteil des Lebens selbst geworden, er ist kein Gegenstand der Diskussion mehr[188]. Lasswell ist sich hierüber sehr wohl im klaren, er fordert daher, wie wir bereits gesehen haben, daß der „Weltmythus" von der Bevölkerung als selbstverständlich hingenommen werden muß. Der „Konsensus", auf den die neue Ordnung aufbaut, ist notwendigerweise irrational[189].

(2) Aus dieser Grundvoraussetzung folgt, daß diese Propaganda eben nicht „Information" sein kann und damit in die Nähe der Unwahrheit gerät. Dies muß besonders für ein „Symbolgefüge" gelten, das sich die psychologisch zu bewirkende Verminderung der Spannungen in der Welt zum Ziel gesetzt hat. Die Propaganda für seine Weltordnung bedient sich, wie Lasswell selbst ausführt, notwendigerweise der „Slogans"[190] oder, wie man im Deutschen zutreffend sagt, der Schlagwörter. Das Bedenkliche liegt auf der Hand, es ist nicht so sehr der Inhalt, der erschreckt, als die Denkungsart, hier ist nämlich nicht mehr freie Diskussion, sondern „Verkündigung"[191].

(3) Der propagandistischen Wissenschaft droht aber nicht nur die Gefahr, im Dickicht ihrer eigenen Schlagwörter zu ersticken, sondern über-

---

[186] *Lasswell* und *Kaplan,* p. XII.

[187] Vgl. *Crick,* p. 208.

[188] *Arendt*, Elemente und Ursprünge totaler Herrschaft, S. 576.

[189] *Lasswell,* World Politics and Personal Insecurity, p. 237.

[190] Siehe *Lasswell,* op. cit., p. 245.

[191] Siehe *Jaspers,* Wahrheit, Freiheit und Friede, S. 14. Daß Propaganda die Sphäre der Lüge ist, hat *Lasswell* selbst in seinen sarkastisch gemeinten Ratschlägen für den Verfasser eines „amerikanischen Kapitals" sehr klargemacht: Der Titel muß ein Schlagwort sein; das Buch muß umfangreich sein, das erweckt den Eindruck der Autorität und entmutigt die Masse, die es als ein Symbol verehren soll, es zu lesen; im analytischen Zeitalter muß das Buch systematisch und „wissenschaftlich" sein (Anführungsstriche *Lasswells);* ein ethisches, legalistisches, technologisches Vokabular ist erforderlich; die ausgewählten „Tatsachen" (Anführungsstriche *Lasswells*) müssen auf amerikanische Erfahrung anspielen; Schlüsselbegriffe und Stil müssen gehässig sein; das Werk im ganzen sollte mehrdeutig, dunkel und widersprüchlich sein, denn dadurch wird es der selbsterwählten revolutionären Elite möglich, den Inhalt jederzeit „umzudefinieren"; auch Langweiligkeit ist ein Erfordernis, damit es nicht zuviel ohne gleichzeitige, zentral gelenkte Interpretation gelesen wird; die enthaltenen Vorschriften müssen aktivistisch sein wie: Gehorche der revolutionären Elite usw.; *Lasswell,* op. cit., p. 219.

haupt die Orientierung an der Wahrheit zu verlieren. Denn Propaganda kann nicht aufoktroyieren, sondern muß herausfinden, was, einmal in gesellschaftliche Wirklichkeit umgesetzt, dauern wird[192]. Diese Fragestellung ist nun sicherlich die Fragestellung jeder Sozialpolitik. Es ist aber der Propaganda, die, wie Lasswell sagt, auf die Wünsche der Menschen eingehen muß, eigentümlich, daß sie auch ihre Konzepte und Vorstellungen von dort bezieht[193]. Lasswell lehnt es zwar entschieden ab, sein Postulat der auf die Menschenwürde gegründeten Weltordnung einer „Volksabstimmung" zu unterwerfen[194], die Gefahr zumindest bleibt, daß die Eigengesetzlichkeit der Massenpsychologie schließlich die Manipulation der Propaganda erzwingt.

(4) Zu den typischen Eigenschaften totalitärer Propaganda und Ideologien gehört deren „wissenschaftlicher" Charakter: sie verbinden wissenschaftliche Mehoden mit Ergebnissen von philosophischer Relevanz und geben vor, wissenschaftliche Philosophie zu sein. Da Ideologien alles erklären wollen und müssen, ist es ihnen außerdem eigentümlich, sich nicht mit dem zu beschäftigen, was ist, sondern mit dem, was wird, d. h. mit Bewegung, mit Geschichte[195]. Lasswells Denken hat solche Charakteristika mit totalitären Ideologien gemeinsam. Diese Übereinstimmung ist nicht zufällig. Die These lautet nicht, daß das utilitaristische Denken in Prozessen totalitär sei, sondern daß es leicht zu einer Konsequenz führen kann, die nun wirklich totalitär ist: die völlige Einordnung des einzelnen in eine „total" funktionalisierte Gesellschaft[196], die in letzter Konsequenz den Versuch machen wird, die Natur des Menschen selbst zu ändern[197]. Lasswell kommt dieser Konsequenz gefährlich nahe. Darauf wird im nächsten Kapitel einzugehen sein.

Diese Aufzählung von Eigenschaften, die Lasswells Utopie mit totalitären Ideologien teilt, darf den entscheidenden Unterschied nicht übersehen: totale Herrschaft bedient sich nicht nur der Propaganda zur Verwirklichung ihrer Ziele, sondern wesentlicher noch sind Organisation und Terror[198]. „Die totale Herrschaftsform ist der Terror an sich[199]." Obwohl es bei Lasswell zum Teil gefährliche Formulierungen gibt (wie: die „drastische und andauernde Rekonstruktion" unserer eigenen sowie

---

[192] *Lasswell,* Propaganda, 12 Encyclopaedia of the Social Sciences 527.

[193] *Arendt,* a. a. O., S. 574.

[194] *Lasswell* und *McDougal,* The Jurisprudence of a Free Society: Studies in Law, Science, and Policy, Unveröffentlichtes, vervielfältigtes Manuskript, Part III, Chapter 2, p. 3. Der Verfasser hat von Prof. *McDougal* die freundliche Erlaubnis zum Zitat erhalten.

[195] *Arendt,* a. a. O., S. 739/740.

[196] S. auch *Jaspers,* Die Atombombe und die Zukunft des Menschen, S. 159.

[197] Dazu vgl. *Arendt,* a. a. O., S. 553.

[198] Vgl. *Arendt,* a. a. O., S. 574, 724 ff.

[199] *Jaspers,* a. a. O., S. 159.

der meisten anderen Kulturen sei die Aufgabe einer demokratischen Wissenschaft von der Politik[200]), so kann doch kein Zweifel daran bestehen, daß er jedem Terror sowohl im Bereich des Nationalstaates[201] wie auch bei der Errichtung der Weltordnung[202] entschieden abgesagt hat. „Aufzwingen gehört nicht zu unseren Geboten; im Gegenteil, wir machen Empfehlungen. Wir bedauern jeden Zwang als den Grundforderungen der Menschenwürde widersprechend und geben Zwangsmaßnahmen nur insoweit unsere Unterstützung, als sie notwendig sind, um in bestimmten Situationen den Prozeß des Überzeugens selbst zu schützen[203]."

Es bleibt hier allerdings eine Frage. Horwitz hat recht, wenn er darauf hinweist, daß Lasswells Identifikationstheorie keine Erklärung dafür gibt, wie der psychische Identifikationsvorgang bei konkurrierenden Symbolen verläuft[204]. Ganz abgesehen davon, daß selbst die Erfolge exklusiver totalitärer Propaganda nur vorübergehender Natur sind[205]. Lasswell macht nicht deutlich, warum eigentlich seine Symbole der Weltfriedensordnung stärker, einflußreicher sein sollen als andere. Lasswell ist sich hierüber, wie das Konzept einer Sozialpsychiatrie der Gesellschaft zeigt, im Grunde im klaren. Es bedarf in seinen Augen noch „intensiverer" Mittel als der Propaganda, um die Menschen zu „demokratisieren". Der Frage, wo die Grenze zwischen Überzeugen und Aufzwingen zu ziehen ist, schenkt er in diesem Zusammenhang keine Aufmerksamkeit.

---

[200] *Lasswell,* Character, in The Writings, p. 513.

[201] Siehe etwa *Lasswells* Buch „National Security and Individual Freedom".

[202] Vgl. etwa *Lasswell,* Universality in Perspective, 1959 Proceedings of the American Society of International Law 1.

[203] *Lasswell* und *McDougal,* op. cit., p. 3.

[204] *Horwitz,* p. 257.

[205] Siehe *Arendt,* a. a. O., S. 574.

C. Lasswells und McDougals „value-oriented jurisprudence“

I. Das psychoanalytische Naturrecht

1. Der Zusammenhang zwischen Charakter und Verfassung

a) Platon als Vorläufer Freuds

Eigentlicher Lehrer Lasswells und Hauptförderer einer gesellschaftswissenschaftlichen Interpretation der Politik war Charles E. Merriam. Merriam hat zuerst jene methodologischen Forderungen aufgestellt, die Lasswell dann zu verwirklichen suchte. Das heißt: Abwendung vom „konventionellen“ Studium politischer Philosophie und Hinwendung zu einer empirisch-soziologischen Untersuchung der Parteien, öffentlichen Meinung, Verwaltung, Staatsführung und Weltpolitik[1].

Hatte Merriam durch unermüdliches Kämpfen für eine „wissenschaftliche Methode“, durch die 1923 erfolgte Gründung des Social Science Research Council[2], durch seine Mitarbeit in unzähligen Komitees und Organisationen das „konfigurative“ Studium der Politik im allgemeinen vorangetrieben, so war sein Einfluß auf Lasswell noch von besonderer Art. In dem Vorwort zu „Psychopathology and Politics“ hebt Lasswell hervor, daß Merriam schon früh die Bedeutung der Psychopathologie für die politische Wissenschaft erkannt und seine (Lasswells) Arbeit auf diesem Gebiet gefördert habe[3]. An anderer Stelle wird Merriams Chicago als der Ort genannt, an dem die Psychoanalyse in die politische Wissenschaft eingedrungen sei[4]. Merriam hat nicht etwa die psychoanalytischen Konzepte Lasswells beeinflußt, wohl aber seinen Schüler auf das Gebiet der Psychoanalyse verwiesen.

Der Aufschwung, den die politische Wissenschaft im Amerika der zwanziger Jahre nahm, wurde von allen Beteiligten als etwas Neues, und damit auch als etwas Besseres, empfunden. Ereignisse und Anschauungen waren ohne jedes Präzedens (so dachte man jedenfalls). Man

---

[1] *Lasswell*, The Analysis of Political Behaviour, p. 4.

[2] Vgl. *Lasswell*, Impact, p. 87.

[3] *Lasswell*, Psychopathology, in The Writings, Preface.

[4] *Lasswell*, Impact, p. 87; The Future of Political Science, p. 37.

lebte in einer Welt ungeahnter Veränderungen, denen sich nun auch die Gesellschaftswissenschaften anzupassen begannen. Wir haben oben gesehen, wie sich dies als ein Aufstand gegen die herkömmliche Jurisprudenz auswirkte. Es war ebenso ein Abschied von den Traditionen politischen Denkens. Man ließ diese Traditionen auf sich beruhen.

Auch Lasswell konnte mit der Tradition wenig anfangen. Und soweit sie sich mit dem beschäftigt, was er „derivatives Denken“ nennt, bekennt er noch heute, daß er wenig Interesse an einem Denken habe, „das eine Gruppe von Mehrdeutigkeiten durch eine andere ersetzt“. „Aber ich weiß, die Menschheit schleppt eine schwere Bürde religiöser und philosophischer Symbole mit sich und viele ... Menschen fühlen sich nicht wohl, glauben, sie würden keinen Erfolg haben, wenn sie nicht diese Symbole anrufen können, um mit ihrer Hilfe den Wert der Menschenwürde zu begründen[5].“

Auf einem Gebiet allerdings beruft sich Lasswell neuerlich auf die griechische Überlieferung, auf Aristoteles[6] und insbesondere Platon. Er hat entdeckt, daß die traditionelle politisch-wissenschaftliche Literatur „Vorwegnahmen der Psychoanalyse enthält, die in Freuds Werk zu neuem Leben erweckt wurden“[7]. Lasswell bezieht sich auf den platonischen Beitrag zur Traumanalyse, den Anfang des neunten Buchs der „Politeia“[8]. Das eigentliche Interesse Lasswells gilt aber dem von Platon aufgewiesenen Zusammenhang zwischen Verfassung und Charakter. „Die entscheidende Einsicht (Platons) kann in der Hypothese zusammengefaßt werden: die Stabilität der Verfassung hängt von der Formung des dazugehörigen Charakters ... ab[9].“

Man ist sich nicht ganz sicher, ob diese Bezugnahme auf die Tradition zum „manipulativen“ Aspekt des Lasswellschen Systems gehört, ob sie den „Traditionalisten“ die Annahme Freudscher Thesen erleichtern soll. Jedoch ist Lasswells Verweis auf die platonische Einsicht, daß Verfassungen nicht „von der Eiche oder vom Felsen“ entstehen, sondern „aus den Gesinnungen derer, die in den Staaten sind, nach welcher Seite hin eben diese den Ausschlag geben und das übrige mit sich ziehen“[10], nicht unbegründet. Parallelen zwischen Platon und Freud sind seit langem Gegenstand wissenschaftlicher Untersuchungen. Für Lasswell ist insbe-

---

[5] *Lasswell*, Personality, p. 202.

[6] Zu *Lasswells* Bezugnahme auf *Aristoteles* vgl. *Horwitz*, p. 301/302.

[7] *Lasswell*, Psychoanalytic Conceptions in Political Science, in Jules H. Massermann (ed.), Science and Psychoanalysis, Vol. IV, p. 64.

[8] *Platon*, Politeia 571.

[9] *Lasswell*, Political Constitution and Character, 46 Pschoanalysis and the Psychoanalytic Review 3 (1960).

[10] *Platon*, Politeia 544 e.

sondere die Analogie zwischen leiblicher Gesundheit und der Tugend als Gesundheit der Seele wertvoll[11].

Lasswell zufolge besteht der Fortschritt seit Platon und Aristoteles nicht so sehr auf dem Gebiet „universaler" Lehrsätze über den Menschen als vielmehr in der Erfindung und Ausarbeitung von Methoden, mit Hilfe derer bestimmte einzelne Menschen und Gruppen verstanden und modifiziert werden können[12]. Dieser „bloß methodische" Unterschied scheint allerdings entscheidend zu sein: „Sozialpsychiatrie der Demokratie" und Erziehung im platonischen Idealstaat unterscheiden sich in eben demselben Maße, in dem sich die moderne Massendemokratie von der überschaubaren griechischen Polis unterscheidet. Darüber hinaus ist zu bedenken, daß der „basileus philosophos" nicht der „Fachmann" Lasswellscher Eliten ist, sondern eben Philosoph. Ungeachtet der noch heute in ihrer Hellsichtigkeit und Richtigkeit relevanten Erkenntnisse platonischer Psychologie kann man die platonische Politeia nicht aus dem Gesamtzusammenhang der Philosophie Platons herauslösen. Die die ideale Polis beherrschenden Philosophen hätten „unter den von ihnen geschauten Urbildern der ewigen Ideen" gelebt[13], also gerade unter jenen Fragestellungen und Erkenntnissen, die Lasswell als „mitgeschleppte Bürde" bezeichnet.

Wenn wir uns jetzt der Art und Weise zuwenden, in der Lasswell den Zusammenhang von Verfassung und Charakter behandelt, wird sich zeigen, daß er sich dabei nicht auf die griechische Tradition stützen kann. Von der Psychologie Platons führt keine Brücke zur modernen Verhaltenswissenschaft.

b) *Lasswells Verständnis der menschlichen Natur*

Lasswells Interpretation menschlichen Verhaltens geht aus von dem Grundsatz der „Maximalverwirklichung". Er bedeutet, daß alles Handeln von der Tendenz bestimmt ist, größtmögliche Wunschbefriedigung zu erlangen. Die Lehre basiert auf dem „Lustprinzip" Freuds, d. h. auf dem Streben der Libido nach Befriedigung. Wird die verlangte Befriedigung versagt, tritt kein euphorischer Zustand ein, sondern eine „Dysphorie", so spricht Lasswell von „Deprivation"[14]. Menschliches Handeln wird an dem jeweiligen Verhältnis von Befriedigung zu Deprivation ge-

---

[11] „So wäre denn die Tugend, wie es scheint, eine Gesundheit und Schönheit und Wohlbefinden der Seele, die Schwächlichkeit aber Krankheit und Häßlichkeit und Schwäche"; *Platon*, Politeia 444 e. Vgl. dazu *Lasswell*, Character, in The Writings, p. 467.

[12] *Lasswell*, op. cit., p. 469.

[13] *Jaspers*, Die Atombombe und die Zukunft des Menschen, S. 311.

[14] *Lasswell*, op. cit., p. 512.

messen, es wird gefragt, inwieweit eine bestimmte Handlung Befriedigung gewährt und inwieweit sie Deprivationen zur Folge hat[15].

Die Übereinstimmung dieses Denkens mit der utilitaristischen, hedonistischen Tradition angelsächsischen Philosophierens ist leicht festzustellen. Benthams Grundsatz der Utilität fordert, daß jedes Tun positiv oder negativ beurteilt werden müsse je nachdem, ob es die Tendenz habe, den Betroffenen Glück zu gewähren oder Schmerzen zu verursachen[16]. Lasswell wehrt sich allerdings entschieden gegen eine utilitaristische Interpretation seines Systems[17]. Darauf wird noch einzugehen sein.

Insoweit Lasswell jedenfalls unter dem Einfluß Freuds das Streben der Libido nach Befriedigung zur Grundlage seines Prinzips der Maximalverwirklichung macht, muß er sich entgegenhalten lassen, daß gerade Freud in seinen späten Jahren menschliches Verhalten nicht mehr ausschließlich vom Standpunkt des Lustprinzips aus betrachtet hat. Freud hatte ursprünglich die Neurose als den Ausgang eines Kampfes zwischen den Anforderungen der Libido und dem Interesse der Selbstbewahrung verstanden[18]. Als er sich dann genötigt sah, beide Triebkomponenten in der narzißtischen Libido aufgehen zu lassen, kam Freud nach einigen Zwischenstufen „ausgehend von Spekulationen über den Anfang des Lebens und von biologischen Parallelen“ zu dem Schluß, „es müsse außer dem Trieb, die lebende Substanz zu erhalten und zu immer größeren Einheiten zusammenfassen einen anderen, ihm gegensätzlichen, geben, der diese Einheiten aufzulösen und in den uranfänglichen, anorganischen Zustand zurückzuführen strebe“[19]. Folgt man Freud, so würde dem Grundsatz der Maximalverwirklichung der auch selbstzerstörerisch wirkende Zerstörungs- oder Todestrieb als eine ebenso wie die Libido ursprüngliche, selbständige Triebanlage entgegenstehen.

Freuds nicht so sehr psychologische als philosophische[20] Annahme eines selbständigen Todestriebes wird von Lasswell wie von der Mehr-

---

[15] *Lasswell* und *Kaplan*, p. 61.

[16] *Bentham*, A Fragment on Government and An Introduction to the Principles of Morals and Legislation,p. 125/126.

[17] *Lasswell* und *Kaplan*, p. 61.

[18] *Freud*, Das Unbehagen in der Kultur, in Ges. Werke Bd. 14, 477.

[19] *Freud*, a. a. O., S. 477; vgl. auch *Freud*, Jenseits des Lustprinzips, in Ges. Werke Bd. 13, 38 ff. Auch wenn man keinen Todestrieb anzunehmen bereit ist, bleiben selbstvernichtende Verhaltensweisen zu erklären. Konrad *Lorenz* führt sie auf unausgelebte Aggression zurück; *Lorenz*, Das sogenannte Böse, S. 343. Zu *Lorenz'* Kritik am Todestrieb siehe S. 341.

[20] *Freud* hat selbst seine Übereinstimmung mit *Schopenhauer* hervorgehoben.

heit der amerikanischen Psychoanalytiker[21] abgelehnt. Lasswell verwendet zwar den Begriff der „antisozialen Instinktnatur“ des Menschen, sagt aber in demselben Zusammenhang, daß der Mensch fähig sei, seine zerstörerischen Impulse in hohem Maße zu „sozialisieren“[22]. Die dem Freudschen Begriffspaar entsprechende Unterscheidung Lasswells zwischen libidinösen und defensiv-aggressiven Verhaltensweisen geht eindeutig von einem Verständnis letzterer als Reaktionserscheinungen auf Deprivationen, auf Versagungen der Befriedigung aus[23]. Eine solche Interpretation würde den Grundsatz der Maximalverwirklichung nicht in Frage stellen, sondern seine Bedeutung im Gegenteil erhöhen: je weniger Beeinträchtigungen menschlicher Wunschverwirklichung, desto mehr Chancen, Angstneurosen und aus ihnen resultierende Aggression zu vermeiden[24]. „Das neugeborene Mitglied der Gesellschaft muß von seiner menschlichen Umgebung genügend Nachgiebigkeit und Befriedigung erfahren, damit es die Möglichkeit erhält, sich selbst und anderen gegenüber nachgiebig zu sein[25].“

Horwitz hat auf den Gegensatz zwischen dem Pessimismus Freuds und dem Optimismus Lasswells hingewiesen[26]. Lasswell geht von den „guten und freundlichen“ Möglichkeiten der menschlichen Natur aus[27]. In seiner Betonung der „schöpferischen und kongenialen zwischenmenschlichen Beziehungen“ steht er insbesondere unter dem Einfluß Erich Fromms und Harry Stack Sullivans[28]. Lasswells Optimismus scheint vor allem das Ergebnis seiner manipulativen Einstellung zu sein, denn die Freudsche These eines fortwährenden Kampfes zwischen Eros und Todestrieb ist für jede Therapie nutzlos, da sie in einem therapeutischen Pessimismus endet[29].

Hier ist nicht zu entscheiden, ob Freuds Theorie gefolgt werden kann. Für eine systeminterne Kritik ist es jedoch wichtig, daß manches dafür spricht, den von der Psychoanalyse mit Hilfe der Verbindung Libido-Seele hergestellten biologischen Bezug durch einen ebenfalls „in der

---

[21] Vgl. Charles *Brenner*, An Elementary Textbook of Psychoanalysis, p. 22.

[22] *Lasswell*, Conflict, Social, 2 Encyclopaedia of the Social Sciences 194 (195) (1930).

[23] *Lasswell*, Character, in The Writings, p. 511.

[24] *Lasswell*, op. cit., p. 509.

[25] *Lasswell*, Personality, p. 162/163.

[26] *Horwitz*, p. 255/256.

[27] *Lasswell*, Character, in The Writings, p. 502; *McDougal*, Studies, p. 69.

[28] Vgl. z. B. Erich *Fromm*, Man for Himself; Harry Stack *Sullivan*, The Meaning of Anxiety in Psychiatry and Life, 11 Psychiatry 1 (1948); vor allem auch *Lasswell*, The Future of Political Science, p. 228. Ansätze schon in *Lasswell*, The Contribution of Freud's Insight Interview to the Social Sciences, 45 American Journal of Sociology 375 (383, 385) (1939).

[29] Norman O. *Brown*, Life Against Death, p. 81; Ludwig *Marcuse*, Sigmund Freud, S. 55; siehe auch *Horwitz*, p. 256.

Natur" begründeten Zerstörungstrieb zu ergänzen[30]. Die auch von der Neopsychoanalyse zumindest in bestimmtem Umfang geteilte Auffassung von der natürlichen Determiniertheit der Seele legt es nahe, auf Grund der Stärke des Zerstörungstriebes diesem eine Eigenständigkeit einzuräumen. Insbesondere das Zusammentreffen von Grausamkeit und Sexualtrieb in Sadismus und Masochismus[31] ist als eine Legierung des Liebesstrebens mit dem Destruktionstrieb eher erklärbar[32] als die sehr schwer vorstellbare Qualitätsveränderung durch ein „Umschlagen" von Libido in Aggression.

Wenn Lasswell sagt, daß alle Hypothesen Freuds über den in der Natur begründeten Widerstreit zwischen Lebens- und Zerstörungstrieb bisher nicht bewiesen worden seien[33], so ist darauf zu entgegnen, daß die optimistische Theorie noch mehr den Charakter einer Voraussetzung hat[34]. Bisher scheint es jedenfalls nicht überflüssig zu sein, damit zu rechnen, „daß bei allen Menschen destruktive, also antisoziale und antikulturelle Tendenzen vorhanden sind und daß diese bei einer großen Anzahl von Personen stark genug sind, um ihr Verhalten in der menschlichen Gesellschaft zu bestimmen"[35].

Lasswells Akzentuierung der „Soziabilität" des Menschen bedeutet nicht etwa eine Orientierung am Eros als der alles bestimmenden Triebanlage. So revolutionär Lasswells Thesen zum Teil klingen, verbirgt sich hinter ihnen doch kaum etwas anderes als eine Sanktionierung des kulturellen status quo[36]. Lasswell versteht zwar gesellschaftliches, kulturbezogenes Handeln weitgehend als Ersatzbefriedigung, er zieht aber niemals die Konsequenz, daß die ursprüngliche Befriedigung wieder uneingeschränkt an die Stelle des Ersatzes zu treten habe.

Freud hat die Triebsublimierung als Ursache der Kulturentwicklung gesehen. An die Stelle der Triebbefriedigung tritt die Sublimierung: der Triebbefriedigung entzogene psychische Energie macht es möglich, „daß

[30] Zum Aggressionstrieb als einem echten, primär arterhaltenden Instinkt und seiner Spontaneität, vgl. *Lorenz,* a. a. O., S. 77 ff. Vgl. die nicht unbedingt überzeugenden „dialektischen" Argumente *Browns,* op. cit., p. 78. Siehe auch *Brenners* Ausführungen über die klinische Bedeutung einer dualistischen Triebtheorie, op. cit., p. 22/23.

[31] Dazu *Freud,* Drei Abhandlungen zur Sexualtheorie, in Ges. Werke, Bd. 5, 58.

[32] Vgl. *Freud,* Das Unbehagen in der Kultur, in Ges. Werke Bd. 14, 478/479.

[33] *Lasswell,* The Future of Political Science, p. 228.

[34] Brief *Freuds* an Oskar *Pfister* vom 7. 2. 1930, Sigmund Freud — Oskar Pfister, Briefe 1909—1939, S. 143 (144).

[35] *Freud,* Die Zukunft einer Illusion, in Ges. Werke Bd. 14, 328; vgl. auch *Brenner,* op. cit., p. 22; *Brown,* op. cit., p. 14.

[36] Vgl. auch die Kritik an den Neo-Freudianern in Herbert *Marcuse,* Eros and Civilization, p. 228.

höhere psychische Tätigkeiten, wissenschaftliche, künstlerische, ideologische, eine so bedeutsame Rolle spielen[37]". Die Kultur beruht auf den Verdrängungsleistungen früherer Generationen, und jede neue Generation wird aufgefordert, diese Kultur durch Vollziehung derselben Verdrängung zu erhalten[38].

Kultur und Neurose haben gemeinsam, daß sie nichts anderes sind als Ersatzbefriedigung. Durch die Fähigkeit, solche Ersatzbefriedigung zu suchen, durch die Verschiebbarkeit der Triebe unterscheidet sich der Mensch vom Tier[39]. Diese Auffassung führt zu dem, was Ludwig Marcuse „Freuds sehr zwielichtige Schätzung der Kultur" genannt hat[40], die Kultur wird im Grunde zu einem „Mengungsverhältnis zwischen Leistungsfähigkeit, Perversion und Neurose"[41].

Freud hat keinen Zweifel daran gelassen, daß die Kultur das wirkliche Glück nicht bringt, daß das Glücksgefühl bei jeder Sättigung primärer Triebregungen unvergleichlich intensiver ist als bei Ersatzbefriedigungen[42]. Die Kultur ist im Gegenteil vielmehr eine Leidensquelle, die zu psychischen Erkrankungen und allgemeinem Unbehagen führt.

„Man sollte meinen, es müßte eine Neuregelung der menschlichen Beziehungen möglich sein, welche die Quellen der Unzufriedenheit mit der Kultur versiegen macht, indem sie auf den Zwang und die Triebunterdrückung verzichtet, so daß der Mensch sich ungestört durch inneren Zwist der Eroberung von Gütern und Genuß derselben hingeben könnte. Das wäre das goldene Zeitalter ...[43]."

Freud ist aber weit davon entfernt, das „goldene Zeitalter" für eine Möglichkeit zu halten, denn nur durch den Kulturprozeß kann der Destruktionstrieb gebändigt werden[44]. Dazu kommt, daß Freud ein viel zu ausgeprägtes Realitätsbewußtsein hat, um sich einer Utopie dieser Art zu verschreiben. Freud läßt es bei der resignierten Bemerkung: „Wie der vorsichtige Kaufmann es vermeidet, sein ganzes Kapital an einer Stelle festzulegen, so würde vielleicht auch die Lebensweisheit raten, nicht alle Befriedigung von einer einzigen Strebung zu erwarten[45]."

---

[37] *Freud,* Das Unbehagen in der Kultur, in Ges. Werke Bd. 14, 458.
[38] *Freud,* Zur Geschichte der Psychoanalyse, in Ges. Werke Bd. 10, 101.
[39] Vgl. *Freud,* Die „kulturelle" Sexualmoral und die moderne Nervosität, in Ges. Werke Bd. 7, 150.
[40] Ludwig *Marcuse,* Sigmund Freud, S. 58.
[41] *Freud,* Drei Abhandlungen zur Sexualtheorie, in Ges. Werke Bd. 5, 140.
[42] *Freud,* Das Unbehagen in der Kultur, in Ges. Werke, Bd. 14, 437.
[43] *Freud,* Die Zukunft einer Illusion, in Ges. Werke Bd. 14, 327/328.
[44] Vgl. *Freud,* a. a. O., S. 328.
[45] *Freud,* Das Unbehagen in der Kultur, in Ges. Werke Bd. 14, 443.

Die von Norman O. Brown aus der Theorie von der Ersatzbefriedigung gezogenen Folgerungen, der Mensch müsse bereit sein zu leben anstatt Geschichte zu machen, zu genießen anstatt für alte Wunden und Schulden zu zahlen[46], klingen auch bei Lasswell an. So z. B. wenn er die Weltgeschichte als eine „unmittelbar nützliche, letztlich aber doch destruktive Entfremdung des Menschen von dem großen Strom der organischen und anorganischen Natur" interpretiert[47]; wenn er dem Verständnis eines so wichtigen Kulturphänomens wie der Politik als pathologisch sehr nahe kommt; wenn er den Untergang des Staates und der Wissenschaft als den erstrebenswerten Endzustand in Aussicht nimmt. Aber ungeachtet dieser Ansätze zu einer extremen Position verteidigt Lasswell viel ausgeprägter noch als Freud den kulturellen status quo.

Zwar geht Lasswell vom Grundsatz der Maximalverwirklichung aus, befürwortet weitgehende Liebesbefriedigung, er ist aber weit davon entfernt, den Eros zur alles beherrschenden Macht zu erklären[48]. Das Sublimieren, das bei Freud ein vorsichtiger Rat ist, wird zur Pflicht. „Das übertriebene Verlangen nach Liebe führt zu einer Entartung der Fähigkeit uneingeschränkt am Leben einer demokratischen Gesellschaft teilzunehmen[49]." Der demokratische Charakter erstrebt Macht (power), Achtung (respect), Wissen (enlightenment), Wohlhabenheit (wealth), Wohlbefinden (well-being), fachliches Können (skill), Zuneigung (affection) und Rechtschaffenheit (rectitude). Sein Streben ist nicht auf einen einzigen Wert, sondern auf viele Werte gerichtet[50].

Lasswell steht tief in eben der Tradition, die er verleugnet: der utilitaristischen. Und zwar in doppelter Weise: seine Werte entsprechen weitgehend den Benthamschen Arten der Lust; das Kalkül von Befriedigung und Deprivation ist hedonistisch.

Lasswell sagt, die Beschreibung seiner Werte in hedonistischen Kategorien diene keinem vernünftigen Zweck. In einer Fußnote macht er dann die eigenartige Bemerkung, Bentham sei aber ein so hervorragender Meister der Sprache gewesen, daß man die utilitaristischen Begriffe auf Lasswellsche Weise interpretieren könne[51]. Damit wird das Verhältnis genau umgekehrt. Es kann allerdings keinem Zweifel unterliegen,

---

[46] *Brown*, op. cit., p. 153—154.

[47] *Lasswell*, The Major Trends in World Politics, in Harold D. Lasswell und Harlan Cleveland (ed.), The Ethic of Power, p. 349.

[48] Es ist nicht ohne Interesse, daß *Lasswell* sich neuestens auf *Brown* bezieht, eine wirkliche Stellungnahme aber vermeidet; vgl. *Rogow* und *Lasswell*, Power, Corruption, and Rectitude, p. 113.

[49] *Lasswell*, Character, in The Writings, p. 499.

[50] *Lasswell*, op. cit., p. 497/498.

[51] *Lasswell* und *Kaplan*, p. 61.

daß wir es bei Lasswell mit einer Ausprägung des Hedonismus zu tun haben.

Dies wird am deutlichsten an der alles menschliche Handeln beherrschenden Abwägung von Befriedigung und Deprivation. Lasswell schreibt in „Power and Society", es bestehe keine Verbindung zu dem utilitaristischen Lust-Schmerz-Kalkül, insbesondere soweit es sich hier um ein „Kalkül" handelt; die utilitaristische Annahme, daß der Mensch als „Kalkulator" bewußt die Wirkungen verschiedener Alternativen berechne, wird nicht geteilt[52]. Der entscheidende Unterschied zwischen Benthams Hedonismus und Lasswells aufgeklärter Version ist: unbewußte Faktoren spielen bei der Maximalverwirklichung eine Rolle, fördern oder hindern sie, ohne daß es dem Menschen zu Bewußtsein kommt[53]. Wird aber die „Dimension des Unbewußten" in die Vorstellung miteinbezogen, so ist das Abwägen von Befriedigung und Deprivation in Lasswells eigenen Worten dem Benthamschen Glückskalkül „äquivalent"[54]. Berücksichtigt man vollends das Lasswellsche Ideal der Bewußtmachung unbewußter Faktoren, so sind wir wieder beim Rationalismus des utilitaristischen Kalküls angelangt[55].

Die Lasswellschen Wertkategorien entsprechen denn auch ganz der Benthamschen Tradition. Lasswells Wert der Macht (und wir erinnern uns: Wert hat, was begehrt wird) ist Benthams Machtlust „äquivalent", die Achtung dem „guten Namen", die Wohlhabenheit der Wohlhabenheit, das fachliche Können dem fachlichen Können (hierunter kann auch Lasswells „Wissen" subsumiert werden), die Zuneigung der „Sinnenlust" und Freundschaft, zur Sinnenlust gehört bei Bentham das gesundheitliche Wohlbefinden, Lasswells Rechtschaffenheit weist viele Züge von Benthams „Frömmigkeit" auf. In dem Lasswellschen Katalog fehlt allerdings diejenige Benthamsche Kategorie, die wie so vieles in Benthams Werk Freud schon nahekommt: die Lust an der Böswilligkeit, der Freudsche Zerstörungstrieb[56].

Unsere These lautet jedoch nicht, daß das gesamte Wertsystem Lasswells nichts anderes als eine Neuausprägung des Utilitarismus sei. Die Übereinstimmungen sind aber zahlreich. Lasswell hat sich aus dieser Tradition sehr viel weniger gelöst, als es bei einer oberflächlichen Be-

---

[52] *Lasswell* und *Kaplan*, p. 61/62.

[53] Vgl. etwa *Lasswell* und *Kaplan*, p. 148.

[54] *Lasswell*, Personality, p. 228, Note 2.

[55] Mit diesem Ergebnis stimmt es überein, das *Lasswell* neuestens bereit ist, den Grundsatz der Maximalverwirklichung auf bewußte Identifizierungen, Forderungen und Erwartungen zu beschränken; *Rogow* und *Lasswell*, Power, Corruption, and Rectitude, p. 73.

[56] Vgl. zu dem Vorhergehenden *Bentham*, A Fragment on Government and An Introduction to the Principles of Morals and Legislation, p. 155 ff.

trachtung den Anschein haben mag. Dies muß gegenwärtig bleiben, wenn wir nun noch einmal zu den radikalsten Thesen Lasswells zurückkehren.

c) Identifizierung von Demokratie mit Gesundheit

Menschliche Destruktivität ist nach Lasswell entweder im Sinne der ursprünglichen Theorie Freuds Reaktion auf eine Vereitelung der Triebbefriedigung oder Kompensationserscheinung für mangelnde Selbstachtung. Destruktivität entsteht aus sozialen Angstneurosen, die ihrerseits eine Funktion zwischenmenschlicher Beziehungen sind: die Umwelt zwingt dem Individuum eine negative Selbsteinschätzung auf[57]. Die Aufgabe einer Demokratie besteht daher in der Förderung sozialer Gesundheit[58], d. h. kongenialer und schöpferischer zwischenmenschlicher Beziehungen[59]. Die demokratische Gesellschaft wählt politische Führer und Ärzte, um ihre Erkrankung zu verhindern[60]. Pathologisch im Sinne einer „soziopsychosomatischen“ Medizin ist alles, was die Kongenialität und schöpferischen Kräfte zwischenmenschlicher Beziehungen zerstört[61].

Lasswell macht die psychische Gesundheit zu einem rechts- und verfassungspolitischen Kriterium und entwickelt auf diese Weise ein Recht der psychoanalytisch erforschten Sozialnatur des Menschen, ein psychoanalytisches Naturrecht. Nur in der Demokratie sind kongeniale und schöpferische zwischenmenschliche Beziehungen möglich, d. h. sie wird von der menschlichen Natur gefordert. Unter gesellschaftlichen Bedingungen, die kongeniale zwischenmenschliche Beziehungen und schöpferische Kräfte behindern, wird der Mensch krank, entwickelt Angstneurosen.

Die Suche nach einem einheitlichen Konzept psychischer Gesundheit ist eines der Hauptprobleme der Psychiatrie und Psychotherapie in den Vereinigten Staaten[62]. Es hat bis heute keine befriedigende Lösung gefunden[63].

Indem Lasswell sich zum Teil der Neopsychoanalyse, insbesondere Karen Horney, Erich Fromm und Harry Stack Sullivan anschließt, stellt er stärker als Freud auf die zwischenmenschlichen Beziehungen als Krankheitsursache ab. Besonders wichtig ist in diesem Zusammenhang

---

[57] *Lasswell*, Personality, p. 161/162; Character, in The Writings, p. 509.
[58] *Lasswell*, Personality, p. 146.
[59] *Lasswell*, op. cit., p. 110.
[60] *Lasswell*, op. cit., p. 146.
[61] *Lasswell*, op. cit., p. 112.
[62] Vgl. etwa Lawrence Z. *Freedman*, Conformity and Nonconformity in Law, Conformity and Psychiatry, A Symposium, Yale Study Unit in Psychiatry and Law, p. 41 ff.
[63] Siehe Charles *Brenner*, An Elementary Textbook of Psychoanalysis, p. 200 ff.

der Begriff der Angst: das Kind, das weder genügend Liebe noch Anerkennung gefunden hat, entwickelt Angst, die zur Ursache von Neurosen, Aggression und anderen Reaktionserscheinungen wird. Der Unterschied der Neopsychoanalyse zu Freud darf allerdings nicht überbetont werden, denn auch sie versteht im Grunde nichts anderes als die Vereitelung der Triebbefriedigung (des Triebes nach Anerkennung und Liebe) als Ursache der Angst[64].

Die Betonung der zwischenmenschlichen Beziehungen und der Angst, die aus ihrer Störung resultiert, kann nicht ohne Bezugnahme auf die amerikanische Gesellschaft gesehen werden. Angst und Einsamkeit gehören besonders in Amerika zu den Hauptgegenständen gesellschaftlicher Analyse[65]. Lasswells tiefenpsychologisch orientierte politische Wissenschaft ist insoweit nur Ausdruck einer allgemeinen Tendenz[66].

Hofstätter hat eine Untersuchung über die Assoziationen angestellt, die amerikanische und deutsche Studenten mit dem Begriff einsam (lonesome) verbinden. Dabei hat sich gezeigt, daß die amerikanische Einsamkeit als „schwach“, „leer“, „klein“, „verschwommen“, „krank“, „traurig“, „häßlich“, „abgestanden“, „feig“, „seicht“ und „schlecht“ empfunden wird[67]. Oberndörfer sieht den Grund für die amerikanische Einsamkeit als seelische Krankheit in dem Versuch, „ohne Transzendenz und ohne eine außermenschliche Norm autonom zu sein“[68]. Diese Erklärung erscheint als außerordentlich fragwürdig, zutreffender ist es wohl mit Dahrendorf anzunehmen, daß das Korrelat der Einsamkeit, die Konformismus-Tendenz, ihren Grund unter anderem in der Rolle findet, die das Gleichheitsprinzip als eine der weltanschaulichen Grundlagen des amerikanischen Gemeinwesens spielt; vor allem aber in der seit der Gründungszeit außerordentlichen Mobilität der Amerikaner, die ein ständiges Lösen aus sozialen Bindungen, aber auch ein umso stärkeres Verlangen nach „community“ zur Folge hat[69]. Besonders wichtig ist für unseren Zusammenhang jedenfalls, was sich daraus ergibt: „Da Soziabilität als normal gilt und der Normalitätsdruck stark ist, reichen die Folgen des abweichenden Verhaltens bis in die psychische Konstitution des einzelnen hinein[70].“

---

64 Dies gilt vor allem für *Lasswell*, Character, in The Writings, p. 506; Personality, p. 159 ff. Siehe *Freud*, Drei Abhandlungen zur Sexualtheorie, in Ges. Werke Bd. 5, 126. Vgl. auch Dieter *Wyss*, Die tiefenpsychologischen Schulen von den Anfängen bis zur Gegenwart, S. 382.

65 Dazu *Dahrendorf*, Die angewandte Aufklärung, S. 128.

66 Am bekanntesten geworden ist *Riesmans* „The Lonely Crowd“.

67 Peter R. Hofstätter, Gruppendynamik, S. 64.

68 Dieter *Oberndörfer*, Von der Einsamkeit des Menschen in der modernen amerikanischen Gesellschaft, S. 57.

69 *Dahrendorf*, a. a. O., S. 88 ff.

70 *Dahrendorf*, a. a. O., S. 102.

Es scheint, als ob die Lasswellsche Definition der psychischen Erkrankung als eines anti-demokratischen Phänomens gerade das voraussetzt, was sie rechtfertigen soll: eine Gesellschaft, in der kongeniale zwischenmenschliche Beziehungen und die Förderung schöpferischer Kräfte als „normal" angesehen werden, Abweichungen folglich als pathologisch zu klassifizieren sind. Lasswell ist nicht frei von Selbstwiderspruch, betont er doch immer wieder, daß die Verwirklichung der „positiven" Möglichkeiten der menschlichen Natur (der Begriff „Anlagen" wird in der Regel vermieden) auf der Förderung durch die Umwelt beruht[71]. Ist danach die psychische Entwicklung weitgehend eine Funktion der jeweiligen Kultur, so läßt sich kaum begründen, daß die Demokratie „gesünder" sei als eine Diktatur. Es werden nur je verschiedene Möglichkeiten der menschlichen Psyche realisiert. In der Tat wird kaum ein adäquates Verständnis des Totalitarismus erreicht, wollte man etwa die Deutschen im Dritten Reich als krank bezeichnen. Nach dem überkommenen Kriterium, an dem die psychische Gesundheit gemessen wird, nämlich dem Grad der Anpassung an die gesellschaftliche Wirklichkeit, hatten sich viele Deutsche außerordentlich gut angepaßt[72].

Wir haben oben bereits ausführlich dargelegt, daß Lasswell den wichtigsten Beitrag der Psychoanalyse zur Demokratie in der Erweiterung des Freiheitsbereiches erblickt[73]. Die Assoziationsmethode der Psychoanalyse bringt jene Daten über die menschliche Natur zum vollen Bewußtsein, die anderen Denkweisen unzugänglich sind. Damit wird es dem Menschen möglich, bisher unbewußt wirkende Faktoren bei der Lenkung seines Verhaltens einzuberechnen. Bewußtes Verhalten bedeutet aber gleichzeitig besseres Verhalten. Häufig sind die durch die Analyse ans Licht gebrachten, unbewußten Impulse mit den bewußten Zielen und Anschauungen des Menschen unvereinbar. Sie müssen daher verworfen werden. Indem sie jedoch zu Bewußtsein gekommen sind, ist ihnen viel von ihrer indirekt wirkenden Kraft im Kampf mit den demokratischen Wertvorstellungen genommen worden. Hierin liegt für Lasswell die therapeutische Bedeutung der Analyse[74]. So wie Dewey die

[71] Vgl. etwa *Lasswell*, The Future of Political Science, p. 228.

[72] In einem Brief aus dem Jahre 1928 schreibt *Freud:* „Es kommt wirklich vor, daß im Gegensatz zur gewöhnlichen Anordnung, nicht das triebhaft ‚Böse', Unzweckmäßige verdrängt ist, sondern vielmehr das Gewissen, die besondere Einsicht, das ‚Edlere'. Das scheint dynamisch gar keine Schwierigkeiten zu haben ..."; Brief an Oskar *Pfister* v. 25. 11. 1928; Sigmund Freud —Oskar Pfister, Briefe 1909—1939 S. 135 (136); zur Frage des Gewissens im Dritten Reich vgl. Hannah *Arendt*, Eichmann in Jerusalem, p. 134. Eichmann wurde von den psychiatrischen Gutachtern bestätigt, daß er völlig normal sei, darüber hinaus, daß seine Einstellung zu Frau und Kindern, Verwandten und Freunden „nicht nur normal, sondern höchst wünschenswert" genannt werden müsse; vgl. *Arendt*, op. cit., p. 22.

[73] Oben B I.

[74] *Lasswell*, Personality, p. 198.

Frage nach dem begehrenswerten Verhalten mit einer wissenschaftlichen Untersuchung der Gründe des Begehrens, der Mittel zu seiner Erreichung und seiner Folgen beantwortet, ist hier das Vertrauen auf die Wirkungen der Vernunft der Ausgangspunkt[75]. In beiden Fällen ist dabei eine Welt gesicherter Werte stillschweigend vorausgesetzt. Lasswells psychoanalytische Therapie kann bestenfalls bei solchen Menschen Erfolg haben, die schon „Demokraten" sind[76], denn nur sie würden solche Impulse und Motive, die sie als „undemokratisch" erkannt haben, verwerfen, und auch das bleibt zweifelhaft, denn Einsicht führt nicht notwendigerweise zu einem mit ihr übereinstimmenden Verhalten.

Damit soll nicht gesagt werden, daß Lasswells Konzept nicht eine gewisse Berechtigung zukommt, daß die Isolierung, daß „Neurosen" nicht etwa zur Entwicklung des totalen Staates beigetragen haben. Die Beurteilung und Bewertung sowohl politischer wie rechtlicher Phänomene läßt sich aber durchaus nicht auf Fragen der psychischen Entwicklung und Gesundheit reduzieren[77].

Zwei grundsätzliche Einwände gegen die Identifizierung von Demokratie und Gesundheit ergeben sich aus dem überkommenen Verständnis der Demokratie. Die Demokratie kennt keine Dogmatisierung der Wahrheit über das Wesen der Welt. Sie ist sich der Grenzen menschlicher Vernunft bewußt[78]. Dieser anti-dogmatische Charakter ist nicht nur gegen Weltanschauungen im überkommenen Sinne gerichtet, sondern ebenso gegen einen Wissenschaftsaberglauben, der durch die Isolierung welcher Formen der Welterkenntnis auch immer gerade das gefährdet, was die Väter der amerikanischen Verfassung in den Worten Brandeis' zu erreichen suchten: die Bürger in ihrem Glauben, Denken, Fühlen und Erleben zu schützen[79].

Der andere Einwand hängt damit eng zusammen. Denn Freiheit ist demgemäß im wesentlichen „Freiheit von". Womit in diesem Kontext lediglich gesagt wird, daß die Gestaltung des Lebens, das erstrebte Glück grundsätzlich nicht „objektiviert" werden, dem Bürger als einem Objekt staatlicher Verwaltung aufgezwungen[80], sondern von dem eigenverantwortlichen Subjekt frei zu wählen sind. In Lasswells Demokratie wird das Glück entscheidend festgelegt und manipuliert. Unter diesem Gesichtspunkt ist die Lasswellsche Demokratie weitgehend undemokratisch.

---

[75] Vgl. auch *Lasswell*, The Future of Political Science, p. 156.

[76] Vgl. *Crick*, p. 201, Note 1.

[77] Siehe auch *Crick*, p. 202 ff.

[78] Vgl. Giovanni *Sartori*, Democratic Theory, p. 409/410.

[79] Olmstead v. United States, 277 U. S. 438 (478) (1928); dazu oben A III 6 b) bb) a. E.

[80] *Sartori*, op. cit., p. 404.

Eine Beruhigung könnte sich allerdings daraus ergeben, daß die Grenze zwischen psychisch gesund und krank, normal und anormal, wie Lasswell selbst zugibt[81], außerordentlich schwer zu ziehen, mit rein „wissenschaftlichen" Kriterien kaum zu ermitteln ist[82], sondern im Gegenteil als Funktion der jeweiligen Kultur bestimmte Wertentscheidungen impliziert[83]. Aber, die dem Maßstab der „Normalität" inhärente Gefahr braucht kaum besonders erwähnt zu werden: wird „normales" Verhalten gefordert, ist normales Verhalten „gesund", so muß sich jeder wie jeder andere verhalten[84]. Dieses Problem wird von Lasswell gesehen, wenn er fragt, ob nicht in einer demokratischen Gesellschaft ein zu großes Maß an Konformität pathologischer sein kann als gewisse Abweichungen von den Mehrheitsanschauungen[85]. So wichtig ein solches Eingeständnis ist, bleibt zu fürchten, daß der Trend des Behaviorismus eine Eigengesetzlichkeit entwickelt, die schließlich dazu führt, daß der Mensch sich nur noch verhält, für jedes ursprüngliche menschliche Handeln kein Raum mehr bleibt[86].

Es gibt vor allem drei Gründe, die diese Befürchtung rechtfertigen.

(1) Über eine der Folgen der Kategorie der Gesundheit als Maßstab politischen Verhaltens kann kaum ein Zweifel bestehen: alle vom „Normalen" abweichenden Anschauungen werden zunächst als krankhaft verdächtigt. Dadurch wird der status quo gesichert, und es entfällt die Aufgabe, sich mit dem Inhalt z. B. revolutionärer Lehren auseinanderzusetzen. Für Lasswell ist ebenso wie für Freud Revolution unter anderem eine Verschiebung des Ödipus-Konflikts auf kollektive Objekte[87]. Die Beobachtung Philip Rieffs, die Psychoanalyse sei den Amerikanern deshalb so „kongenial", weil sie es ermögliche, den politischen Radikalismus als pathologisch zu diskreditieren, scheint nicht ganz abwegig zu sein[88]. Politisches Denken ist tödlich bedroht, wenn das Machtstreben solcher Menschen, die in ihrer Jugend durch schwere Entbehrungen gegangen sind, als Kompensationserscheinung, also unter pathologischen Gesichtspunkten, gesehen wird; während dasselbe Machtstreben glück-

[81] *Lasswell*, Impact, p. 102.

[82] Vgl. *Freud*, Abriß der Psychoanalyse, in Ges. Werke, Bd. 17, 125; *Brenner*, op. cit., p. 214.

[83] Vgl. auch *Lasswell*, Personality, p. 116.

[84] *Horwitz*, p. 295.

[85] *Lasswell*, Impact, p. 102; vgl. auch *Freedman*, op. cit., p. 52.

[86] Vgl. *Arendt*, Vita Activa, S. 315. Siehe auch *Bettelheims* Beobachtung: "Unfortunately decision making is a function which, like some nerves or muscles, tends to atrophy when it lies fallow. Or in terms of psychoanalytic theory, decision making is not just an ego function; on the contrary, it is the function that creates the ego and, once created, keeps it going and growing"; Bruno *Bettelheim*, The Informed Heart, p. 70.

[87] Vgl. *Lasswell*, Psychopathology, in The Writings, p. 180—182.

[88] Philip *Rieff*, Freud, The Mind of the Moralist, p. 267.

licherer Individuen als „zielbewußte Verwirklichung öffentlicher Ordnung“ zu klassifizieren ist[89].

(2) In einem Brief an Pfister hat Freud angedeutet, daß er die Psychoanalyse einem Stand zu übergeben wünsche, „der noch nicht existiert, einem Stand von weltlichen Seelsorgern, die Ärzte nicht zu sein brauchen und Priester nicht sein dürfen“[90]. Als Freud diesen Satz schrieb, hat er kaum vorausgesehen, daß der Laienanalyse betreibende Amerikaner Lasswell sich anschicken würde, einen solchen Stand zu gründen. Allerdings, Lasswells weltliche Seelsorger verzichten nicht auf das spezielle ärztliche Fachwissen, sie sind möglichst Psychiater und Politiker zugleich, „Sozialpsychiater“, oder als Spezialisten wichtige Glieder der die Demokratie beherrschenden Elite. Die Laien der freien Gesellschaft wählen Politiker und Ärzte[91].

Hier liegt der manipulative Aspekt, der die Identifizierung von Demokratie und Gesundheit so außerordentlich bedenklich erscheinen läßt. Ein politisches Gemeinwesen, in dem die Bürger zu dem status von Patienten degradiert sind, beschwört das herauf, was Rieff treffend als „das ausgeklügelste und feinste aller autoritären Konzepte“ bezeichnet hat: der Staat als Krankenhaus[92].

Zwei Befürchtungen liegen nahe, und beide versucht Lasswell zu zerstreuen. Erstens, die „Spezialistenelite“ der freien Gesellschaft wird in den Dienst nackter und „traditioneller“ Ausübung politischer Macht gestellt[93]. Zweitens, die Gesellschaft ständig manipulierter, behandelter Patienten verliert ihre Freiheit, weil sie es verlernt, von dieser Freiheit Gebrauch zu machen[94], denn der kluge Patient unterwirft sich dem Ratschlag seiner Ärzte.

Die erste Gefahr wird von Lasswell selbst gezeigt, indem er darauf verweist, daß Ingenieure und Wissenschaftler häufig in einer „latenten Sympathie“ für den Despotismus leben, weil dieser sie der Aufgabe enthebt, die Wissenschaft gegen „unwissende Narren“ zu verteidigen. Solchen gefährlichen Tendenzen läßt sich allerdings nach Lasswell durch angemessene Erziehungsmaßnahmen begegnen[95].

Was die Macht der Fachleute betrifft, so haben Lasswell und Arnold A. Rogow sich jüngst angeschickt, nachzuweisen, daß der Satz, Macht verderbe den Charakter, eine unzulässige Vereinfachung und ein Vor-

---

[89] So *Rogow* und *Lasswell*, Power, Corruption, and Rectitude, p. 35.

[90] Brief *Freuds* an *Pfister* v. 25. 11. 1928; Sigmund Freud—Oskar Pfister, Briefe 1909—1939, 135 (136).

[91] *Lasswell*, Personality, p. 146.

[92] *Rieff*, op. cit., p. 265.

[93] Vgl. *Rieff*, op. cit., p. 265; *Sartori*, op. cit., p. 408.

[94] Vgl. *Rieff*, op. cit., p. 265.

[95] *Lasswell*, The Future of Political Science, p. 177.

urteil sei. Die zur Rechtfertigung ihrer Widerlegung angeführten Fallbeispiele scheinen höchst willkürlich ausgewählt[96]. Im übrigen beweisen sie, was ohnehin kaum noch ernsthaft bestritten wird, daß nämlich Macht nicht ipso facto böse ist. Fassungslos macht allerdings der durch keine Lebenserfahrung begründete, dem gesunden Menschenverstand nicht evidente und durch wissenschaftliche Erkenntnis bisher kaum untermauerte „demokratische Optimismus“. Es spricht alles dagegen, daß in einem therapeutisch-manipulativen Staat die Freiheit erhalten bleibt.

Lasswells eigene Anschauungen geben genügend Ursache zur Beunruhigung. In seinem jüngsten Entwicklungsmodell der Vereinigten Staaten verzeichnet Lasswell, daß der Gebrauch von Drogen, Lügendetektoren und ähnlichen „technischen Hilfsmitteln“ bei der Aufklärung von Verbrechen, Beeinflussung und Behandlung der Bürger zunehmen wird. Rechtlicher Schutz gegen „Mißbrauch“ vorausgesetzt, scheint Lasswell nichts dagegen einzuwenden zu haben[97]. An anderer Stelle spricht er selbst mit größter Unbefangenheit von der möglichen Anwendung „narkotischer und hypnotischer Hilfsmittel“, um in der Gesellschaft etwa vorhandene Spannungen zu vermindern[98]. Wie gefährdet die Freiheit in Lasswells Demokratie sein kann, ist daran zu ermessen, daß selbst die von ihm grundsätzlich so positiv bewertete Liebe verurteilt wird, wenn sie ein allzu intensives und ausschließliches Band zu einem einzigen Individuum knüpft: „[D]iese exklusiven Paarungen können einen Rückzug vom vollen Funktionieren im Gemeinwesen darstellen[99].“ Wenn man das Prädikat „totalitär“ für solche Anschauungen vermeiden will, so besteht doch zumindest der Eindruck, daß hier Teufel mit Beelzebub ausgetrieben wird.

(3) Diese manipulativen Folgen ergeben sich zwangsläufig aus der Grundsituation der ausschließlich wissenschaftlichen Weltbetrachtung, wie etwa Hannah Arendt sie analysiert hat. Die moderne Verhaltenswissenschaft als ein Zweig der Naturwissenschaft nimmt bei der Betrachtung des Menschen einen Standpunkt ein, der in keiner Weise mehr mit der „condition humaine“ verbunden ist. Alles menschliche Handeln wird ebenso wie die Erde selbst vom archimedischen Punkt aus gesehen, d. h. von einem Punkt außerhalb der Erde[100]. Damit kann sich der

---

[96] *Rogow* und *Lasswell*, Power, Corruption and Rectitude, passim.

[97] *Rogow* und *Lasswell*, op. cit., p. 81.

[98] *Lasswell*, Personality, p. 200.

[99] *Lasswell*, Character, in The Writings, p. 500.

[100] *Lasswells* jüngstes Werk, „The Future of Political Science“, ist ein hervorragendes Beispiel für diese Haltung. Der kosmische Prozeß rückt in den Mittelpunkt des Interesses, es wird nicht ohne Enthusiasmus von der Züchtung höherer Lebewesen (höher als der Mensch) gesprochen; vgl. etwa *Lasswell*, op. cit., p. 5, 242; siehe auch schon *Lasswell*, The Political Science of Science, 50 The American Political Science Review 961 (1956).

Mensch aber nur noch als Partikel eines allumfassenden Prozesses verstehen, die Freiheit seines Handelns wird gar nicht mehr erfahren, alles Handeln ist Verhalten[101].

2. Die Wertlehre Lasswells und McDougals

a) Begründung der Werte

Zu den Grundlagen der Wertlehre Lasswells und McDougals gehört die Behauptung, ihre acht Werte repräsentierten empirisch vorgefundene, im übrigen nicht näher gerechtfertigte Begehren. Ein Wert ist für sie Objekt menschlichen Verlangens. Das heißt die Wertlehre Lasswells und McDougals soll im Sinne eines „objektiven Relativismus" verstanden werden. Daß ein Mensch etwas begehrt, daß das Begehrte für ihn einen Wert hat, ist eine tatsächliche, eine objektive Feststellung. Werte sind relativ, weil ihr Wertcharakter jeweils nur in bezug auf einen bestimmten Menschen oder eine Gruppe festgestellt werden kann[102]. Lasswell und McDougal verzichten auf jede das bloße Begehren transzendierende philosophische Begründung der Werte. Wenn sie daher eine „universale Ordnung der Menschenwürde" postulieren, in der eine umfassende Mitgestaltung und Teilhabe an den Werten für jedermann gesichert ist und in der Macht nicht durch Zwang, sondern durch Überzeugung ausgeübt wird, so scheint dieses Ziel rein dezisionistisch aufgestellt zu sein: jedermann wird bewußt überlassen, es „unter Bezugnahme auf die von ihm bevorzugte theologische oder philosophische Überlieferung zu rechtfertigen"[103].

Diesem scheinbaren Dezisionismus liegt zunächst die Überzeugung zugrunde, daß jede religiöse oder metaphysische Rechtfertigung die alten Barrieren zwischen den Weltanschauungen verstärken und damit der Verwirklichung einer Weltrechtsordnung entgegenstehen würde: der ungeachtet der philosophischen und theologischen Traditionen mögliche Konsensus über erstrebte Werte würde erschwert oder gar verhindert[104]. Dieser Konsensus erscheint als erreichbar, weil, ungeachtet der je verschiedenen Intensität des Begehrens einzelner Werte, Macht, Achtung, Wissen, Wohlhabenheit, Wohlbefinden, fachliches Können, Zuneigung und Rechtlichkeit überall und zu jeder Zeit Gegenstand des Verlangens sind[105].

---

[101] *Arendt,* a. a. O., S. 252 ff., 315 f.; vgl. auch *Jaspers,* Vom Ursprung und Ziel der Geschichte, S. 125.

[102] *Lasswell* und *Kaplan,* p. 16.

[103] *McDougal,* Studies, p. 16.

[104] *Lasswell* und *McDougal,* The Jurisprudence of a Free Society: Studies in Law, Sience, and Policy, Unveröffentlichtes, vervielfältigtes Manuskript, Part III, Chapter 2, p. 2.

[105] *Lasswell* und *Kaplan,* p. 56.

Dem „objektiven Relativismus" Lasswells und McDougals liegt gleichzeitig tiefer Skeptizismus gegenüber allem philosophischen, inbesondere metaphysischen und theologischen Denken zugrunde, das von ihnen in grobem Mißverständnis als deduktiv charakterisiert wird: Allgemeinheiten aus noch größeren Allgemeinheiten ableitend[106]. Da es der Philosophie und Theologie nicht gelungen sei, überzeugende Rechtfertigung von Wertvorstellungen zu geben, verzichten Lasswell und McDougal auf jede philosophische Reflexion. Sie anerkennen zwar, daß in ihren Postulaten traditionelles demokratisches[107], insbesondere amerikanisches[108] Gedankengut verkörpert ist, scheinen aber, wie etwa Arnold Brecht annimmt, nichts anderes zu wollen, als diese westliche demokratische Interpretation von Gerechtigkeit und Grundwerten als offen eingestandene Grundlage ihrer eigenen wissenschaftlichen Arbeit zu akzeptieren[109].

Der von Lasswell und McDougal erweckte Anschein, ihre Lehre sei Ausdruck eines „objektiven Wertrelativismus", trügt. Das Prädikat „objektiv" — Lasswells und McDougals Gebrauch dieses Begriffes vorausgesetzt — trifft zu, denn es wird der Versuch gemacht, die Werte empirisch-wissenschaftlich zu begründen. Der Relativismus aber ist nicht existent, denn das Postulat einer universalen Ordnung der Menschenwürde wird aus der Natur des Menschen begründet. Das Wertdenken Lasswells und McDougals unternimmt eine „wissenschaftlich" gemeinte Rechtfertigung des Naturrechts[110]. Die Richtigkeit dieser These ergibt sich schon aus den vorhergehenden Erörterungen zum Verhältnis von Demokratie und Gesundheit. Sie soll im folgenden näher expliziert werden.

Werte sind nach Lasswell und Kaplan das Ergebnis von Wertungsakten und als solche unmittelbarer Ausdruck der Persönlichkeit, des Charakters eines Menschen[111]. Insofern unterscheiden sie sich von Individuum zu Individuum und von Kultur zu Kultur. Es gibt allerdings auch Ähnlichkeiten in Motiven, Leidenschaften und Begehren[112]. Diese Ähnlichkeiten sind für ein universales, auf der Menschenwürde aufbauendes Ordnungssystem von ausschlaggebender Bedeutung. Nach Lasswells Ansicht hat die Erforschung der menschlichen Persönlichkeit gezeigt, welche wichtige Rolle unzureichende Selbstachtung bei der Entstehung von Krankheiten, insbesondere als Ursache des menschlichen

---

[106] *Lasswell*, Personality, p. 202; *McDougal*, Studies, p. 54.

[107] *McDougal*, op. cit., p. 53.

[108] *Lasswell*, National Security and Individual Freedom, p. 50.

[109] Arnold *Brecht*, Politische Theorie, S. 657.

[110] Vgl. auch den Ansatz einer ähnlichen Interpretation *Lasswells* bei David *Easton*, Harold Lasswell: Policy Scientist for a Democratic Society, 12 Journal of Politics 450 (454) (1950).

[111] *Lasswell* und *Kaplan*, p. 17.

[112] *Lasswell* und *Kaplan*, p. 56.

Zerstörungsdranges, spielt[113]. Jede Krankheit ist eine Funktion der zwischenmenschlichen Beziehungen, die es dem einzelnen nicht erlauben, genügende Selbstachtung zu entwickeln[114]. Kongeniale und schöpferische Beziehungen sind die Voraussetzung einer gesunden (nicht „verzerrten") Persönlichkeitsentwicklung[115]. Daraus folgt, daß die menschliche Natur Achtung, Kongenialität, Freiheit fordert. Für sich fordert, wie man bemerken muß. Hieraus ergibt sich denn auch sofort der Einwand Brechts: „Aber wenn nicht bewiesen werden kann, daß mit diesem universalen Verlangen nach Selbstachtung ein paralleles ebenso universales Gefühl zusammengeht, daß wir dieses Verlangen auch bei anderen achten sollten, so wäre nicht mehr bewiesen, als daß seine Nichtberücksichtigung Groll und Ärger und vielleicht Widerstand und Revolution hervorrufen wird[116]." Lasswell und McDougal würden wahrscheinlich entgegnen, daß damit schon sehr viel bewiesen ist. Aber sie begnügen sich gar nicht mit einer egozentrischen Interpretation der menschlichen Natur, der Mensch verlangt nicht nur Achtung für sich, sondern es ist ebenso in seiner Natur begründet, den anderen mit Achtung zu begegnen, ihre Menschenwürde anzuerkennen.

Lasswell und McDougal sprechen selbst aus, daß sie nichts weniger als eine wissenschaftliche Rechtfertigung demokratischen Naturrechts geben wollen: „Die Menschen müssen wissen, wie man demokratische Lehren rechtfertigen kann. Man kann von ihnen nicht erwarten, daß sie trotz aller Enttäuschungen, die das Leben ihnen bereitet, trotz aller Ernüchterung, demokratischen Idealen die Treue bewahren, ohne daß sie eine Kenntnis der tatsächlichen Möglichkeiten des Menschen haben, schöpferische und kongeniale zwischenmenschliche Beziehungen zu unterhalten." Die Sehnsüchte „empfindsamer Geister", nämlich der „Dichter und Propheten menschlicher Brüderlichkeit", „werden unterstützt durch das moderne Arsenal von Tatsachen über die wohlwollenden Kräfte (benevolent potentialities) der menschlichen Natur ..."[117].

Diese demokratische menschliche Natur ist darauf angelegt, mit anderen zu teilen, sie will nichts monopolisieren, insbesondere erstrebt sie nur in geringem Maße Macht um der Macht willen. Daraus ergibt sich auch, daß sie nicht monoman auf die Verfolgung eines einzigen Wertes ausgerichtet ist, sondern unter individueller Akzentuierung alle acht Werte erstrebt[118]. Kurz: die Forderung der Menschenwürde, die umfas-

---

[113] Siehe *Lasswell*, The Analysis of Political Behaviour, p. 15.

[114] Siehe *Lasswell*, Personality, p. 161/162.

[115] Siehe *Lasswell*, op. cit., p. 112.

[116] *Brecht*, a. a. O., S. 657.

[117] *McDougal*, Studies, p. 69.

[118] *Lasswell*, Character, in The Writings, p. 497.

sende Mitgestaltung und Teilhabe an allen Werten für jeden, ist in der menschlichen Natur selbst gegründet. Obwohl Lasswell und McDougal immer wieder den Eindruck erwecken, als seien ihre Wertvorstellungen das Produkt letztlich nicht näher begründeter Entscheidungen, trifft dies nicht zu. In der Nachfolge Deweys versuchen sie eine wissenschaftliche Rechtfertigung von Wertentscheidungen[119].

Dies gilt allerdings nur mit einer Einschränkung. Lasswell und McDougal denken nicht daran, ihr grundlegendes Postulat, menschliche Freiheit, im Lichte entgegenstehender wissenschaftlicher Erkenntnisse zu ändern. Sie sind lediglich bereit, die Methoden der Verwirklichung dieses Postulats dem wissenschaftlichen Fortschritt anzupassen[120]. Insofern enthält diese Wertlehre tatsächlich ein dezisionistisches Element, das aber kaum überbewertet werden darf, denn für den gegenwärtigen Stand der Wissenschaft glauben sie annehmen zu können, daß ihre Forderung durch empirisch-wissenschaftliche Erkenntnisse untermauert wird. Andererseits zeigt die Bemerkung eindeutig, daß hier ein bestimmter Maßstab absolut gesetzt wird. In diesem Sinne steht das Ganze sehr viel klarer und bestimmter als der Realismus in der Naturrechtstradition[121]. Es ist denn auch bezeichnend, daß Lasswell und McDougal nicht jedes beliebige Begehren anerkennen (im Grunde ist das gesamte System ein einziger großer Angriff gegen das „pleasure of malevolence“) und daß sie sich weigern, ihre Werte einem Plebiszit zu unterwerfen[122]. Hierzu sind die folgenden Anmerkungen zu machen.

(1) Es klingt bei Lasswell und McDougal an, daß die bloße Tatsache des universalen Begehrens genügt, um ihren acht Werten und dem Konzept der Menschenwürde eine verpflichtende Kraft zu geben. Dazu muß zunächst gesagt werden, daß es bereits zweifelhaft ist, in welchem Maße die acht Werte wirklich universal begehrt werden. Wäre es auch möglich, jede Ausdrucksform des Menschen unter eine der Wertkategorien zu subsumieren, so bliebe die inhaltliche Unterschiedenheit dieser Ausdrucksformen doch so groß, daß ihr gegenüber die Klassifizierung als Streben nach „Wissen“, oder selbst „Wohlbefinden“ einen rein formalen, nichtssagenden Charakter annimmt.

Weiter folgt aus der bloßen Tatsache, daß etwas begehrt wird, nicht, daß ihm ein „Wert“ zukommt, daß es auch begehrenswert sei („pleasure of malevolence“). Ein Eingehen auf diese Problemstellung würde eine

---

119 Vgl. die interessanten Bemerkungen bei *Rogow* und *Lasswell*, Power, Corruption, and Rectitude, p. 114/115.

120 *Lasswell* und *McDougal*, op. cit. (oben Anm. 104).

121 Vgl. A. P. *d'Entrèves*, The Case for Natural Law Re-Examined, 1 Natural Law Forum 5 (46) (1956).

122 *Lasswell* und *McDougal*, op. cit. (oben Anm. 104).

Auseinandersetzung mit der gesamten Tradition des britischen Empirismus notwendig machen, die hier nicht gegeben werden kann. Insoweit bieten Lasswell und McDougal der rechtsphilosophischen Diskussion auch keinerlei neue Gesichtspunkte.

Brecht hat darauf hingewiesen, daß ein Begehren noch keinen Schluß darauf zuläßt, daß für andere dasselbe begehrt wird[123]. Mit Hobbes ist hinzuzufügen, daß gerade die umgekehrte Folgerung viel für sich hat: aus den gleichgerichteten Zielen der Menschen folgt ihre Feindschaft[124].

(2) Ganz unhaltbar ist die These Lasswells und McDougals, das Postulat der Menschenwürde einmal aufgestellt, könne dessen Rechtfertigung der jeweiligen philosophischen oder theologischen Überlieferung eines jeden überlassen bleiben. Sollte dies möglich sein, so müßte entweder Lasswells und McDougals Konzept der Menschenwürde völlig inhaltsleer sein oder aber die metaphysischen Überlieferungen. Die umfassende Mitgestaltung und Teilhabe an den Werten ist nun aber wenigstens der Intention nach ein inhaltliches Konzept. Begründung und Inhalt philosophischer und theologischer Erkenntnisse hängen aber so eng zusammen, daß sich der Satz Lasswells und McDougals nicht verteidigen läßt.

(3) Soweit Lasswell und McDougal eine „wissenschaftliche" Begründung ihrer Wertvorstellungen versuchen, mag es genügen, noch einmal hervorzuheben, daß die Lasswellsche Auffassung von der „Soziabilität" des Menschen nur von einer ganz bestimmten Schule innerhalb der Tiefenpsychologie unterstützt wird. Es erscheint als überaus fragwürdig, aus so wenig gesicherten Hypothesen so weitgehende Schlußfolgerungen zu ziehen, wie dies bei Lasswell und McDougal der Fall ist, und diese Folgerungen (etwa über die Demokratie als Voraussetzung der Gesundheit und die Gesundheit als Voraussetzung der Demokratie) zu verfassungspolitischen Theoremen zu machen.

(4) Lasswell und McDougal haben allerdings immer wieder hervorgehoben, daß es ihnen nicht so sehr um die Wertvorstellungen als solche geht, sondern daß das entscheidend Neue die Methoden der Konkretisierung solcher Wertvorstellungen sind. Ihnen kommt in der Tat das Verdienst zu, immer wieder die Rolle des Rechts als Mittel der Verwirklichung von Wertvorstellungen betont zu haben[125]. Im übrigen haben wir zwei Methoden der Realisierung demokratischer Wertvorstellungen oben näher untersucht, die Propaganda und die Sozialpsychiatrie der Demokratie. Beiden muß mit äußerster Skepsis, dem „Krankenhaus" mit eindeutiger Ablehnung begegnet werden.

---

[123] *Brecht*, a. a. O., S. 657.

[124] *Hobbes*, Leviathan, ch. 13.

[125] Vgl. auch die insoweit positive Stellungnahme von Samuel Enoch *Stumpf*, L'Elément nouveau dans la philosophie américaine du droit, Archives de Philosophie du Droit, 1960, 177 (184).

Jaspers hat den Gegensatz in aller Schärfe formuliert: „Der im Menschen verborgene Haß wird als grenzenloser, totaler Zerstörungswille mächtig. Aus solchen Ingredienzen (Paradieseszauber, Lust an der Gewalt, nihilistischer Haß totalen Vernichtungswillens) setzt sich der Trank zusammen, der in der freien Welt von nicht wenigen getrunken wird. So geschieht die Vorbereitung der Menschen zu dem Wahnsinnsakt, sich hineinzustürzen in den Abgrund. In uns selber liegen die Mängel, ohne die das Totalitäre nicht die Propagandakraft hätte. Diese Gefahr aber gehört zur freien Welt. Sie muß gewagt und bestanden, sie darf nicht eingeschränkt werden, wenn in der freien Welt der Mensch sich selber finden und das Recht dieser Welt bezeugen soll[126].“

b) Die acht Werte

Die von den Menschen erstrebten Werte sind Macht, Achtung, Rechtschaffenheit, Zuneigung, Wohlbefinden, Wohlhabenheit, fachliches Können, Wissen. Die ersten vier werden als die Werte des „Beachtetwerdens“ zusammengefaßt, die anderen unter den Begriff „Wohlfahrtswerte“ subsumiert. Obwohl die Bedeutung der Unterscheidung niemals expliziert, eine Rangordnung eher verneint wird[127], ist die erste Gruppe als die wichtigere anzusehen, denn „der Grundwert der Demokratie ist die Verwirklichung der Menschenwürde in einem auf gegenseitiger Achtung errichteten Gemeinwesen“[128]. Berücksichtigt man außerdem das von Lasswell und McDougal vorausgesetzte starke Verlangen der Menschen nach Achtung und Zuneigung und die hervorragende Rolle, die beide Faktoren für die Gesundheit der Demokratie spielen[129], so kann kein Zweifel daran bestehen, daß den Werten des „Beachtetwerdens“ gegenüber den Wohlfahrtswerten eine primäre Bedeutung zukommt.

Da die Menschenwürde beachten nach Lasswell und McDougal heißt, jedem die Möglichkeit einer umfassenden Mitgestaltung und Teilhabe an den Werten zu eröffnen, liegt der Gedanke nahe, versuchsweise die Werte als „Grundrechte“ zu formulieren. Dieser Versuch erscheint um so gerechtfertigter, als Lasswell und McDougal, wie gezeigt, selbst auf die Tradition verweisen, oder Lasswell seine Grundwerte mit dem Recht auf „life, liberty, and the pursuit of happiness“ der „Declaration of Independence“ gleichsetzt[130]. Man darf die Grundrechte dann allerdings nicht als ausschließlich gegen den „Staat“ gerichtet verstehen, als negative Abwehrrechte, sondern muß sie als eine alle Beziehungen unter Menschen gestaltende Lebensordnung auffassen. Das Rechtsleben wird

---

[126] *Jaspers*, Die Atombombe und die Zukunft des Menschen, S. 165.
[127] *Lasswell* und *Kaplan*, p. 55/56.
[128] *McDougal*, Studies, p. 59.
[129] Vgl. etwa *Lasswell*, The Analysis of Political Behaviour, p. 17.
[130] *Lasswell*, National Security and Individual Freedom, p. 50.

als ein Prozeß gesehen, dessen Teilnehmer Werte verfolgen. Jedes rechtlich relevante Verhalten ist immer darauf zu prüfen, ob es dazu beiträgt, die umfassende Mitgestaltung und Teilhabe an den Werten zu fördern[131].

Die Formulierung der Grundwerte Lasswells und McDougals in Rechtssätzen eines Grundrechtskatalogs würde etwa dazu führen, die Forderung nach einer umfassenden Mitgestaltung und Teilhabe an den Werten für jeden als im Gleichheitssatz verkörpert zu sehen, der zum Teil ebenfalls den Grundwert der Achtung realisiert. Dieser Grundwert findet seinen Ausdruck in Postulaten wie „Unantastbarkeit der Menschenwürde" oder im Grundrecht der freien Entfaltung der Persönlichkeit sowie derjenigen Rechte, die die Intimsphäre schützen. Die „Rechtschaffenheit" ist nur mit großer Mühe zu interpretieren. Ihr korrespondieren zumindest teilweise die verfassungsrechtliche Anerkennung des Sittengesetzes, die Glaubens- und Gewissensfreiheit, die Gewährleistung der ungestörten Religionsausübung[132]. „Zuneigung" zu finden wird dem einzelnen durch den Gleichheitssatz, durch den Schutz von Ehe und Familie ermöglicht. Die Macht ist den politischen Gestaltungs- und Freiheitsrechten äquivalent. Die Teilnahme am „Entscheidungsprozeß" wird eröffnet durch das aktive und passive Wahlrecht, die Freiheit der Parteien, die Versammlungs- und Vereinigungsfreiheit, das Recht auf freie Meinungsäußerung, die Informationsfreiheit, das Petitionsrecht, den Grundsatz rechtlichen Gehörs und die Freiheit der Person. Dem Wissen dienen das Schulwesen, die freie Wahl der Ausbildungsstätte, die Freiheit der Wissenschaft, Forschung und Lehre, die Meinungs- und Informationsfreiheit. Durch diese Grundrechte und die freie Berufswahl wird auch die Ausbreitung „fachlichen Könnens" gefördert. Das Recht auf Leben und körperliche Unversehrtheit, aus dem Gleichheitssatz abgeleitete Fürsorgeansprüche sind Ausdruck des Wertes, den das „Wohlbefinden" für den Menschen hat. Das Streben nach allgemeinem wirtschaftlichen Wohlstand schließlich wird mit dem Eigentum, dessen Sozialbindung und der Berufsfreiheit garantiert.

Dieser Versuch, den „Werten" Lasswells und McDougals einen konkreteren und wohl auch den intendierten rechtlichen Inhalt zu geben[133], zeigt mit aller Deutlichkeit: die Werte sind so abstrakt formuliert, daß man mit ihnen ohne solche „Auffüllung" gar nichts anfangen kann[134].

---

[131] Vgl. etwa *McDougal*, Law as a Process of Decision: A Policy-Oriented Approach to Legal Study, 1 Natural Law Forum 53 (67) (1956).

[132] Vgl. *McDougal*, Studies, p. 18.

[133] Zur Interpretation der Werte vgl. *Lasswell*, Character, in The Writings, p. 476 ff.

[134] Vgl. auch Herbert L. *Packer*, Review of Richard Arens and Harold D. Lasswell, In Defense of Public Order: The Emerging Field of Sanction Law, 29 The University of Chicago Law Review 586 (1962).

Das heißt: von einer Konkretisierung im wirklichen Sinne kann keine Rede sein, denn es gibt nichts, was man konkretisieren könnte. Zu der von Lasswell und McDougal immer wieder geforderten „Klärung der Wertvorstellungen“ in Politik und Rechtswissenschaft trägt diese Wertlehre ebensowenig bei wie die vagen Formulierungen der Realisten. Auf welche Weise der Grundwert der Menschenwürde zu konkretisieren ist, wie in einem Konfliktsfall zwischen verschiedenen Werten entschieden werden soll (also in der Situation, die man herkömmlicherweise Interessenkonflikt nennt), was „Gemeinschaftswerte“ sind, deren Gefährdung zu einer Einschränkung der Freiheit führen muß[135], dafür sind kaum Anhaltspunkte zu finden[136]. Die der Mehrdeutigkeit geziehene Überlieferung der politischen Philosophie (und sie ist in der Tat mehrdeutig) scheint insoweit genauer und präziser zu sein als Kategorien von solcher Unbestimmtheit wie „Macht“, „Achtung“, „Zuneigung“ und „Rechtschaffenheit“.

Der Wert der „Rechtschaffenheit“ ist für jedes rechtstheoretische Denken von besonderem Interesse. Zunächst fällt auf, daß Rechtschaffenheit (rectitude) ganz im Gegensatz zu Macht, Achtung, Zuneigung, Wohlbefinden, Wohlhabenheit, fachlichem Können und Wissen kein „Gegenstand“ ist, den man besitzen, den man „haben“ kann, sondern eine Eigenschaft, etwas, was man sein kann. Kurz: man hätte in dieser Reihe eher die „Gerechtigkeit“ erwartet, die zwar auch kaum ein Gegenstand des Besitzes ist, die aber dennoch einem Begriff wie „Macht“ sehr viel eher korrespondiert als die „Rechtschaffenheit“. Der Grund hierfür ist in dem subjektivistischen Verständnis der Werte zu suchen.

Was bedeutet „Rechtschaffenheit“? Lasswell bietet verschiedene Definitionen: Rechtschaffenheit ist der Wert der Moral, der Moralität[137]; sie umfaßt die moralischen Werte, „virtue, goodness, righteousness“[138]; sie ist das Verantwortungsgefühl bezüglich der Verwirklichung einer freien, auf der Menschenwürde errichteten Gesellschaftsordnung[139].

Der Wert der Rechtschaffenheit gibt im System des Lasswellschen Denkens einige Rätsel auf. Man sollte vermuten, daß gerade „virtue, goodness, righteousness“ der Maximalverwirklichung häufig im Wege stehen, eher hinderlich als förderlich sind. Innerhalb des Systems liegt der Schluß nahe, daß Rechtschaffenheit nur dann erstrebt wird, wenn

---

[135] *Lasswell*, op. cit., p. 477.

[136] Vgl. auch *Packer*, op. cit., p. 589; ebenfalls Richard A. *Falk*, Review of Myres S. McDougal and Florentino P. Feliciano, Law and Minimum World Public Order, 8 Natural Law Forum 171 (182) (1963).

[137] *Lasswell*, Personality, p. 17.

[138] *Lasswell* und *Kaplan*, p. 56.

[139] *Lasswell*, Character, in The Writings, p. 477; *McDougal*, Studies, p. 35.

sie der Maximalverwirklichung dient. Diese Folgerung wird von Lasswell selbst unterstützt, wenn er sagt, daß im Rufe der Rechtschaffenheit zu stehen, oft eine Grundlage der Macht ist. „Der Ruf moralischer Integrität bedeutet für viele politische Karrieren einen entscheidenden Schritt vorwärts ..." Andererseits gibt es Karrieren, die durch den Ruf der Skrupellosigkeit gefördert worden sind[140]. Horwitz sieht hinter solchen Formulierungen ein rein instrumentales Verständnis der Rechtschaffenheit: Rechtschaffenheit als Mittel der Maximalverwirklichung (und wenn die Umstände es erfordern: Skrupellosigkeit)[141]. Diese Folgerung geht dennoch zu weit, sie steht zu offenbar im Widerspruch zu den übrigen Postulaten Lasswells und McDougals[142]. Horwitz' Schluß ist freilich verständlich, denn Lasswells und McDougals Äußerungen über den Wert der Rechtschaffenheit sind in einem Maße unklar, das kaum zu übertreffen ist.

Um die „Rechtschaffenheit" zu erfassen, bedarf es der Hinzuziehung der Psychoanalyse, denn hinter ihr verbirgt sich nichts anderes als das Über-Ich Freuds. Dies klingt an in der Definition der Rechtschaffenheit als „Verantwortungsgefühl" oder wenn davon gesprochen wird, daß Rechtschaffenheit auf jenes subjektive Geschehen bezogen sei, das in der Forderung des Ichs eines Individuums besteht, verantwortlich zu handeln, d. h. die Folgen des Handelns in Erwägung zu ziehen[143].

Nach Freud ist das Über-Ich jene besondere Instanz des Ichs, die den Einfluß von Eltern, Erziehern und öffentlichen Vorbildern fortsetzt, es repräsentiert die Vergangenheit und ist die Ursache aller Schuldgefühle, die aus dem Konflikt zwischen Wünschen oder Verhalten und der Autorität des Über-Ichs entstehen[144].

Nimmt man an, daß Lasswells „Rechtschaffenheit" und Freuds Über-Ich dasselbe sind, so erklärt sich mit Leichtigkeit, warum Lasswell im Zusammenhang mit der Rechtschaffenheit immer wieder auf Elternhaus und Kirche als die Orte zurückkommt, an denen dieser Wert vornehmlich „gestaltet" wird[145], oder warum er von den durch die Diskrepanz zwischen Verhalten und Rechtschaffenheit im Persönlichkeitssystem erzeugten Schuldgefühlen spricht[146].

---

[140] *Lasswell*, Personality, p. 29.

[141] *Horwitz*, p. 261/262.

[142] Vgl. etwa *Rogow* und *Lasswell*, Power, Corruption and Rectitude, p. 65.

[143] Richard *Arens* und Harold D. *Lasswell*, In Defense of Public Order, p. 165.

[144] *Freud*, Abriß der Psychoanalyse, in Ges. Werke, Bd. 17, 69; Das Unbehagen in der Kultur, in Ges. Werke, Bd. 14, 484.

[145] Vgl. *Lasswell*, Personality, p. 17; *Rogow* und *Lasswell*, op. cit., p. 113 ff.

[146] *Rogow* und *Lasswell*, op. cit., p. 115.

Aus dieser Identifizierung von Rechtschaffenheit und Über-Ich ergibt sich, daß Rechtschaffenheit nicht so sehr etwas ist, was erstrebt wird, als vielmehr etwas, das sich nicht vermeiden läßt: ein Über-Ich entwickeln wir alle. Damit wird auch der subjektive Charakter der „Rechtschaffenheit“ verständlich, wir müssen sie jetzt jedoch eher als einen Teil des „psychischen Apparats“ denn als eine Eigenschaft bezeichnen. „Subjektiv“ ist die Rechtschaffenheit allerdings nur in eben diesem Sinne als Teil des psychischen Apparats, im übrigen verkörpert sie gerade die Objektivität, nämlich die Normen der Gesellschaft. Solange daher die Wertvorstellungen eines durch das Leitbild der Menschenwürde bestimmten öffentlichen Ordnungssystems nicht zu einem Bestandteil dieses Über-Ichs geworden sind, ist sie als Maßstab des Verhaltens eine quantité négligeable. Aber auch als Verkörperung dieser Weltanschauung registriert sie lediglich außer ihrer bestehende Wertvorstellungen. Erhoffen wir uns von einer Analyse der „Rechtschaffenheit“ Aufschluß über das Wesen der Gerechtigkeit, so ist das Ergebnis negativ. Es ist zwar höchst wünschenswert, daß die Menschen sich den Forderungen der Menschenwürde konform verhalten, über diese Forderungen selbst sagt uns die „Rechtschaffenheit“ aber nichts. Als Maßstab menschlichen Handelns kann sie ersatzlos gestrichen werden, in der Liste der Wertkategorien ist sie überflüssig.

II. Rechtswissenschaft als politische Wissenschaft

In „The Future of Political Science“ hebt Lasswell hervor, daß die Geschichte der Beziehungen zwischen politischer Wissenschaft und Jurisprudenz die Geschichte einer immer engeren Verbindung beider Disziplinen sei[1]. Es kann kaum ein Zweifel daran bestehen, daß politische Wissenschaft und Rechtswissenschaft für Lasswell und McDougal in allen wesentlichen Aspekten identisch sind.

Dies bedeutet zunächst, daß die Rechtswissenschaft als ein Teil der politischen Wissenschaft aufgefaßt wird[2]. Mit dieser hat sie den Gegenstand, die Aufgabe und die Methode gemeinsam. Unterschiede bestehen lediglich in Details.

Gegenstand der politischen Wissenschaft ist für Lasswell, wie wir gesehen haben, der Prozeß politischer Zielsetzung, d. h. der Prozeß, in dem die Entscheidungen über die Güterverteilung in der Gesellschaft gefällt werden. Diese politischen Entscheidungen stehen aber auch, wie vor allem die Realisten betont hatten, im Mittelpunkt juristischer Betrachtung. Als eine Disziplin, die der politischen Orientierung nicht entrinnen kann, sucht die politische Wissenschaft nach Lasswell Problemlösungen, die mit den Forderungen der Menschenwürde vereinbar sind[3]. Ebenfalls eine problemlösende Wissenschaft ist die Jurisprudenz[4], die sich als wertorientierte Rechtslehre an dem Grundwert der Menschenwürde ausrichtet[5].

Die Aufgabe, Probleme zu lösen, stellt der Wissenschaft von der Politik und der Rechtswissenschaft gleichermaßen fünf spezielle Erkenntnisaufgaben, die nichts anderes als Ausprägungen der konfigurativen Methode politischer Analyse sind: sie klären die politischen Ziele, bestimmen historische Trends, konstatieren Bedingungen und Kausalzusammenhänge, sagen Entwicklungen voraus und stellen politische Alternativen auf[6].

---

[1] *Lasswell*, The Future of Political Science, p. 38, 193.
[2] *Lasswell*, op. cit., p. 196.
[3] *Lasswell*, op. cit., p. 1—2, 38—39.
[4] *Lasswell*, op. cit., p. 40.
[5] *McDougal*, Law as A Process of Decision: A Policy-Oriented Approach to Legal Study, 1 Natural Law Forum 53 (67) (1956); *Lasswell*, The Interplay of Economic, Political and Social Criteria in Legal Policy, 14 The Vanderbilt Law Review 451 (452) (1961).
[6] *Lasswell*, The Future of Political Science, p. 2, 40.

Der Unterschied zwischen ihnen beschränkt sich darauf, daß jeweils andere Aspekte des Gesamtprozesses betont werden, der Jurist insbesondere ein Spezialist für die technische Sprache des Rechts ist[7].

Diese weitgehende Identifizierung von politischer Wissenschaft und Jurisprudenz war von vornherein im Denken sowohl Lasswells wie des Realismus angelegt. Sah man mit den Realisten richterliche Entscheidungen als dem gesellschaftlichen Zusammenhang verhaftet an, so konnte die Beurteilung rechtlicher Prozesse nicht mehr von diesem Zusammenhang abstrahieren. Man war zu einer „konfigurativen Analyse“ gezwungen.

Man könnte allerdings für Lasswells Denken das Verhältnis von politischer Wissenschaft und Rechtswissenschaft genau umkehren, d. h. nicht die Rechtswissenschaft als Teil der politischen Wissenschaft verstehen, sondern diese umgekehrt der Rechtswissenschaft unterordnen. Die politische Wissenschaft von der Demokratie mußte notwendigerweise zu einer „wertorientierten Rechtslehre“ werden. Dies beruht einerseits auf ihrem Rechtsverständnis und andererseits auf dem „manipulativen“ Aspekt des Lasswellschen Systems. Letzteres ist unmittelbar einsichtig.

Eine politische Wissenschaft, die unter der drängenden Erkenntnis steht, daß das Hobbesianische Problem auf nationalstaatlicher und weltweiter Ebene einer Lösung zugeführt werden muß, daß es gilt, ein demokratisches Äquilibrium zu schaffen, mußte sich notwendigerweise immer mehr für das Recht als das traditionelle Mittel zur Verwirklichung politischer Ziele interessieren. Insoweit freilich ist das Recht bloßes Mittel zum Zweck, und es könnte noch nicht von der politischen Wissenschaft als Bestandteil der Rechtswissenschaft gesprochen werden.

Unter den pragmatisch-realistischen Denkern war Bentley derjenige, der am eindeutigsten von einem Zusammenhang zwischen Recht und Politik ausging, Recht und „government“ waren für ihn dasselbe, nur von verschiedenen Blickwinkeln aus betrachtet. „Das Recht ist ... Tätigkeit von Menschen, ... die eine bestimmte gesellschaftliche Form angenommen hat[8].“ Interessierte man sich nicht in erster Linie für das fertige Ergebnis, „das Recht“, sondern für den Prozeß der Rechtssetzung, so war es nur natürlich, dieses Konzept noch weiter auszudehnen und alle menschliche Tätigkeit, insbesondere soweit sie „Symbole“ schafft, als einen umfassenden Vorgang der Rechtssetzung anzusehen. So spricht Lasswell von der Rechtssetzung als der Entdeckung von Symbolen, denen es gelingt, menschliches Verhalten so zu beeinflussen, daß eine dauernde Ordnung möglich wird. Jeder, der solche Symbole schaffen

---

[7] *Lasswell*, op. cit., p. 196.

[8] *Bentley*, The Process of Government, p. 276.

hilft, verdient die Bezeichnung „Gesetzgeber“[9]. Lasswell folgt mit diesem Verständnis des gesellschaftlichen Lebens als eines permanenten Rechtssetzungsprozesses Jordans „Theory of Legislation“. In dem 1930 erschienenen Buch hatte Jordan Rechtssetzung als alle aktiven Aspekte des menschlichen Lebens umfassend definiert, d. h. auf alle Stadien der Wirklichkeit erstreckt, mit denen die Verfolgung von Zwecken in irgendeiner Weise verflochten ist[10]. Ebenso schreibt Lasswell in „The Future of Political Science“, Recht werde durch die sich ständig ändernden Anschauungen und Erwartungen der Wirtschaft, in der täglichen Routine des Familienlebens und mittels jeder institutionalisierten Aktivität innerhalb des Gesellschaftsprozesses geschaffen. „In der Tat ist es keinem Glied der Gesellschaft möglich, aus diesem Rechtssetzungsprozeß auszuscheiden, ohne das Leben selbst zu verlassen[11].“

Politische Wissenschaft als Rechtslehre ist eine ebenso unentrinnbare Notwendigkeit wie der Gesellschaftsprozeß. Da die Anschauungen der Gesellschaft den Entscheidungsprozeß beeinflussen, sich „rechtsetzend“ auswirken, hat die politische Wissenschaft selbst legislatorischen Charakter. Diese Erkenntnis liegt neben den unmittelbar politischen Erwägungen dem Impetus zugrunde, mit dem Lasswell eine „demokratische“ Wissenschaft von der Politik fordert und mit dem er sich einer wertorientierten Rechtslehre zugewandt hat.

---

[9] *Lasswell*, World Politics and Personal Insecurity, p. 237.

[10] E. *Jordan*, Theory of Legislation, p. 46.

[11] *Lasswell*, The Future of Political Science, p. 199/200; vgl. auch *Arens* und *Lasswell*, In Defense of Public Order, p. 10.

III. Recht als autoritativer und effektiver Entscheidungsprozeß

1. Recht vom wissenschaftlichen Standpunkt aus betrachtet

Bernard Crick wirft Lasswell vor, er unterscheide nicht zwischen Macht und Autorität und vermeide daher das Problem der Legitimität[12]. Diese Kritik ist zum Teil unberechtigt und erklärt sich nur aus der fehlenden Auseinandersetzung Cricks mit dem Rechtsdenken Lasswells und McDougals[13].

Um einen Rechtsbegriff zu gewinnen, der „rationaler Forschung adäquat" ist, muß Lasswell und McDougal gemäß eine sich der politisch-wissenschaftlichen Methode bedienende Rechtswissenschaft zwischen dem Standpunkt des unvoreingenommenen Beobachters und demjenigen des zur Entscheidung Berufenen differenzieren. Wenn letzterer von „Recht" spricht, so rechtfertigt er eine in der Regel rechtspolitisch motivierte Entscheidung unter Bezugnahme auf das „geltende Recht". Erklärungen solcher Art sind voll „normativer Mehrdeutigkeit", denn sie versuchen gleichzeitig, etwas darüber auszusagen, wie in der Vergangenheit entschieden worden ist, wie in der Zukunft entschieden werden wird und wie entschieden werden soll. Die überkommene Rechtswissenschaft bedient sich eines ebenso mehrdeutigen Rechtsbegriffs[14].

Soll die Jurisprudenz aber ein Mittel sein, mit dessen Hilfe sich Wissenschaftler und Praktiker in jedem beliebigen Rechtssystem zurechtfinden können[15], so müssen Rechtsentscheidungen zu dem Gesellschaftsprozeß in Beziehung gesetzt werden, auf dessen Erscheinungen sie eine Reaktion darstellen, durch den sie bedingt sind und den sie ihrerseits beeinflussen. Konflikte zwischen verschiedenen Teilnehmern des Gesellschaftsprozesses sind notwendigerweise „Wert"konflikte. Ein Teilnehmer droht die Güter eines anderen zu gefährden, der andere sieht sich einer möglichen Deprivation[16] ausgesetzt. In einer solchen Situation kann es zu den Erwartungen der Beteiligten gehören, daß ihr Konflikt unter

---

[12] *Crick*, p. 181, 185.

[13] Dasselbe gilt für A. P. *d'Entrèves*, Two Questions about Law, in „Existenz und Ordnung", Festschrift für Erik Wolf zum 60. Geburtstag, S. 319.

[14] *McDougal*, Studies, p .119; *McDougal*, 1 Natural Law Forum 59.

[15] *Arens* und *Lasswell*, op. cit., p. 8.

[16] Zu diesem Begriff vgl. oben C I 1 b).

Bezugnahme auf die autoritativ formulierte Politik des Gemeinwesens entschieden wird. Es ist beiden Seiten möglich, die Autoritäten des Gemeinwesens anzurufen, um die „Deprivation" zu erreichen oder zu verhindern. Wo immer solche Erwartungen bezüglich einer autoritativen Entscheidung begründet sind, kann von Recht gesprochen werden. Dies gilt allerdings nur mit der Einschränkung, daß die Entscheidung auch effektiv, d. h. durchsetzbar zu sein hat. Kurz: Entscheidungen, die nur auf Macht gegründet sind, die in jemandes Wertposition eingreifen, ohne auf die autoritativen Vorschriften des Gemeinwesens Rücksicht zu nehmen, sind nicht Recht, sondern nackte Gewalt oder rechtswidriger Zwang. Andererseits: Entbehrt die Autorität jeder Macht, ihre Entscheidungen auch zu verwirklichen, sie effektiv werden zu lassen, so haben wir es nicht mit Recht, sondern mit einer Illusion zu tun. Lasswell und McDougal fassen Recht demgemäß als einen Entscheidungsprozeß auf, „in dem Autorität und effektive Kontrolle miteinander verbunden sind, in dem Entscheidungen sowohl autoritativ wie auch effektiv sind"[17].

a) Die Autorität des Rechts

Da das Recht ein dem Gesellschaftsprozeß verhafteter Entscheidungsprozeß ist, stellt es eine Ausdrucksform der Macht dar (a „power relation"[18]), denn Macht haben bedeutet Teilnahme an den Entscheidungen darüber, wer was wann und wie bekommt[19]. Genauer: das Recht ist formalisierte und effektive Macht, d. h. ihm kommt Autorität zu, und es übt Kontrolle aus[20].

Das Recht unterscheidet sich dadurch von nackter Gewalt, daß es autoritativ ist. Was ist diese Autorität? Autorität ist formale Macht, erwarteter und legitimer Besitz der Macht. Der Besitz der Macht ist legitim, weil er seine Grundlage in dem politischen Mythus, den formalen politischen Symbolen des Gemeinwesens findet[21]: diejenigen, die der „formula" folgen (Lasswell übernimmt den Begriff von Mosca), betrachten eine bestimmte Machtausübung als gerecht und richtig[22].

Der Gebrauch des Adjektivs „gerecht" in diesem Zusammenhang könnte zu der Folgerung verleiten, Lasswells meine mit Autorität und Legitimität etwas anderes als Legalität; ein solcher Schluß ist vorerst als falsch zu bezeichnen. Autorität und Legalität sind identisch. Autoritative

---

[17] *McDougal*, 1 Natural Law Forum 56—58.

[18] *Lasswell* und *McDougal*, The Jurisprudence of a Free Society: Studies in Law, Science, and Policy, Unveröffentlichtes, vervielfältigtes Manuskript, Part I, p. 39.

[19] Siehe oben B II 1 b).

[20] *Lasswell* und *McDougal*, op. cit., p. 39.

[21] Zu diesen Termini vgl. oben B II 2 b).

[22] *Lasswell* und *Kaplan*, p. 133, 126.

Machtausübung ist Machtausübung, die sich in Übereinstimmung mit der politischen „formula“ befindet, d. h. „legal“ ist[23]. Legalität und Autorität werden austauschbar gebraucht[24]. Daraus ergibt sich, daß „Autorität“ als ein konstitutives Element des Rechts zunächst nichts als den „formalisierten“ Charakter der Macht meint.

Um als „formal“ angesprochen werden zu können, muß eine bestimmte Machtausübung den innerhalb des in Frage stehenden Gemeinwesens vorherrschenden Erwartungen entsprechen. Die Erwartungen der Gesellschaftsglieder sind jedoch kein ausreichendes Kriterium, um das Wesen des Rechts zu bestimmen. Wird ein Staat von einem Gewaltherrscher unterjocht, der seine Macht absolut willkürlich ausübt, und erwarten die Beteiligten, daß dieser Zustand für unbestimmte Zeit andauern wird, so kann dennoch nicht von einem rechtlich geordneten Gemeinwesen gesprochen werden. „Wir verstehen Recht als eine gewisse Begrenzung der Willkür. Absoluter Willkür auferlegte Selbstbeschränkungen sind das Minimum an Ordnung, das gefordert werden muß, um nackte Gewalt mit dem Mantel der Autorität zu bedecken.“ Das Ordnungselement des Rechts besteht darin, daß es eine gewisse Stabilität der Erwartungen darüber gewährleistet, was die Machthaber auf welche Weise fordern werden[25].

Das Recht ist nicht etwa auf Demokratien beschränkt, auch Diktaturen können eine Rechtsordnung darstellen. Recht ist nur dann nicht existent, wenn in einem Gemeinwesen die absolute Willkür herrscht. Lasswell und McDougal glauben der Inanspruchnahme der „Legalität“ durch den Nationalsozialismus widersprechen zu können, weil hier die Legalität ihrer Ansicht nach nur Verschleierung uneingeschränkter Willkür war[26]. Für eine angeblich empirisch arbeitende Rechtswissenschaft ist diese pauschale Beurteilung des Dritten Reichs überraschend, denn gerade der Nationalsozialismus scheint durch eine verwirrende Mischung von Legalität und Willkür charakterisiert zu sein. Zum Beispiel nahm die Gerichtsbarkeit an, sich bei der Beurteilung aller „normalen“ Rechtsstreitigkeiten innerhalb der Legalität zu befinden. Gerade dies verwischte die Grenze zwischen Legalität und Willkür in allen anderen Fällen und ermöglichte es vielen Juristen und Bürgern, ihr Gewissen gleichzuschalten.

Da auch das von Lasswell und McDougal postulierte Ordnungsmoment letztlich formaler Natur ist, scheint die Autorität des Rechts nichts anderes als eben seine formale Ordnungsstruktur zu sein. Es ist

---

[23] *Lasswell* und *Kaplan*, p. 127.

[24] *Lasswell* und *Kaplan*, p. 134; vgl. dazu auch A. P. *d'Entrèves*, Legality and Legitimacy, 16 The Review of Metaphysic 687 (688) (1963).

[25] *Lasswell* und *McDougal*, op. cit., p. 43.

[26] *Lasswell* und *McDougal*, op. cit., p. 43/44.

fraglich, ob man Lasswells und McDougals Rechtsbegriff so formal verstehen darf, wie sie es selbst verlangen. Denn für jedes Gemeinwesen gilt, daß der autoritative und effektive Entscheidungsprozeß ein Teil des allumfassenden Gesellschaftsprozesses ist. Hängt die Autorität des Rechts aber von den Erwartungen der Bürger ab, so ändert, was diese Erwartungen ändert, auch das Recht[27]. „Die Normen der Gesellschaft werden in den Wechselwirkungen des täglichen Lebens ständig neu geschaffen und vernichtet[28].“ Ist für Lasswell Politik der Übergang von einem unangefochtenen Konsensus zum nächsten, so gilt dies angesichts der engen Verwandtschaft zwischen Politik und Recht auch von letzterem. Die eigentlich legitimierende, Autorität verleihende Grundlage des Rechts wäre dann aber zumindest in der Demokratie eben dieser Konsensus, der immer wieder neu hergestellt wird und die Erwartungen der Bürger in bezug auf das Recht bestimmt. Auch eine solche, weniger „formale“ Interpretation des Begriffs „Autorität“ hat allerdings nur einen faktischen Bezugspunkt: den in der Gesellschaft jeweils bestehenden Konsensus.

b) Die Autorität des Völkerrechts

Das rein „faktische“ Verständnis der Autorität als eines der beiden konstitutiven Elemente des Rechtsbegriffs wird von Lasswell und McDougal allerdings nicht durchgehalten. Die Ausnahme ist bezeichnenderweise das Völkerrecht. Es bedarf an dieser Stelle kaum noch eines Hinweises darauf, welche große Rolle das Völkerrecht für Lasswells und McDougals „value-oriented jurisprudence“ spielt. Hatte die „konfigurative Analyse“ immer wieder auf das Weltganze verwiesen, so mußte das Völkerrecht in den Vordergrund des Interesses rücken. Unter diesen Umständen kann es kaum überraschen, daß die Thesen Lasswells und McDougals zunächst auf das Völkerrecht angewandt worden sind. Diesem Unternehmen wurden bis heute vier große Werke gewidmet[29]. Verantwortlich hierfür zeichnet vor allem McDougal, sein Wirken hat bereits dazu geführt, daß er als „the great international jurist of the current era“ gepriesen wurde[30].

---

[27] *Lasswell*, The Future of Political Science, p. 199.

[28] *Arens* und *Lasswell*, op. cit., p. 10.

[29] *McDougal* and Associates, Studies in World Public Order, New Haven 1960; *McDougal* and *Feliciano*, Law and Minimum World Public Order, The Legal Regulation of International Coercion, New Haven und London 1961; *McDougal* and *Burke*, The Public Order of the Oceans, A Contemporary International Law of the Sea, New Haven und London 1962; *McDougal*, *Lasswell* and *Vlasic*, Law and Public Order in Space, New Haven und London 1963.

[30] Richard A. *Falk*, Review of *McDougal* and *Feliciano*, Law and Minimum World Public Order, 8 Natural Law Forum 171 (1963).

Wie von allem Recht will McDougal von Völkerrecht nur dort sprechen, wo der internationale Entscheidungsprozeß gleichzeitig autoritativ und effektiv ist. Beide Termini werden als theoretische Konzepte mit dem bereits umrissenen Inhalt verwandt[31]. Will man nun feststellen, welchen Normen im Völkerrecht „Autorität“ zukommt, so ist eine schon beim nationalstaatlichen Entscheidungsprozeß bestehende Schwierigkeit um ein Vielfaches gesteigert: wie soll man die „Erwartungen“ der Bezugsgruppe (hier also der Menschheit) messen? Darauf geben McDougal und Feliciano in ihrem großen Kriegsrechtslehrbuch „Law and Minimum World Public Order, The Legal Regulation of International Coercion“, keine Antwort, es genügt ihnen, unter allgemeiner Bezugnahme auf soziologische, sozialpsychologische und volkswirtschaftliche Literatur zu konstatieren: „Die wissenschaftliche Analyse und Beobachtung derjenigen Faktoren, die Individual- und Kollektiventscheidungen beeinflussen, hat insgesamt ergeben, daß die Menschen auf lange Sicht bewußt oder unbewußt nach einer maximalen Verwirklichung ihrer Wünsche streben. Zu diesen Wünschen gehört, wenn nicht ein großes Maß an Solidarität für ihre Mitmenschen, zumindest ein Verlangen nach Selbsterhaltung[32].“ Wie wir sehen, wird Lasswells Grundsatz der Maximalverwirklichung hier unmittelbar für das Völkerrecht relevant[33], denn aus dieser Voraussetzung folgt, daß die Forderung nach internationaler Kontrolle und Regulierung der Gewalt immer „autoritativer“ wird: (1) Die Völker und ihre Führer anerkennen die unausweichliche Notwendigkeit, wenigstens ein Minimum an Kontrolle zu schaffen, um das Risiko totaler Vernichtung zu senken. (2) Über die Existenzbewahrung hinaus wird die Forderung nach einer umfassenden Mitgestaltung und Teilhabe an vielen Werten immer deutlicher. (3) Es gibt einen Trend zu einer gemeinsamen Entscheidung weltpolitischer Fragen und zu einer gemeinsamen Durchsetzung dieser Entscheidungen.

McDougal und Feliciano anerkennen allerdings, daß es auch dieser Entwicklung entgegengesetzte Tendenzen gibt: (1) Das gemeinsame Interesse an einer Ökonomisierung der Gewaltanwendung ist noch nicht genügend ins Bewußtsein gedrungen. (2) Es gibt noch keine gemeinsame Weltordnung, sondern den Wettbewerb höchst gegensätzlicher Ordnungssysteme. (3) Die politische Zielsetzung einiger dieser Systeme widerspricht den Forderungen der Menschenwürde[34].

Setzt man diese unterschiedlichen „Perspektiven“ zueinander in Beziehung, so folgt daraus, daß weder überoptimistischer Glaube an völ-

---

[31] Vgl. etwa *McDougal*, Some basic theoretical concepts about international law: a policy-oriented framework of inquiry, 4 Conflict Resolution 337 (340) (1960).

[32] *McDougal* und *Feliciano*, op. cit., p. 94.

[33] Zur „Maximalverwirklichung“ vgl. oben C I 1 b).

[34] *McDougal* und *Feliciano*, op. cit., p. 94/95.

kerrechtliche Normen noch zynischer Pessimismus bezüglich der Existenz eines wirksamen Völkerrechts gerechtfertigt seien[35].

Das Völkerrecht ist in eben dem Maße autoritativ und effektiv, in dem es das gemeinsame Interesse aller Teilnehmer am Völkerrechtsprozeß zur Grundlage seiner Normen macht. Dieses gemeinsame Interesse besteht in der „Ökonomisierung der Gewaltanwendung", d. h. in der Begrenzung der Wertevernichtung auf ein Minimum[36]. Hinter dem Grundsatz verbirgt sich das alte kriegsrechtliche Kriterium des „militärischen Erfordernisses". Das Völkerrecht empfängt also seine Autorität zunächst und vor allem aus dem Konsensus über das gemeinsame Interesse am Überleben[37].

Aber McDougal und Feliciano begnügen sich hiermit nicht. Da es auch einen Trend zu einer umfassenden Mitgestaltung und Teilhabe an den Werten gibt[38], da die Schaffung eines autoritativen Völkerrechtsprozesses seit Jahrhunderten zu den Zielen der Menschheit gehört[39], ist es die Aufgabe einer verantwortlichen Entscheidungsinstanz, das Völkerrecht in Übereinstimmung mit den Werten einer freien Gesellschaft zu gestalten[40].

Eine dem Verständnis des Rechts als Prozeß inhärente Schwierigkeit wird deutlich. Ein Prozeß hat nicht nur einen Ort, an dem er abläuft, sondern auch ein „Woher" und ein „Wohin". Das heißt, eine rein „wissenschaftliche" Betrachtung ist insbesondere bei einem so offenen Gegenstand wie dem Völkerrecht gar nicht möglich. Jede Rechtstheorie, vor allen anderen aber eine in Prozessen denkende „wertorientierte" Jurisprudenz, kann sich nicht auf das bloße Sein des Rechts beschränken, sein Sollen muß immer schon mitgedacht werden. Dies ist besonders ausgeprägt, wenn man von der Voraussetzung ausgeht, daß die Rechtsgestaltung selbst dazu beiträgt, einen allgemeinen Konsensus zu schaffen[41]. Ist die Autorität des Rechts in dem Konsensus der Gemeinschaft begründet, bildet sich dieser Konsensus aber gleichzeitig durch das Recht selbst, so wird die empirische Natur des Rechtsverständnisses fragwürdig. Lasswell und McDougal sind sich dessen bewußt. Sie ver-

---

35 *McDougal* und *Feliciano*, op. cit., p. 2.

36 *McDougal* und *Feliciano*, op. cit., p. 35/36, 53.

37 *McDougal* und *Feliciano*, op. cit., p. 189/190. Das „gemeinsame Interesse" ist natürlich ein außerordentlich vages Kriterium. Auf das Seevölkerrecht angewandt führt es zu einer uneingeschränkten Unterstützung der Freiheit der Meere, d. h. einer Forderung, die ganz den normativen Vorstellungen einer wertorientierten Rechtslehre entspricht; vgl. *McDougal* und *Burke*, The Public Order of the Oceans, p. 87/88.

38 *McDougal* und *Feliciano*, op. cit., p. 95.

39 *McDougal* und *Feliciano*, op. cit., p. 131.

40 *McDougal* und *Feliciano*, op. cit., p. 96.

41 Vgl. etwa *McDougal* und *Feliciano*, op. cit., p. 50.

suchen das Problem zu lösen, indem sie auf einen einheitlichen Rechtsbegriff verzichten: sie sagen, das jeweilige Rechtsverständnis hänge davon ab, ob man den Gegenstand als wissenschaftlicher Beobachter oder als jemand betrachte, der an der Gestaltung des Rechts mitwirkt[42]. Da aber Lasswells und McDougals wertorientierte Rechtslehre ebenso wie Lasswells politische Wissenschaft gleichzeitig „kontemplativ" und „manipulativ" ist, kommt es zu einem ständigen Wechsel der Standpunkte, wobei schließlich der manipulative Aspekt in den Vordergrund rückt.

Dies kann an der Frage nach dem autoritativen Völkerrecht gezeigt werden. Wie alle Politik und alles Recht verlangt auch das Völkerrecht bei der Beurteilung von Sachverhalten eine Berücksichtigung des Gesamtkontexts: eine Gewaltanwendung z. B. muß unter Einbeziehung aller Umstände „vernünftig" sein[43]. Zu den auszuwertenden Umständen gehören aber die durch eine bestimmte Maßnahme verfolgten Ziele. In einem von McDougal und Norbert A. Schlei verfaßten Aufsatz, der die Rechtmäßigkeit der amerikanischen Wasserstoffbombenversuche verteidigte, heißt es: „Es sind nicht die speziellen physikalischen Modalitäten der Vernichtung, die für Recht und Rechtspolitik relevant sind, sondern vielmehr die Ziele und Wirkungen der Zerstörung und die Relation dieser Ziele und Wirkungen zu den Werten einer freien Welt[44]." Entscheidend ist, daß die Autorität des Rechts nicht an einem Faktum gemessen wird, den Erwartungen der Beteiligten, sondern an den Forderungen der Menschenwürde[45], also einem rein normativen Kriterium. Politisch gesehen wird das Völkerrecht zum schmiegsamen Instrument westlicher Politik: die Amerikaner dürfen, was den Russen und Chinesen nicht erlaubt ist.

c) Die Effektivität des Rechts

Damit eine Norm als Recht angesehen werden kann, muß sie nicht nur autoritativ, sondern auch effektiv sein. Entscheidungen müssen durchsetzbar sein. Bleibt eine autoritative Norm unbeachtet, so ist sie kein Recht[46].

Mit dem Erfordernis der Effektivität stehen Lasswell und McDougal eindeutig in der Nachfolge des juristischen Realismus. Es soll versucht werden, näher zu bestimmen, was sie unter Effektivität verstehen.

---

[42] *Lasswell* und *McDougal*, op. cit., p. 39.
[43] *McDougal* und *Feliciano*, op. cit., p. 78.
[44] *McDougal* und *Schlei*, The Hydrogen Bomb Test in Perspective: Lawful Means of Security, 64 Yale Law Journal 648 (1955); wieder abgedr. in u. zit. nach *McDougal*, Studies, p. 817.
[45] Vgl. auch *Falk*, 8 Natural Law Forum 178.
[46] Vgl. *Arens* und *Lasswell*, op. cit., p. 192.

Eine Norm ist effektiv, wenn ihre Verletzung für den Täter „Deprivationen“ zur Folge hat, d. h. seine „Wertposition“ in beträchtlichem Maße mindert. Die Betonung liegt hier auf „beträchtlich“, hat die Verletzung einer Norm nur unwesentliche Folgen, so haben wir es nicht mit einer Rechtsnorm zu tun[47]. Darüber, wo die Grenze zwischen beträchtlicher und milder Deprivation zu ziehen ist, werden keine Angaben gemacht. Rechtsnormen sind jedenfalls durch ihre „Sanktion“ gekennzeichnet. Wobei „Sanktion“ nicht etwa im engen Sinn der strafrechtlichen Sanktion aufzufassen ist, sondern jede beträchtliche „Deprivation“ meint, also etwa auch die vollstreckbare Verurteilung zu einer Schadensersatzleistung[48].

Nun kann die Frage, ob eine Vorschrift als Rechtsnorm aufzufassen ist oder nicht, kaum unter Bezugnahme auf in facto verhängte Sanktionen beantwortet werden. Es genügt daher, daß die Sanktion angedroht ist, daß sie im Falle der Normverletzung angewandt werden würde und aus diesem Grunde normkonformes Verhalten in der Vergangenheit erreicht worden ist und mit hoher Wahrscheinlichkeit weiterhin erwartet werden kann[49]. Das eigentliche Kriterium der Effektivität ist somit das Ausmaß, in dem eine Vorschrift beachtet wird[50]. Eine genaue Antwort darauf, wann von Konformität gesprochen werden kann, fehlt. Es wird lediglich ein Maß zur Verfügung gestellt, das fünf verschiedene Grade der Konformität unterscheidet:

(1) Die Norm ist obsolet, d. h. es wird nicht erwartet, daß irgendjemand sich auf sie beruft.

(2) Die Norm ist veraltet, d. h. seit Jahren hat man sich nicht einmal inoffiziell auf sie berufen. Die Möglichkeit kann aber nicht ganz ausgeschlossen werden.

(3) Die Norm ist überholt, d. h. sie wird nicht eingehalten, obwohl sich gelegentlich jemand auf sie beruft oder sie sogar zur allgemeinen Überraschung angewandt wird.

(4) Die Norm wird angewandt, d. h. verschiedene Grade der Konformität, der Anwendung und der Zustimmung können beobachtet werden.

(5) Normkonformes Verhalten ist uneingeschränkt, d. h. eine zwangsweise Durchsetzung der Norm ist überflüssig[51].

---

[47] *Lasswell* und *McDougal*, op. cit., p. 46.

[48] *Arens* und *Lasswell*, op. cit., p. 4/5.

[49] Vgl. etwa George H. *Dession* und *Lasswell*, Public Order Under Law: The Role of the Advisor-Draftsman in the Formation of Code or Constitution, 65 Yale Law Journal 174 (187, Note 18) (1955).

[50] Vgl. auch *McDougal*, Studies, p. 14.

[51] *Arens* und *Lasswell*, op. cit., p. 192/193.

Diese Kriterien helfen kaum, die Frage zu beantworten, was in einer bestimmten Situation gilt oder nicht gilt[52]. Dasselbe trifft zu für McDougals und Felicianos Abstellen auf das „gemeinsame Interesse". Das Kriegsrecht werde durch dieselbe effektive Sanktion gestützt, sagen sie, auf der alles Recht beruht: das gemeinsame Interesse der Beteiligten[53]. Es soll nicht gesagt werden, daß dieses gemeinsame Interesse, wie schwer auch immer es festzustellen ist, nicht tatsächlich ein entscheidender Faktor für die Durchsetzbarkeit des Rechts ist. Dieser Aspekt des Problems scheint allerdings in jenen anderen Bereich zu gehören, der von der bloß effektiven Kontrolle menschlichen Verhaltens unterschieden ist: er verweist wieder auf die Frage nach der Autorität des Rechts. Versucht man, die Fülle verbergender Definitionen und Vokabeln zu durchdringen, so bleibt unter Berücksichtigung der oben in bezug auf Diktatur und Völkerrecht gemachten Qualifizierungen für den „Normalfall" im Grunde nichts anderes übrig als die Formel: Recht ist, was in einem Gemeinwesen als Recht angesehen wird und sich als solches behauptet.

2. Die funktionale Unterteilung des Entscheidungsprozesses

a) Der systematische Ablauf von Gesellschaftsprozessen

Das Recht ist der autoritative und effektive politische Entscheidungsprozeß. In ihrem geradezu als „scholastizistisch" zu bezeichnenden Streben nach formelhafter Zusammenfassung von Erkenntnissen kategorisieren Lasswell und McDougal seinen Verlauf in folgender Weise: Die Teilnehmer mit ihren jeweiligen Anschauungen (d. h. Identifizierungen,

---

[52] z. B. auf den Fall Poe v. Ullmann, 367 U. S. 497 (1961), angewandt, in dem die Kläger, ein Arzt und ein Ehepaar, behaupteten, ihnen drohe eine Strafverfolgung in Connecticut im Zusammenhang mit der Beratung über und der Anwendung von empfängnisverhütenden Mitteln. Es war zwar noch nicht gegen sie ermittelt worden, ein Gesetz des Staates Connecticut aus dem Jahre 1879 stellte diesen Tatbestand aber unter Strafe. Die Kläger begehrten, das Gesetz für verfassungswidrig zu erklären. Der Oberste Gerichtshof verwarf die Klage als unzulässig, da sie keine „controversy" i. S. von Art. III der amerikanischen Verfassung zum Gegenstand habe. Zur Begründung führte Richter *Frankfurter* aus, durch Nichtanwendung habe der Staat Connecticut eine Politik der „Nullifizierung" der Gesetze gegen Empfängnisverhütung verfolgt. Die Gesetze beständen aus toten Buchstaben. Die Kläger und das Minderheitsvotum von Richter *Douglas* wiesen demgegenüber darauf hin, daß diese Vorschriften immer neu verkündet worden seien, daß vereinzelte rechtliche Schritte gegen ihre Verletzung festgestellt werden könnten, daß die Strafverfolgungsbehörden keinen Zweifel an ihrer Überzeugung von deren Normcharakter gelassen hätten. 1965 hat der Oberste Gerichtshof seine Entscheidung aufgegeben und die betreffenden Gesetze des Staates Connecticut für verfassungswidrig erklärt: Griswold v. Connecticut, 381 U. S. 479 (1965), nachdem es zu Strafverfolgungen gekommen war.

[53] *McDougal* und *Feliciano*, op. cit., p. 53.

Forderungen und Erwartungen[54]) setzen Güter (Werte) ein, um unter Anwendung verschiedener Strategien in einer Arena Entscheidungen zu beeinflussen[55]. Jeder in einem Ergebnis, einer Entscheidung, kulminierende Prozeß wird auf diese Weise beschrieben. „Entscheidung“ heißt „politische Wahl“ in einer Situation, in der die einzelnen oder die Gruppe wenigstens ein Minimum an Freiheit bei der Auswahl ihrer Ziele und Strategien haben[56]. Es wird gefragt: Wer sind die wichtigen offiziellen und nicht offiziellen Teilnehmer? Welche Anschauungen von den Ergebnissen (Werten), die sie erstreben, haben diese Teilnehmer? Welches sind ihre Erfolgschancen, und mit welchen Gruppen identifizieren sie sich? In welcher Arena spielt sich das Ganze ab? Welche Mittel haben die Teilnehmer zu ihrer Verfügung, um das begehrte Ergebnis zu beeinflussen? Welche Strategien verfolgen sie beim Einsatz ihrer Mittel? Welches sind die unmittelbaren und mittelbaren Ergebnisse und Nachwirkungen[57]?

b) Die Stadien des Entscheidungsprozesses

Mit diesen der Verhaltenswissenschaft entlehnten Kategorien versuchen Lasswell und McDougal, die Fassade des Entscheidungsprozesses zu durchdringen, die Hintergründe der Rechtsentwicklung aufzuspüren, eine sorgfältige, der rechten Entscheidung dienende Analyse der Wertkonflikte zu ermöglichen. Sie begnügen sich allerdings nicht mit einem Grundkonzept des Entscheidungsprozesses, sondern darüber hinaus wird der Versuch gemacht, einen „systematischen Funktionalismus“ zu entwickeln. Es werden sieben „funktionale Phasen“ des Rechtsprozesses unterschieden. Der Zweck dieser Unterscheidung ist es, die „verwirrende gleichzeitige Bezugnahme auf Funktionen und Institutionen“ in der traditionellen Terminologie zu überwinden: Legislative, Exekutive, Administrative, Judikative sind Begriffe, die es zu ersetzen gilt[58]. An ihrer Stelle treten die folgenden, durch ihre Funktion im Rechtssetzungsprozeß charakterisierten, historisch geordneten „Stadien“: Information, Empfehlung, Verordnung, Bezugnahme, Anwendung, Auswertung, Beendigung.

(1) Die Funktion des „Informationsstadiums“ (intelligence phase) besteht in der Aufklärung der autoritativen Rechtssetzungs- und Anwendungsinstanzen über Trends, zukünftige Entwicklungen, Bedingungen und die jeweiligen „Kosten“ verschiedener politischer Alternativen.

---

[54] Vgl. *Lasswell* und *Kaplan*, p. 25.

[55] Siehe z. B. *Lasswell*, Current Studies of the Decision Process: Automation versus Creativity, 8 The Western Political Quarterly 381 (382) (1955).

[56] *Lasswell*, op. cit., p. 381.

[57] Vgl. etwa *Lasswell*, The Future of Political Science, p. 47/48.

[58] *McDougal*, 1 Natural Law Forum 57.

(2) Die Funktion des „Empfehlungsstadiums“ (recommendation) besteht in der Förderung und Unterstützung spezieller rechtspolitischer Ziele.

(3) Die Funktion des „Verordnungsstadiums“ (prescription) besteht in der Formulierung autoritativer und allgemeiner Verhaltensregeln.

(4) Die Funktion der „Bezugnahme“ (invocation) besteht in der Inanspruchnahme allgemeiner Verordnungen durch Teilnehmer am Gesellschaftsprozeß.

(5) Die Funktion des „Anwendungsstadiums“ (application) besteht in der autoritativen Subsumierung eines Sachverhalts unter die allgemeinen Normen des Gemeinwesens.

(6) Die Funktion des „Auswertungsstadiums“ (appraisal) besteht in dem Prüfen der Frage, ob die durch eine autoritative Entscheidung verfolgten Ziele erreicht worden sind.

(7) Die Funktion des „Beendigungsstadiums“ (termination) besteht in der Beseitigung unerwünschter Folgen autoritativer und effektiver Entscheidungen[59].

Jedes dieser Stadien stellt in sich einen Prozeß dar, auf den die Formel vom Verlauf solcher Prozesse angewandt wird, d. h. die Fragen nach Beteiligten, deren Anschauungen, der Arena, den von den Teilnehmern eingesetzten Gütern und Strategien, den Ergebnissen und Nachwirkungen gestellt werden. Dies soll am Beispiel der „Inbezugnahme“ autoritativer Verordnungen erläutert werden.

Zu den „Teilnehmern“ gehören Polizei, Staatsanwaltschaften, aber auch Interessengruppen oder private Bürger, die Strafanzeige erstatten bzw. privatrechtliche Ansprüche geltend machen. Die Erforschung der dabei jeweils bestehenden Identifizierungen, Forderungen und Erwartungen könnten Informationen über die einer Strafverfolgung zugrunde liegenden Motive ergeben und die Verschiedenheit dieser Motive von der offiziell gegebenen Rechtfertigung erweisen. Auf dieses Stadium spezialisiert sind neben Behörden vor allem Interessengruppen oder Organisationen, die es sich zum Ziel gesetzt haben, über die Einhaltung bestimmter Vorschriften zu wachen. Die den Teilnehmern zur Verfügung stehenden Mittel werden gemessen. Relevant ist etwa die Achtung, der Respekt, den jemand in der örtlichen Gemeinschaft genießt. Unter die Kategorie „Strategie“ fallen solche Erscheinungen wie die Wahl des Zeitpunktes, zu dem eine Strafverfolgung unternommen wird. Ergebnis dieses Prozesses kann die formelle Klagerhebung sein, zu dem Bereich

---

[59] Vgl. *McDougal*, 1 Natural Law Forum 57; *McDougal*, Studies, p. 14; *Lasswell*, op. cit., p. 43 ff.

der Nachwirkungen gehört, ob die in Bezug genommenen Normen auf den jeweils in Frage stehenden Fall angewandt werden oder nicht[60].

Bei der Beurteilung einer solchen „sozio-“ und „psychoanalytischen“ Einstellung zum „autoritativen und effektiven Entscheidungsprozeß“ muß immer beachtet werden, daß sie nicht Selbstzweck ist, sondern Bestandteil eines Systems „wertorientierter“ Rechtswissenschaft. Sie dient nicht so sehr der Entschleierung der Rechtswirklichkeit, nicht einmal der Voraussage von Entscheidungen, sondern der Untersuchung von Bedingungen: es soll festgestellt werden, warum ein bestimmtes rechtspolitisches Ziel nicht erreicht worden ist und unter welchen Bedingungen es erreicht werden kann[61]. Alles ist auf die von einer demokratischen Rechtsordnung verfolgten Ziele zu beziehen.

c) Fünf Arten des Rechts

In den genannten funktionellen Zusammenhang muß auch die Unterscheidung fünf verschiedener Normarten gestellt werden. Sie sind: Schiedsnormen, Regulativnormen, Verwaltungsnormen, Korrektionsnormen, Exekutivnormen.

(1) Schiedsnormen (supervisory code) sollen den Erwartungen privater Individuen im täglichen Leben Stabilität verleihen. Das Gemeinwesen tritt lediglich als Schiedsrichter auf, wenn die Parteien nicht in der Lage sind, ihre aus privaten Vereinbarungen resultierenden Konflikte zu lösen. Die Schiedsnormen bestimmen, wann und auf welche Weise private Verträge zu erfüllen sind. Sie sagen, wann jemand zu Schadensersatzleistungen verpflichtet ist, weil er „die gesellschaftlichen Spielregeln“ verletzt hat. Die Initiative und Verfügung über den Prozeß vor dem neutralen Schiedsrichter liegt bei den Parteien[62].

(2) Während die Schiedsnormen typischerweise den „kleinen Angelegenheiten“ des Lebens gelten, beziehen sich Regulativnormen (regulative code) auf solche Erscheinungen, deren Regelung grundsätzlich der Privatautonomie überlassen ist, die jedoch in einem Maße die Struktur der öffentlichen Ordnung gefährden können, daß es notwendig wird, sanktionierend einzuschreiten. Hierher gehören zum Beispiel Rechtsgebiete wie das Kartell- und das Familien-Recht[63]. Kriterium ist die mögliche Zerstörung von Gemeinschaftswerten durch das Verhalten einzelner, bzw. durch Gruppenverhalten. Der Unterschied zum Strafrecht besteht einerseits in der relativ milden Sanktion, andererseits in der An-

---

[60] *Lasswell,* op. cit., p. 69 ff.
[61] Vgl. *McDougal,* Studies, p. 17.
[62] *Dession* und *Lasswell,* 65 Yale Law Journal 189/190.
[63] *Dession* und *Lasswell,* op. cit., p. 190/191.

nahme, daß die sich in dem Verhalten kundtuende Destruktivität das normalerweise zu erwartende Maß nicht überschreitet[64].

(3) Verwaltungsnormen (enterprisory code) beziehen sich auf Aufgaben, die nicht Privaten überlassen, sondern vom Gemeinwesen selbst wahrgenommen werden. Zu ihnen gehört das gesamte Recht der öffentlichen Verwaltung[65].

(4) Die Korrektionsnormen (correction code) haben solche Rechtsverletzungen zum Gegenstand, denen bewußte oder unbewußte destruktive Motive von außerordentlicher Intensität zugrunde liegen. Durch ihre Kriminalität beweisen die Täter, daß der Gesellschaftsprozeß in bestimmter Hinsicht wirkungslos gewesen ist, letztlich handelt es sich um ein Versagen der Gesellschaft. Aufgabe der Korrektionsnormen ist es, die diese Situation „korrigierenden" Maßnahmen zu bestimmen[66].

(5) Die Exekutivnormen (executory code) schließlich regeln den Entscheidungsprozeß der Gesellschaft, Verfassungs- und Prozeßrecht. Sie bestimmen, wer in den verschiedenen Stadien des Entscheidungsprozesses (Information, Empfehlung, Erlaß, Bezugnahme, Anwendung, Auswertung, Beendigung) berufen sein soll, autoritative Entscheidungen zu fällen[67].

Die weitgehende Übereinstimmung der von diesen Kategorien umrissenen Rechtsbereiche mit dem Privat-, Sozial-, Verwaltungs-, Straf-, Verfassungs- und Prozeßrecht ist unschwer zu erkennen. Die neuen Termini müssen jedoch von ihrer Funktion her verstanden werden. Sie deuten ein je verschiedenes Interesse des Gemeinwesens an der Regelung des in Frage stehenden Gebietes an. Dieses Interesse steigt mit den Folgen, die menschliches Handeln für die Ordnung eines freien Gemeinwesens hat. Um die Folgen zu messen, müssen dieselben Kriterien angewandt werden, an denen der einzelne sein Verhalten ausrichtet: maximale Verwirklichung des erwarteten Gewinns, Minderung des Risikos auf ein Minimum[68]. Das „ideale Äquilibrium" ist ein Gemeinwesen, das die optimale Verwirklichung einer mit den Forderungen der Menschenwürde übereinstimmenden Ordnung ermöglicht[69].

---

[64] *Dession*, Professor George H. Dession's Final Draft of the Code of Correction for Puerto Rico, 71 Yale Law Journal 1050 (1068) (1962).

[65] *Dession* und *Lasswell*, op. cit., p. 191.

[66] *Dession* und *Lasswell*, op. cit., p. 191/192; vgl. auch *Dession*, op. cit., p. 1066 ff.

[67] *Dession* und *Lasswell*, op. cit., p. 194.

[68] *Lasswell*, 8 The Western Political Quarterly 394; vgl. auch die identische Formulierung bei Roscoe *Pound*, An Introduction to the Philosophy of Law, p. 47.

[69] *Dession* und *Lasswell*, op. cit., p. 195.

IV. Die Methode der Rechtswissenschaft

1. Die Erkenntnisaufgaben

Diese Darlegungen haben bereits in den Bereich der rechtswissenschaftlichen Methode übergeleitet, denn die Rechtswissenschaft bedient sich bei ihren Forschungen des „Modells“ von Entscheidungsprozessen, um deren Zusammenhang mit umfassenderen Gesellschaftsprozessen zu klären.

Was Lasswell und McDougal unter rechtswissenschaftlicher Methode verstehen, wurde bereits in dem Aufsatz über Juristenerziehung durch die Forderung nach Wertdenken, Trenddenken und wissenschaftlichem Denken umrissen. In dem Streben nach Systematisierung haben sie später auch diesen Ansatz in einer Formel zusammengefaßt. Die Lösung juristischer Probleme verlangt nach der Erfüllung von „fünf Erkenntnisaufgaben“ (intellectual tasks), die sowohl der Jurisprudenz wie der politischen Wissenschaft gestellt sind: Klärung von Wertvorstellungen, Beschreibung von Trends, Analyse von Bedingungen, Projektion zukünftiger Entwicklungen, Aufstellung und Erwägungen politischer Alternativen.

(1) Die Klärung von Wertvorstellungen (clarification of goals) kann in zwei verschiedenen Richtungen erfolgen: Es kann eine Rechtfertigung der politischen Ziele oder eine detaillierte Konkretisierung der Werte unternommen werden.

(2) Beschreibung von Trends (description of trends) deckt auf, in welchem Grade historische oder gegenwärtige Ereignisse von dem Ziel der Menschenwürde abweichen oder sich in Übereinstimmung mit ihm befinden, d. h. die Wertkonsequenzen politischer Veränderungen sind zu untersuchen.

(3) Ein historisches Vorgehen genügt nicht. Die Analyse von Bedingungen (analysis of conditioning factors) widmet sich der wissenschaftlichen Erforschung von Variablen, d. h. derjenigen Faktoren, die Entscheidungen bedingen und beeinflussen. Solche Analyse kann sich nicht mit juristischen Theorien begnügen, sondern muß Umwelt- und Anlagefaktoren berücksichtigen, insbesondere die Einstellungen, Identifizierungen, Klassenbindungen, Kenntnisse und Persönlichkeitsstruktur derjenigen, die dazu berufen sind, autoritative Entscheidungen zu fällen.

(4) Die Projektion zukünftiger Entwicklungen (projection of future developments) macht den Versuch, Ereignisse und Entscheidungen vorauszusehen, um die der Verwirklichung von Wertvorstellungen gesetzten möglichen Grenzen zu erkennen.

(5) Nach Erfüllung dieser Erkenntnisaufgaben können politische Alternativen aufgestellt und ausgewertet werden (invention and consideration of policy alternatives), um zu ermitteln, auf welche Weise die klar formulierten Ziele maximal zu verwirklichen sind[1].

Es bedarf keines näheren Nachweises, daß diese fünf Erkenntnisaufgaben nichts sind als eine Neuformulierung und Systematisierung der wesentlichen Elemente von Lasswells „konfigurativer Analyse“[2]. Die Klärung politischer Ziele und die Aufstellung politischer Alternativen findet sich in deren „manipulativen“ Aspekt, während die Erforschung von Trends, Bedingungen und zukünftigen Entwicklungen „kontemplativ“ ist. Die Beschreibung der Trends sowie die Projektion zukünftiger Ereignisse kann mit der Entwicklungsanalyse identifiziert werden, während die Analyse von Bedingungen sich mit der Gleichgewichtsanalyse deckt. „Extensive“ und „intensive“ Methoden werden abwechselnd angewandt.

Statt einer weiteren abstrakten Erörterung der rechtswissenschaftlichen Methodologie Lasswells und McDougals soll im folgenden der Versuch gemacht werden, an einem Beispiel zu zeigen, wie sich die Kontextanalyse in der Praxis darstellt. Wir benutzen dazu das Strafrechtslehrbuch von Donnelly, Goldstein und Schwartz, das eine Beschreibung von Trends, Analyse von Bedingungen, Projektion zukünftiger Entwicklungen und Aufstellung rechtspolitischer Alternativen als Information für die Verordnung und Anwendung von Rechtsnormen unternimmt.

2. Die Anwendung der Methode: Gezeigt am Beispiel eines Strafrechtslehrbuchs

a) Die Anlage des Werkes

Donellys, Goldsteins und Schwartz' „Criminal Law“[3] nennt sich im Untertitel: „Entscheidungsprobleme bei Erlaß, Berufung auf und Anwendung von Strafrecht“. Damit wird gleich anfangs klargestellt, daß das Werk kein „systematisch-dogmatisches“ Strafrechtslehrbuch der etwa in Deutschland üblichen Art ist. Das „Criminal Law“ ist „case-

---

[1] *McDougal,* 1 Natural Law Forum 58/59; *McDougal,* Studies, p. 17.

[2] Dazu oben B II 2 a).

[3] Richard C. *Donnelly,* Joseph *Goldstein,* Richard D. *Schwartz,* Criminal

book", es bietet dem Studenten eine Auswahl von Lesetexten und Gerichtsentscheidungen. Insoweit Gerichtsentscheidungen zusammengestellt sind, steht es in der großen Tradition der „case method of teaching", die von Langdell in Harvard begründet, zur absolut herrschenden Methode des Rechtsunterrichts in den Vereinigten Staaten geworden ist[4]. Das vorliegende Werk geht allerdings über die „konventionellen" casebooks hinaus, da es nicht nur Berufungsentscheidungen enthält, sondern auch in weitestem Umfange Quellenmaterial aus den Gesellschaftswissenschaften, insbesondere der Sozial- und Tiefenpsychologie heranzieht[5].

Im Untertitel des „Criminal Law" kommt die Nähe zum Ausdruck, in der das Ganze zu Lasswells und McDougals Auffassung von Rechtswissenschaft und Recht steht. Die Charakterisierung des Buches als einer Darlegung von „Entscheidungsproblemen" verweist auf Lasswells Verständnis der Rechtswissenschaft als einer „problemlösenden Disziplin"[6]. Dies gilt noch mehr für die Definition des Rechts als eines „Entscheidungsprozesses" und die konsequente Verarbeitung sozialwissenschaftlichen Materials[7]. Die Verfasser heben denn auch ausdrücklich hervor, daß Lasswell, McDougal und Dession einen „großen Einfluß" auf ihr Denken gehabt haben[8].

So sehr das Buch in den Kontext der Yale Law School gehört (zwei seiner Verfasser sind Yale Professoren), darf nicht vergessen werden, daß Lasswell und McDougal nicht die einzigen Vertreter einer verhaltenswissenschaftlichen Einstellung zum Recht sind und daß das Werk in den Gesamtrahmen des großen Erfolges der Verhaltenswissenschaften in den Vereinigten Staaten einzuordnen ist. Ähnliche Forderungen zur rechtswissenschaftlichen Methode, wie Lasswell und McDougal sie aufgestellt haben, sind seit dem Realismus weniger systematisch auch von anderen erhoben worden. Llewellyn etwa hat eine Ergänzung der casebooks in der von Donnelly, Goldstein und Schwartz verwirklichten Form verlangt[9].

Die Übereinstimmungen mit Lasswells und McDougals rechtstheoretischem Denken treten in allen Aspekten der Konzeption zutage. Das

---

Law, Problems for decision in the promulgation, invocation and administration of a law of crimes, XXVI, 1169 p., New York 1962. 1965 ist ein ähnliches Werk über Familienrecht erschienen: Joseph *Goldstein* und Jay *Katz*, The Family and the Law, Problems for decision in the family law process, XXXIX, 1229 p., New York 1965.

[4] Zur „case method" und zu *Langdell* vgl. *Llewellyn*, Jurisprudence, p. 377, 383 ff.

[5] Vgl. auch *Lasswell*, The Future of Political Science, p. 40, 42, note 4.

[6] Vgl. *Lasswell*, op. cit., p. 40.

[7] Siehe *Donnelly* et al., p. 1.

[8] *Donnelly* et al., p. VI.

[9] *Llewellyn*, op. cit., p. 386.

Werk ist ein Beitrag zum Informationsstadium des Entscheidungsprozesses, es soll Material zur Verfügung stellen für die Entscheidungen, die im „Verordnungsstadium“, bei der „Inbezugnahme“ und Anwendung von Normen[10] zu fällen sind. Das Strafrecht wird wie alles Recht als ein Mittel zur gesellschaftlichen Kontrolle menschlichen Verhaltens verstanden. Die Strafrechtswissenschaft als eine problemlösende Wissenschaft bedient sich aller Erkenntnisse, die auf der „Totalität menschlicher Erfahrung“ beruhen. Es ist ihre besondere Verantwortung, dafür Sorge zu tragen, daß wissenschaftliche Entwicklungen die demokratischen Werte, die das Strafrecht schützen soll, nicht untergraben, sondern ihre Realisierung fördern[11].

Genauer ist das Strafrecht ein Prozeß zur Beantwortung dreier Fragen: (1) Was soll als „Verbrechen“ bezeichnet werden? (2) Wie soll die autoritative Reaktion auf ein Verbrechen aussehen? (3) Wer soll unter welchen Voraussetzungen autorisiert sein, Entscheidungen zu fällen und zu verwirklichen?[12] Das „Lehrbuch“ nennt sich im Untertitel „Probleme“. Damit wird auch die didaktische Methode des Werkes umrissen. Es gibt dem Leser auf die gestellten Fragen keine direkten Antworten, sondern begnügt sich damit, das für die Entscheidungen als relevant angesehene Material (wozu miteinander nicht zu vereinbarende, etwa moraltheologische und verhaltenswissenschaftliche Stellungnahmen gehören) zusammenzustellen. Mit der Auswahl der Quellen und ihrer Anordnung wird selbstverständlich ein mittelbarer Einfluß ausgeübt. Zur Didaktik gehört aber auch, daß der Leser durch Zwischenfragen immer wieder zur eigenen Auswertung angeregt wird. —

Das Buch zerfällt in drei große Teile („Kapitel“), die jeder für sich eine „Gesamtsicht des Strafrechtsprozesses, jedoch von verschiedenen Standpunkten aus erlauben“[13]. Das erste Kapitel rollt an einem einzigen Fall verschiedene kriminologische und normative Probleme des Strafrechts auf. Das zweite Kapitel geht dem Unterschied zwischen Zivil- und Strafrecht nach und beschäftigt sich mit der Funktion des Strafrechts (Vergeltung oder Besserung?). Es stellt dabei entscheidend auf Individuum und individuelle Rechtsgüter ab. Das dritte Kapitel untersucht die Frage nach dem Zweck der Strafe in Relation zu sozialen Gruppen und Gruppeninteressen. Um die Methode der Darstellung am Beispiel zu erläutern, soll im folgenden aus dem zweiten Kapitel der Abschnitt über Geisteskrankheit als Grund für Nichtzurechnung eines Verbrechens herausgegriffen werden.

---

[10] Vgl. oben C III 2 b).
[11] *Donnelly* et al., p. 1 ff.
[12] *Donnelly* et al., p. 1.
[13] *Donnelly* et al., p. V.

b) Verantwortlichkeit, Geisteskrankheit und Zurechnungsfähigkeit

Der Abschnitt über „Mental Health — The Defense of Insanity"[14] ist der äußeren Struktur nach im wesentlichen historisch aufgebaut, d. h. er geht aus von dem entscheidenden englischen Präjudiz (M'Naghten's Case), stellt dann ausführlich die Aufgabe der „M'Naghten Rules" durch den Court of Appeals für den District of Columbia dar (Durham Case), beschäftigt sich mit den unter „Durham" entstandenen Pflichten der Verteidigung und konstatiert einen Trend der Kritik an der Durham Entscheidung. Die den ganzen Abschnitt bestimmende Fragestellung lautet: Ist die Zurechnungsfähigkeit ein juristisches oder ein medizinisches Problem? Welche Kriterien sind relevant, um die pathologische Unzurechnungsfähigkeit festzustellen?

Nach dem aus dem Jahre 1843 stammenden, für den anglo-amerikanischen Rechtskreis weitgehend bestimmenden Präjudiz des M'Naghten's Case wird eine Tat nicht zugerechnet, wenn der Täter bei Tatbegehung infolge von Geisteskrankheit das Unrecht der Tat nicht kannte (oder wenn er aus demselben Grunde nicht wußte, was er tat[15]).

Das „Criminal Law" bringt zunächst Auszüge aus der „advisory opinion" (die M'Naghten Rules wurden in der Form eines richterlichen Gutachtens für das House of Lords aufgestellt), gefolgt von einem Bericht über die zeitgenössische Reaktion auf die M'Naghten Rules. Dieser Bericht wir neben dem „Hauptmaterial" (hier das Gutachten) als sogenannte „Anmerkung" (note) im Text selbst zitiert. Ihm folgen drei weitere „Anmerkungen": (1) Ein Auszug aus einer kriminologischen Studie über die Rechtsgesinnung von Zuchthäuslern und solchen Insassen einer Heilanstalt, die dort aufgrund begangener Verbrechen eingewiesen waren. Beiden Gruppen wurden zwölf Strafrechtsfälle zur Begutachtung vorgelegt. Die Studie kommt zu dem Ergebnis, daß die Zuchthäusler den Psychopathen in ihrem moralischen Unterscheidungsvermögen nicht überlegen waren, das Experiment eher zugunsten der Insassen ausfiel[16]. (2) Eine psychiatrische Kritik an den M'Naghten Rules, die darauf basiert, daß es keine wissenschaftliche Methode gebe, ex post facto die Kenntnis von Recht und Unrecht zu konstatieren. In der Regel wisse der Täter sehr wohl, daß er ein Unrecht begehe, er sei sich aber der Motivation seiner Tat nicht bewußt. (3) Es folgt schließlich eine juristische Verteidigung der M'Naghten Rules: Das Gewissen sei die Grundlage der Verantwortlichkeit[17].

---

[14] *Donnelly* et al., p. 733—847.

[15] Vgl. Daniel M'Naghten's Case, 4 St. Tr. N. S. 847, 8 Engl. Rep. 718 (1843).

[16] Zu dem Wert dieses Projekts soll hier nicht Stellung genommen werden.

[17] *Donnelly* et al., p. 734—739.

Gegenstand des zweiten Unterabschnitts ist die Aufgabe der M'Naghten Rules durch den Court of Appeals für den District of Columbia im Jahre 1954. Das Gericht führte im Durham Case aus, die Fragestellung der M'Naghten Rules stelle zu einseitig auf das Fehlen der „Einsicht“ („knowledge“, „reason“) ab, also auf ein einziges Symptom. Es könne nicht Aufgabe der Gerichte sein, die Kriterien der Geisteskrankheit festzusetzen. Das Präjudiz wird verworfen und stattdessen eine Regel aufgestellt, die an das seit 1869 in New Hampshire angewandte Kriterium anschließt: Der Täter ist strafrechtlich nicht verantwortlich, wenn die Tat das Produkt von Geisteskrankheit war. Grundlage der Entscheidung bildet ein Fall, in dem der vorbestrafte und verschiedentlich in Heilanstalten eingewiesene Berufungskläger vom Gericht erster Instanz wegen Einbruchs verurteilt worden war[18].

Das zu dem Fall vorgelegte Material besteht zunächst aus der Berufungsbegründung von Durhams Verteidiger, die sich vor allem auf psychiatrische und kriminologische Kritik an den M'Naghten Rules stützt. Es folgt das Urteil, das ausführlich die stenographischen Verhandlungsprotokolle (Vernehmungen der psychiatrischen Sachverständigen) und die psychiatrische Spezialliteratur zur Begründung seiner Position heranzieht.

Anmerkungen 1—7 zitieren verschiedene Versuche, die Geisteskrankheit als Ausschlußgrund der Zurechnungsfähigkeit juristisch zu fassen. Sie reichen vom Bericht der „Royal Commission on Capital Punishment 1949—1953“ und deren Kritik an M'Naghten bis zur Formulierung der Unzurechnungsfähigkeit durch ein Gesetz der UdSSR vom 25. 12. 1958[19].

Anschließend bringt das „Criminal Law“ auf 25 Seiten Auszüge aus dem stenographischen Protokoll der erneuten Verhandlung des Durham Case vor dem erstinstanzlichen Gericht. Die Auszüge konzentrieren sich vor allem auf die Vernehmung der Sachverständigen[20].

Weiter folgen Entscheidungen des Bundesberufungsgerichts über die Anwendung der Durham Rule. Die Urteile, Gerichtsprotokolle und wissenschaftlichen Aufsätze der Anmerkungen heben die Schwierigkeiten einer Grenzziehung zwischen psychisch „gesund“ und „krank“ hervor. Ähnliche Schwierigkeiten werden für die Frage gezeigt, ob die Tat ein „Produkt“ psychischer Erkrankung sei. Die Anmerkungen drücken Zweifel daran aus, daß diese Frage überhaupt zu beantworten sei.

Donnelly, Goldstein und Schwartz machen in ihrer Textauswahl auch andere Aspekte des Problems sichtbar. Da Geisteskrankheit eine „Tat-

---

[18] Durham v. United States, 214 F 2 d 862 (D. C. Cir. 1954).
[19] *Donnelly* et al., p. 739—752.
[20] *Donnelly*, et al., p. 752—777.

sache" ist, unterliegt sie nach anglo-amerikanischem Recht der Entscheidungskompetenz der Geschworenen. Damit zusammenhängende Fragen werden ebenso am Beispiel erläutert wie die Problematik der einander widersprechenden Sachverständigengutachten. Die Folgen des „Befundes" Geisteskrankeit werden erörtert (im District of Columbia automatische Einweisung in eine Heilanstalt), eine Analyse der „Washington Post" über die Zahl der seit Durham wegen Geisteskrankheit Freigesprochenen und ihr Verhalten nach der Entlassung aus der Heilanstalt wird zusammen mit einer Anmerkung über die Probleme, die bei der Führung einer großen Heilanstalt auftreten, zitiert[21].

Der dritte Unterabschnitt geht von einer Entscheidung aus, die es als ungenügende Verteidigung rügt, wenn ein Anwalt es unterläßt, die Unzurechnungsfähigkeit seines Mandanten geltend zu machen. In einer Anmerkung wird der Wortlaut des Briefes eines Puertorikaners an seinen Anwalt gebracht. Der Puertorikaner war wegen versuchter Tötung von fünf Senatoren, begangen in Mittäterschaft, verurteilt worden. Das 1954 im Senat geschehene Verbrechen hatte in der amerikanischen Öffentlichkeit viel Aufsehen erregt. Es war als Demonstration für die Unabhängigkeit Puerto Ricos gedacht. In dem Brief wendet sich einer der Täter gegen die Absicht seines Anwalts, die Berufungsbegründung auf Unzurechnungsfähigkeit zu stützen. Er verbietet dem Verteidiger diesen Schritt unter Berufung auf den politischen Charakter seiner Tat. — Entscheidungen beschäftigen sich damit, ob jemand, der sich selbst für schuldig hält, zwangsweise auf seinen Geisteszustand hin untersucht werden darf. Den Abschluß dieses Unterabschnittes bildet ein Bericht über die Vorstellungen, die die amerikanische Öffentlichkeit von der Geisteskrankheit hat[22].

Der vierte Unterabschnitt konstatiert einen Trend wachsender Kritik an der Durham Rule, klar ausgedrückt in dem Sondervotum von Richter Burger in einer Entscheidung des Bundesberufungsgerichts für den District of Columbia aus dem Jahre 1961[23]. Richter Burger wendet sich gegen den „mechanischen und restriktiven Standpunkt" der Durham Rule. Es sei erstens unmöglich, das Kriterium „Geisteskrankheit" anzuwenden, wenn die psychiatrische Wissenschaft selbst über die Bedeutung dieser Kategorie völlig zerstritten sei. Die Durham Rule lasse außerdem die Willensfreiheit unberücksichtigt. Was unter Willensfreiheit zu verstehen ist, sei ein juristisches und ethisches, kein psychiatrisches Problem. Burger möchte die Durham Rule durch eine Regel ersetzt wissen, die darauf abstellt, ob die Fähigkeit des Täters, in Freiheit zu wählen,

---

[21] *Donnelly* et al., p. 777—811.

[22] *Donnelly* et al., p. 811—820.

[23] Blocker v. United States, 288 F 2 d 853 (D. C. Cir. 1961).

im Augenblick der Tat wegen Geisteskrankheit eingeschränkt war. Dies bedeute nicht, die Philosophie zur Grundlage des Strafrechts zu machen, sondern es werde lediglich berücksichtigt, daß die Willensfreiheit ein grundlegendes und akzeptiertes Postulat der amerikanischen Gesellschaft darstellt. Abschließend zitieren Donnelly, Goldstein und Schwartz in diese Richtung zielende Gerichtsentscheidungen sowie einen Ausschußbericht des Repräsentantenhauses[24]. —

Das „Criminal Law" ist gedankenreich und kommt dem von ihm selbst gesetzten Ziel — das für rechtspolitische Entscheidungen relevante Material vorzulegen — sehr nahe. Auch wenn man die von den Verfassern gemachten Voraussetzungen nicht teilt, zeigt es die fruchtbaren Ansätze, die eine systematisch-rechtspolitisch orientierte Jurisprudenz der rechtswissenschaftlichen Arbeit bieten kann.

Der hier detailliert wiedergegebene Abschnitt endet mit der Bezugnahme auf die Willens- und Handlungsfreiheit. Daß die Annahme ihrer Existenz in der Mehrzahl der Fälle Verbrechen von Krankheit scheiden soll — und es spricht vieles dafür, daß die Verfasser diese Meinung teilen[25] — überrascht zunächst, denn das Buch zeigt eine deutliche Tendenz, das Strafrecht als „Besserungsrecht" zu verstehen. Dann ist aber im Grunde jedes Verbrechen als eine der Besserung bedürftige „Krankheit" aufzufassen. Die wiederholte Bezugnahme der Verfasser auf Dession[26] mag es als gerechtfertigt erscheinen lassen, Dession zu diesem Problem zu konsultieren. In den handgeschriebenen Anmerkungen zu Section 21 des „Final Draft of the Code of Correction for Puerto Rico" hebt Dession die Ähnlichkeit zwischen Verbrechen und psychischer Erkrankung hervor. Das Verbrechen sei aktive Resistenz, nach außen gewandte Aggression, die Geisteskrankheit passive Resistenz, nach innen gewandte Aggression. Beiden fehlt gleichermaßen die Anpassung an die Realität[27].

Wenn das Verbrechen aber Krankheit ist, was soll dann die Handlungsfreiheit als Kriterium der Zurechnungsfähigkeit? Sie ist für Dession, wie der Herausgeber des Entwurfs bemerkt, keine wissenschaftliche Wahrheit, sondern ein gesellschaftliches Postulat[28]. Es gilt, verant-

---

[24] *Donnelly* et al., p. 820—847.

[25] Vgl. den Aufbau des Abschnittes und das ihm vorangestellte Zitat aus James Fitzjames *Stephens* „History of the Criminal Law of England"; *Donnelly* et al., p. 733/734. Siehe auch Joseph *Goldstein* und Jay *Katz*, Abolish the „Insanity Defense" — Why Not?, 72 Yale Law Journal 853 (865, 872, 876) (1963).

[26] *Donnelly* et al., p. VI, 520; vgl. auch *Lasswell* und *Donnelly*, The Continuing Debate over Responsibility: An Introduction to Isolating the Condemnation Sanction, 68 Yale Law Journal 869 (877, Note 25, 878, 883) (1959).

[27] *Dession*, 71 Yale Law Journal 1089, Note 5.

[28] *Dession*, op. cit., p. 1091, Note 52.

wortliche Entscheidungen zu ermutigen. Wo daher Aussicht darauf besteht, daß der Appell an die Verantwortlichkeit den Täter in Zukunft zu normkonformem Verhalten veranlassen wird, genügt eine an dem Kriterium der Willensfreiheit ausgerichtete, normale Strafsanktion[29]. Die Willensfreiheit ist also im Grunde nichts als eine gesellschaftlich nützliche Fiktion.

---

[29] *Dession*, op. cit., p. 1089 ff.

V. Rechtswissenschaft im demokratischen Gemeinwesen

Die von der historischen Rechtsschule gezogene Parallele zwischen Recht und Sprache beschreibt die hervorragende Rolle, die das Recht in der amerikanischen Geschichte gespielt hat. Die Unabhängigkeitserklärung und die Verfassung definieren in den Augen der Amerikaner viel stärker den „American way of life" als wirtschaftlicher und sozialer Fortschritt. Diese definierende Rolle des Rechts hat ihren Ausdruck in Lincolns Gettysburg Address ebenso gefunden wie in Präsident Roosevelts Four Freedoms Rede von 1941. Fünfundachtzig Prozent aller Amerikaner, befragt, worauf sie am stolzesten seien, geben „the governmental and political institutions" zur Antwort[1].

Diesem Sachverhalt scheint es nicht zu entsprechen, wenn Gunnar Myrdal 1944 konstatierte, daß die amerikanischen Sozialwissenschaftler eine defätistische Einstellung hätten gegenüber der Möglichkeit, mit Hilfe der Gesetzgebung soziale Veränderungen hervorzurufen[2]. Hier ist nicht der Ort, dieses Phänomen zu erklären. Es muß genügen, darauf hinzuweisen, daß der positiven Einstellung in Wirklichkeit immer eine zweite entgegengestanden hat, die als skeptisch und fast zynisch zu charakterisieren ist[3].

Der juristische Realismus scheint beide Traditionen gleichzeitig verkörpert zu haben. Indem er dem Recht von neuem eine Rolle bei der Gestaltung der Sozialwelt zusprach, bekräftigte er das Vertrauen in die Wirkungsmöglichkeiten des Rechts. Auf der anderen Seite aber teilte er die Skepsis gegenüber Normen, die gerade bei den Sozialreformern der ersten Jahrhunderthälfte zu finden war. Für Lincoln Steffens, einen der großen amerikanischen Journalisten dieser Zeit, folgte aus seinen Enthüllungen über Philadelphias „corrupt and contented government" „a new and startling theory, viz.: that the form of government did not matter: that constitutions and charters did not affect essentially the actual government. I put this in the place of the old American theory of checks and balances, and ... I never myself thereafter read the charter of any city or State that I studied. The paper government did not count"[4].

---

[1] In der Bundesrepublik antworteten nur 7 % auf diese Weise; Gabriel A. *Almond* und Sidney *Verba*, The Civic Culture, p. 102.

[2] *Myrdal*, 1 An American Dilemma 19.

[3] Vgl. Herbert *McClosky*, Consensus and Ideology in American Politics, 58 American Political Science Review 361 (370—71) (1964).

[4] *Steffens*, The Autobiography of Lincoln Steffens, p. 409.

Diese Auffassung ist identisch mit den Theorien der Realisten. Ich habe zu zeigen versucht, daß im Verhältnis zu diesem negativen, agnostischen Aspekt die reformerischen und naturrechtlichen Momente für die Realisten selbst wichtiger waren. Nur merkten sie nicht, daß ihre rhetorische Betonung der „facts“ die Sozialwissenschaftler kaum ermutigte, sich mit Recht zu beschäftigen, das — wie die Juristen nun selbst sagten — für sich genommen irrelevant war.

Lasswells und McDougals „value-oriented jurisprudence“ versucht, die entstandene Kluft zu überbrücken. Ihre Ideologie scheint von neuem an die definierende Rolle des Rechts anzuknüpfen. Judith Shklar hat Denken dieser Art mit den Worten „national ideology as law“ charakterisiert[5].

Die ideologische Komponente ist im Fall Lasswells und McDougals nie zum Nährboden einer philosophischen Neubesinnung geworden. Im Gegenteil: trotz ihrer Behauptung, daß sie nicht anti-philosophisch sei, läßt die value-oriented jurisprudence keinen Zweifel an ihrer Abneigung gegenüber aller Philosophie. Wenn nicht anti-philosophisch, so ist sie zumindest a-philosophisch.

Die „demokratische Rechtswissenschaft“ repräsentiert eine entschiedene Wertorientierung, die Wertvorstellungen selbst entspringen aber nicht einem neuen Bedenken der Fragestellungen politischer Philosophie, der Ethik und Metaphysik. Die Wertorientierung ist auf die Erkenntnis gegründet, daß eine Rechtswissenschaft, die sich nicht bemüht, die Gerechtigkeit zu verwirklichen, nicht etwa neutral, weder „gut“ noch „böse“ ist, sondern der Ungerechtigkeit dient oder ihr doch zumindest Vorschub leistet. Dies gilt ohne Unterschied der Rechtsbereiche, d. h. auch für das Völkerrecht.

Der darin liegende Versuch, den Rechtspositivismus zu überwinden, verdient Anerkennung. Die wertorientierte Rechtslehre nimmt allerdings mit der andern Hand, was sie mit der einen gegeben hat, wenn sie erklärt, daß Werte nichts seien als bloß subjektive Begehren, denn dadurch kann es ihr gerade nicht gelingen, „unrechtes“ Verlangen abzuweisen. Die Schwäche dieser Position wird sehr wohl gespürt. Im Widerspruch zu ihr und in einer eigenartigen Vermischung, die nicht den Mut zur Konsequenz aufbringt, entwickelt die „value-oriented jurisprudence“ ein universales Ordnungssystem, von dem sie sagt, daß es seine Begründung in der natura humana finde. Der Widerspruch wird durch Berufung auf „wissenschaftliche“ (im Gegensatz zu philosophischer) Rechtfertigung verschleiert. Die demokratische Wissenschaft von Politik

---

[5] *Shklar*, Legalism, p. 179.

und Recht stützt sich dabei vor allem auf neopsychoanalytische Hypothesen: sie entwickelt ein psychoanalytisches Naturrecht.

Die wertorientierte Rechtslehre ist Auseinandersetzung, Fortführung und Neubeginn zugleich. Der von Lasswell und McDougal unternommene „wissenschaftliche" und systematische Aufbau einer demokratischen Rechtswissenschaft stellt in seiner Konsequenz einen Neubeginn dar. Dieses Urteil ist allerdings zu qualifizieren.

Das Neue ist nicht die wissenschaftliche, und das heißt die naturwissenschaftliche Betrachtung der Sozialwelt. Sie geht zurück auf die Identifizierung des wirtschaftlichen Wachstumsprozesses mit dem Lebensprozeß bei Adam Smith und seinen Nachfolgern.

Das Neue ist daher ebensowenig das Denken in Prozessen. Es wird außerordentlich unkritisch aus dem Evolutionismus des 19. Jahrhunderts übernommen. Trotz skeptischer Distanzierung von dem Vertrauen auf einen Fortschrittsautomatismus finden sich insbesondere bei Lasswell noch ausgesprochen evolutionistische Vorstellungen.

Der Funktionalismus ist nicht neu, er entstammt der Tradition des britischen Utilitarismus, ihm wurde in Amerika durch Pragmatismus und Realismus zum Durchbruch verholfen. Als neu wird allerdings von Lasswell und McDougal selbst ihre Systematisierung funktionalistischen Denkens angesehen. Dies gilt sowohl für die Auffächerung des Gesellschaftsprozesses entsprechend den acht Wertkategorien, als auch für das Modell des Entscheidungsprozesses. Diese Systematisierung kann wenig überzeugen, sind doch die Werte so abstrakt formuliert, daß die Beziehung zwischen ihnen und rechtlichen Sachverhalten zufällig wird.

Das Neue ist auch nicht die Verbindung von „Kontemplation" und „Manipulation". Sie findet sich bereits im Positivismus Comtes, im Marxismus, im Pragmatismus.

Als ein Neubeginn im Rahmen amerikanischen rechtswissenschaftlichen Denkens sollten vor allem der methodologische Aspekt der Inbezugsetzung von Recht und Politik angesehen werden sowie die Konsequenz, mit der die „Gesundheit" zu einem rechts- und verfassungspolitischen Kriterium gemacht worden ist.

Wenn auch die einzelnen Elemente der „konfigurativen Analyse" nicht Schöpfungen Lasswells sind, so muß doch bei aller vorgebrachten Kritik anerkannt werden, daß dieser Versuch, ein „framework of inquiry" zur Verfügung zu stellen, das eine Orientierung im Netz der gesellschaftlichen Zusammenhänge ermöglichen soll, insoweit einen fruchtbaren Ansatz darstellt, als es sich innerhalb der amerikanischen Rechtswissenschaft um das erste systematische Unternehmen solcher Art handelt. Die

Abhängigkeit des Rechts von vorgegebenen Fakten erkennen, „ihre Gesetzmäßigkeit enthüllen, öffnet erst den Weg, sich ihrer zur bewußten Gestaltung der Verhältnisse im Rahmen des real Möglichen zu bedienen. Nur wer sich den Gesetzmäßigkeiten einordnet, vermag sie schließlich zu beherrschen. Diese Herrschaft ist dann nicht mehr Eigenmacht und Willkür, sondern gebundene Herrschaft, Gestaltung aus der Sache, Freiheit in der Bindung"[6]. In diesem Sinne ist Lasswells Wort von der wissenschaftlichen Analyse als Vorbedingung der Freiheit zutreffend. Der wissenschaftliche Charakter ist allerdings in hohem Maße zweifelhaft, solange unverifizierte Hypothesen über den Menschen und die Gesellschaft unbedenklich zur Grundlage der Rechtspolitik gemacht werden. Ebensowenig kann der Art und Weise, wie Freiheit hier verstanden wird, gefolgt werden. Die Identifizierung von Freiheit mit Gesundheit ist nicht nur nicht überzeugend, sondern bedroht eben die Freiheit.

Die Tiefenpsychologie hat in den Vereinigten Staaten einen bereiten Boden gefunden: Versucht sie doch selbst das Irrationale rational erfaßbar zu machen. Es ist dieser Zusammenhang zwischen Vernunft und Gesundheit, der vielleicht am stärksten zu dem Erfolg der psychoanalytischen Aufklärung in den Vereinigten Staaten beigetragen hat. Die Rationalisierung des Irrationalen verspricht die endgültige Herrschaft der Vernunft. Die Forderung, der Vernunft zu folgen, besitzt Selbstevidenz. Eine ähnliche Selbstevidenz kommt dem erstrebenswerten Charakter der Gesundheit sowie dem „pursuit of happiness" zu. Werden diese drei Elemente identifiziert, so gewinnt die Vorstellung eine Überzeugungskraft, die kaum durch etwas anderes übertroffen werden kann, „a suitably pagan and self-centered form of religion"[7]. Es gibt kein anderes Land, in dem die Psychoanalyse und Psychotherapie eine so weitgehende Anwendung gefunden haben, wie in den Vereinigten Staaten.

Der von Lasswell benutzte Begriff der „psychischen Gesundheit" ist außerordentlich vage, er ist kaum als „wissenschaftlich" anzusprechen: im Grunde enthält er nichts als die Umformung eines alten Ideals: "Let us restore to social intercourse that harmony and affection without which liberty and even life itself are but dreary things", heißt es in Jeffersons First Inaugural Address[8]. Es macht allerdings einen entscheiden-

---

[6] Erich *Fechner*, Die Bedeutung der Gesellschaftswissenschaft für die Grundfragen des Rechts, in Carl Brinkmann (Hrsg.), Soziologie und Leben, S. 110.

[7] Robert *Coles*, Review of Sigmund Freud and William Bullit, Thomas Woodrow Wilson: Twenty-eigth President of the United States, 156 The New Republic No. 4, p. 27 (1967).

[8] *Jefferson*, First Inaugural Address; Adrienne *Koch* und William *Peden*, The Life and Selected Writings of Thomas Jefferson, p. 322.

den Unterschied, ob die „schöpferischen und kongenialen Beziehungen" ein in Freiheit zu erstrebendes Ziel sind oder eine durch Behandlung zu verwirklichende Verhaltensforderung, denn „harmony" und „affection", vom archimedischen Punkt aus betrachtet, müssen notwendigerweise standardisiert sein. So vage das Kriterium ist, seine Anwendung wird sicher zu dem gewünschten manipulativen Erfolg führen, die Bürger nicht unbedingt besser machen, aber sie jedenfalls gefügig werden lassen.

Viel stärker als es Lasswell und McDougal bewußt ist, folgt aus einer psychoanalytischen Rechtfertigung auch eine inhaltliche Veränderung traditioneller demokratischer Grundwerte. Das Freiheitsverständnis zum Beispiel ist offensichtlich verschieden, je nachdem ob ich die Freiheit mit Jefferson und der Aufklärung als durch die Vernunftnatur des Menschen begründet ansehe oder ob ich sie in eine Beziehung zur psychischen Gesundheit setze. Ist letzteres der Fall, so bedürfen die meisten Menschen zunächst der Befreiung von den unbewußt wirkenden Persönlichkeitsfaktoren.

Die freiheitliche Überlieferung amerikanischen Naturrechtsdenkens scheint im System des psychoanalytischen Naturrechts aufs höchste gefährdet zu sein. Pragmatismus und Realismus hatten den eigenen funktionalistischen Vorstellungen zum Trotz dieses freiheitliche Denken noch einmal verkörpert. Auch Lasswells und McDougals „wertorientierte Rechtslehre" ist ein immer wiederholtes Bekenntnis zu einer „freien Rechtsordnung". Dession geht soweit zu sagen, die Erkenntnis, daß unser Wissen relativ ist, und die schöpferische Rolle, die dem einzelnen in der Fortentwicklung von Wissenschaft, Erfindungen und Kunst zukommt, zwinge zu einem Maximum an Toleranz für „nonconforming attitudes, ideas and behavior"[9]. Dennoch bleiben Zweifel zurück. Holmes' skeptizistische Toleranz fand ihren Grund in der ironischen Distanzierung: haben wir erst einmal erkannt, warum wir bestimmten Ansichten in dogmatischer Weise den Vorzug geben, dann müssen wir auch dem anderen das Recht zubilligen, bezüglich der eigenen Meinung ebenso dogmatisch zu sein. Lasswell und McDougal gehen einen Schritt weiter, sie wollen von den Dogmatismen heilen und erheben ihre psychoanalytische Weltbetrachtung zum Dogma. Frei sein heißt von Zwangsimpulsen frei sein. Ob ein Mensch frei ist, erkennt man an seiner Fähigkeit, in schöpferische und kongeniale Beziehungen einzutreten, mit anderen zu teilen, kurz: an seinem „demokratischen Charakter". Freiheit ist also die Freiheit zur Verwirklichung der psychoanalytisch erhellten Demokratie. Die so verstandene Freiheit ist kaum etwas anderes als eine Fiktion, eine gesellschaftlich nützliche Fiktion zugegebenermaßen: sie

[9] *Dession*, 71 Yale Law Journal 1067.

verspricht erfolgreiche Manipulation des einzelnen im Sinne der „overriding community policies". Das therapeutisch-orientierte Gemeinwesen droht zu einer Welt manipulativer Fiktionen zu werden. Vielleicht ist dies der Weg, den jede Massendemokratie der Gegenwart schließlich gehen wird. Bevor dies geschieht, müssen wir uns jedoch klar machen, daß wir damit den freiheitlichen Konsensus, der der Demokratie bisher zugrunde gelegen hat, aufgeben: ein rationaler Konsensus würde in der Tat durch einen irrationalen ersetzt.

Literaturverzeichnis

Adorno, Theodor W.: Prismen, Kulturkritik und Gesellschaft, München 1963 (1955).

Allen, Carleton K.: Law in the Making, Sixth Edition, Oxford 1958 (1927).

Allen, Layman E.: The A. A. D. S. Jurimetrics Comittee, Scientific Investigation of Legal Problems, ARSP 1962, 367.

— Symbolic Logic: A Razor-Edged Tool for Drafting and Interpreting Legal Documents, 66 Yale Journal 833 (1957).

— Some Uses of Symbolic Logic in Law Practice, 1962 M. U. L. L. (Modern Uses of Logic in Law) 119.

Almond, Gabriel A. and Sidney *Verba:* The Civic Culture, Political Attitudes and Democracy in Five Nations, Princeton, New Jersey 1963.

Apter, David (ed.): Ideology and Discontent, New York 1964.

Arendt, Hannah: Eichmann in Jerusalem, A Report on the Banality of Evil, New York 1963.

— Elemente und Ursprünge totaler Herrschaft, Frankfurt a. M. 1955.

— Vita Activa oder Vom tätigen Leben, Stuttgart 1960.

Arens, Richard and Harold D. *Lasswell:* In Defense of Public Order: The Emerging Field of Sanction Law, New York 1961.

Arnold, Thurman W.: The Folklore of Capitalism, New Haven 1961 (1937) (Yale Paperbound).

— The Symbols of Government, New Haven 1935.

Austin, John: The Province of Jurisprudence Determined, London 1954 (1832).

Bartholomew, Paul C.: The Supreme Court and Modern Objectivity, 33 New York State Bar Journal 157 (1961).

Baumgarten, Eduard: Die geistigen Grundlagen des amerikanischen Gemeinwesens, Bd. II, Der Pragmatismus, Frankfurt a. M. 1938.

Beard, Charles A.: An Economic Interpretation of the Constitution of the United States, New York 1959 (1913).

Bentham, Jeremy: A Fragment of Government and An Introduction to the Principles of Morals and Legislation, Oxford 1960 (Blackwell).

— Theory of Fictions, Paterson, New Jersey 1959 (1932).

Bentley, Arthur F.: The Process of Government, Bloomington, Ind. 1949 (1908).

Bettelheim, Bruno: The Informed Heart, Autonomy in a Mass Age, Glencoe, Ill. 1960.

Bickel, Alexander M.: The Least Dangerous Branch — The Supreme Court at the Bar of Politics, Indianapolis and New York 1962.

— The Passive Virtues, 75 Harvard Law Review 40 (1961).

Bingham, Joseph W.: What is the Law?, 11 Michigan Law Review 1 (1912/13).

Black, Charles L., Jr.: The People and the Court, New York, 1960.

Blau, Joseph L.: Philosophie und Philosophen Amerikas, Ein historischer Abriß. Übersetzt von H. W. Kimmel, Meisenheim/Glan 1957.

Boorstin, Daniel Joseph: The Americans — The Colonial Experience, New York 1964 (1958) (Vintage Books).

— The Lost World of Thomas Jefferson, New York 1948.

Brecht, Arnold: Politische Theorie, Die Grundlagen politischen Denkens im 20. Jahrhundert. Stellenweise redigierte und ergänzte Deutsche Ausgabe, übersetzt von Irmgard Kutscher und dem Verfasser, Tübingen 1961.

Brenner, Charles: An Elementary Textbook of Psychoanalysis, Garden City, New York (1955), (Doubleday Anchor Book).

Brown, John R.: Electronic Brains and the Legal Mind, Computing the Data Computer's Collision with Law, 71 Yale Law Journal 219 (1961).

Brown, Norman O.: Life Against Death, The Psychoanalytic Meaning of History, New York 1961 (1959) (Vintage Book).

Brown, Ralph S.: Review of Harold D. Lasswell, National Security and Individual Freedom, 61 Yale Law Journal 118 (1952).

Cahn, Edmond: The Firstness of the First Amendment, 65 Yale Law Journal 464 (1956).

— Jerome Frank's Fact-Skepticism and our Future, 66 Yale Law Journal 824 (1957).

Cardozo, Benjamin N.: The Nature of the Judicial Process, New Haven 1960 (1921) (Yale Paperbound).

Casper, Gerhard: Review of Walter O. Weyrauch, The Personality of Lawyers, 53 California Law Review 1563 (1965).

Chafee, Zechariah: Free Speech in the United States, 4th Printing, Cambridge, Mass. 1948.

Clark, Charles E. and William O. *Douglas:* Law and Legal Institutions, in: Report of the President's Research Committee on Social Trends, Vol. II, New York and London 1933.

Clark, Charles E. and David M. *Trubek:* The Creative Role of the Judge: Restraint and Freedom in the Common Law Tradition, 71 Yale Law Journal 255 (1961).

Cohen, Felix S.: The Legal Conscience, Selected Papers of Felix S. Cohen, Ed. by Lucy Kramer Cohen, New Haven 1960.

Cohen, Morris R.: Justice Holmes, in Felix Frankfurter (ed.), Mr. Justice Holmes, New York 1931.

Coing, Helmut: Neue Strömungen in der Nordamerikanischen Rechtsphilosophie, Archiv für Rechts- und Sozialphilosophie 1949, 536.

Commager, Henry Steele: The American Mind, An Interpretation of American Thought and Character Since the 1880's, New Haven 1961 (1950) (Yale Paperbound).

Cook, Walter W.: The Logical and Legal Bases of the Conflict of Laws, 33 Yale Law Journal 457 (1924).

— Scientific Method and the Law, 13 American Bar Association Journal 303 (1927).

Corbin, Arthur L.: The Law and the Judges, 3 (new series) Yale Review 234 (1914).

Crick, Bernard: The American Science of Politics, Its Origins and Conditions, London 1959 (zit. Crick).

Dahrendorf, Ralf: Die angewandte Aufklärung. Gesellschaft und Soziologie in Amerika, München 1963.

— Gesellschaft und Freiheit, München 1961.

— Homo Sociologicus, Kölner Zeitschrift für Soziologie und Sozialpsychologie 1958, 178.

Dession, George H.: Professor George H. Dession's Final Draft of the Code of Correction for Puerto Rico, 71 Yale Law Journal 1050 (1962).

Dession, George H. and Harold D. *Lasswell:* Public Order Under Law: The Role of the Advisor-Draftsman in the Formation of Code or Constitution, 65 Yale Law Journal 174 (1955).

Dewey, John: Experience and Nature, New York 1958 (2nd edition 1929) (Dover).

— Justice Holmes and the Liberal Mind, in: Felix Frankfurter (ed.), Mr. Justice Holmes, New York 1931.

— Logical Method and Law, 10 Cornell Law Quarterly 17 (1925).

— The Public and its Problems, Denver 1954 (1927).

— The Quest for Certainty, A Study of the Relation of Knowledge and Action, New York 1960 (1929) (Capricorn Book).

Donnelly, Richard C., Joseph *Goldstein*, Richard D. *Schwartz:* Criminal Law, Problems for decision in the promulgation, invocation and administration of a law of crimes, New York 1962 (zit. Donnelly et al.).

Douglas, William O.: The Right of the People, Garden City, New York 1958.

Easton, David: Harold Lasswell: Policy Scientist for a Democratic Society, 12 Journal of Politics 450 (1950).

Ehmke, Horst: Wirtschaft und Verfassung, Karlsruhe 1961.

Emerson, Ralph W.: The Selected Writings of Ralph Waldo Emerson. Edited by Brooks Atkinson, New York 1940 (Modern Library).

d'Entrèves, Alessandro Passerin: The Case for Natural Law Re-Examined 1 Natural Law Forum 5 (1956).

— Legality and Legitimacy, 16 The Review of Metaphysics 687 (1963).

— Two Questions about Law, in: Existenz und Ordnung, Festschrift für Erik Wolf zum 60. Geburtstag, hrsg. von Thomas Würtenberger, Werner Maihofer, Alexander Hollerbach, Frankfurt a. M. 1962.

Esser, Josef: Grundsatz und Norm in der richterlichen Fortbildung des Privatrechts, Tübingen 1956.

Eulau, Heinz: H. D. Lasswell's Developmental Analysis, 11 Western Political Quarterly 229 (1958).

Falk, Richard A.: Review of Myres S. McDougal and Florentino P. Feliciano, Law and Minimum World Public Order, 8 Natural Law Forum 171 (1963).

Fechner, Erich: Die Bedeutung der Gesellschaftswissenschaft für die Grundfrage des Rechts. Das Naturrechtsproblem im Schatten der Soziologie, in: Carl Brinkmann (Hrsg.), Soziologie und Leben, Die soziologischen Dimensionen der Fachwissenschaften, Tübingen 1952.

The Federalist: The Federalist, ed. by Jacob E. Cooke, Cleveland, Ohio 1961 (Meridian Book).

Fisch, Max H.: Alexander Bain and the Genealogy of Pragmatism, 15 Journal of the History of Ideas 413 (1954).

— Justice Holmes, The Prediction Theory of Law and Pragmatism, 39 Journal of Philosophy 85 (1942).

Fraenkel, Ernst: Das amerikanische Regierungssystem, Köln und Opladen 1960.

Frank, Jerome: Courts on Trial. Myth and Reality in American Justice, Princeton, New Jersey 1950 (1949).

— Law and the Modern Mind, New York 1935 (1930).

Frankfurter, Felix: Mr. Justice Holmes and the Supreme Court, Cambridge, Mass. 1961.

Franklin, Benjamin: The Autobiography and Selections from his other writings.. Ed. by Herbert W. Schneider, New York 1952.

Freedman, Lawrence Z.: Conformity and Nonconformity, in: Law, Conformity and Psychiatry: A Symposium, Yale Study Unit in Psychiatry and Law, New Haven (1955).

Freud, Sigmund: Gesammelte Werke, Chronologisch geordnet, 5. Bd., Werke aus den Jahren 1904—1905; London 1949 (1942).

— 7. Bd., Werke aus den Jahren 1906—1909, London 1947 (1941).

— 10. Bd., Werke aus den Jahren 1913—1917, London 1949 (1946).

— 13. Bd., Jenseits des Lustprinzips und andere Werke erschienen Juli 1920—1924, London 1955 (1940).

— 14. Bd., Werke aus den Jahren 1925—1931, London 1955 (1948).

— 17. Bd., Schriften aus dem Nachlaß 1892—1938, London 1946 (1941).

Freud, Sigmund — Oskar *Pfister:* Briefe 1909—1939, hrsg. v. Ernst L. Freud und Heinrich Meng, Frankfurt a. M. 1963.

Freund, Paul A.: The Supreme Court of the United States. Its Business, Purpose, and Performance, Cleveland, Ohio 1961.

Friedmann, W.: Legal Theory, Fourth Edition, London 1960.

Friedrich, Carl J. (ed.): Totalitarianism. Proceedings of a Conference Held at the American Academy of Arts and Science, Cambridge, Mass. 1954.

Fromm, Erich: Man for Himself, London 1956 (1949).

Garlan, Edwin Norman: Legal Realism and Justice, New York 1941.

Gilmore, Grant: Legal Realism: Its Cause and Cure, 70 Yale Law Journal 1057 (1961).

Goldstein, Joseph and Jay *Katz:* Abolish the „Insanity Defense" — Why Not?, 72 Yale Law Journal 853 (1963).

— The Family and the Law, Problems for decision in the family law process, New York 1965.

Gray, John Chipman: The Nature and Sources of the Law, New York 1921 (1909).

Hand, Learned: The Bill of Rights, Cambridge, Mass., 1960 (1958).

— Chief Justice Stone's Conception of the Judicial Function, 46 Columbia Law Review 696 (1946).

Hart, H. L. A.: Positivism and the Separation of Law and Morals, 71 Harvard Law Review 593 (1958).

Hobbes, Thomas: Leviathan (Everyman's Library, London 1914, 1962).

Hofstadter, Richard: Social Darwinism in American Thought, Boston 1960 (1955, 1944) (Beacon Paperback).

Hofstätter, Peter R.: Gruppendynamik, Kritik der Massen-Psychologie, Hamburg 1957.

Hohfeld, Wesley Newcomb: Some fundamental legal conceptions as applied in judicial reasoning, 23 Yale Law Journal 16 (1913—14).

Holmes, Oliver Wendell: Collected Legal Papers, New York 1952 (1920).

— Justice Holmes to Doctor Wu, New York o. J.

— Holmes-Laski Letters, siehe Mark DeWolfe Howe (ed.). Holmes-Laski Letters.

— Holmes-Pollock Letters, siehe Mark DeWolfe Howe (ed.), Holmes-Pollock Letters.

— Review of Frederick Pollock, Law and Command — The Law Magazine and Review, New Series, No. 3, April 1, 1872; 6 American Law Review 723 (1872).

— The Common Law, Boston 1881.

— The Early Readings of Justice Oliver Wendell Holmes, ed. by Eleanor N. Little, 8 Harvard Library Bulletin 163 (1954).

— The Holmes-Cohen Correspondence, ed. by Felix S. Cohen, 9 Journal of the History of Ideas 3 (1948).

— The Mind and Faith of Justice Holmes, ed. by Max Lerner, New York 1943.

Horwitz, Robert: Scientific Propaganda: Harold D. Lasswell, in: Herbert J. Storing (ed.), Essays on the Scientific Study of Politics, New York 1962 (zit. Horwitz).

Howe, Mark DeWolfe (ed.): Holmes-Laski Letters, 2 vols., Cambridge, Mass. 1953.

— Holmes-Pollock Letters, 2 vols., Cambridge, Mass., 1941.

— Justice Oliver Wendell Holmes, Vol. 1: The Shaping Years 1841—1870, Cambridge, Mass. 1957.

Howe, Mark DeWolfe: Vol. 2: The Proving Years 1870—1882, Cambridge, Mass. 1963.

— The Positivism of Mr. Justice Holmes, 64 Harvard Law Review 529 (1951).

Jackson, Robert H.: The Struggle for Judicial Supremacy. A Study of a Crisis in American Politics, New York 1941.

Jacobson, Norman: Causality and Time in Political Process: A Speculation, 58 American Political Science Review 15 (1964).

— Political Science and Political Education, 57 American Political Science Review 561 (1963).

Jaeger, Gertrude and Philip *Selznick*: A Normative Theory of Culture, 29 American Sociological Review 653 (1964).

James, Rita M.: Status and Competence of Jurors, 64 American Journal of Sociology 563 (1959).

James, William: Der Wille zum Glauben, Deutsch von Th. Lorenz, Stuttgart 1899.

— Pragmatism, New York 1960 (1907) (Meridian Book).

— The Letters of William James, ed. by Henry James, 2 vols., Boston 1920.

Jaspers, Karl: Die Atombombe und die Zukunft des Menschen, Politisches Bewußtsein in unserer Zeit, München 1959 (1958) (Piper paperback).

— Vom Ursprung und Ziel der Geschichte, München 1949.

— Wahrheit, Freiheit und Friede, Hannah Arendt — Karl Jaspers, Reden zur Verleihung des Friedenspreises des Deutschen Buchhandels 1958, München 1958.

Jefferson, Thomas: The Life and Selected Writings of Thomas Jefferson, ed., and with an Introduction by Adrienne Koch and William Peden, New York 1944.

— The Writing of Thomas Jefferson, Vol. 2, ed. by Paul Leicester Ford, New York and London 1892.

Jordan, E.: Theory of Legislation, An Essay on the Dynamics of Public Mind, Indianapolis 1930.

Kalven, Harry and Hans *Zeisel*: The American Jury, Boston and Toronto, 1966.

Kant, Immanuel: Kritik der reinen Vernunft (Inselausgabe Leipzig 1913, Bd. 3).

Kaufmann, Arthur: Naturrecht und Geschichtlichkeit, Tübingen 1957.

— Zur rechtsphilosophischen Diskussion der Gegenwart, Juristenzeitung 1963, 137.

Kessler, Friedrich: Natural Law, Justice and Democracy — some reflections on three types of thinking about law and justice, 19 Tulane Law Review 32 (1944).

Konefsky, Samuel J.: The Legacy of Holmes and Brandeis, A Study in the Influence of Ideas, New York 1961 (1956) (Collier Book).

Kort, Fred: Content Analysis of Judicial Opinions and Rules of Law, in: Glendon Schubert (ed.), Judicial Decision Making, New York 1963.

Kort, Fred: Predicting Supreme Court Decisions Mathematically: A Quantitative Analysis of the „Right to Counsel" Cases, 51 American Political Science Review 1 (1957).

Lasswell, Harold D.: Agenda for the Study of Political Elites, in: Dwaine Marvick (ed.), Political Decision Makers, Glencoe, Ill., 1961 (International Yearbook of Political Behavior Research, Vol. 2).

— Approaches to Human Personality: William James and Sigmund Freud, 47 Psychoanalysis and the Psychoanalytic Review 5 (1960).

— Chicago's Old First Ward, A Case Study in Political Behavior, 12 National Municipal Review 127 (1923).

— Conflict, Social, 2 Encyclopaedia of the Social Sciences 194 (1930).

— Current Studies of the Decision Process: Automation versus Creativity, 8 The Western Political Quarterly 381 (1955).

— Democratic Character, in: The Political Writings of Harold D. Lasswell, Glencoe, Illinois 1951 (zit. Lasswell, Character, in The Writings).

— Impact of Psychoanalytic Thinking on the Social Sciences, in Leonard D. White (ed.), The State of the Social Sciences, Chicago 1956 (zit. Lasswell, Impact).

— National Security and Individual Freedom, New York-Toronto-London 1950.

— Political Constitution and Character, 46 Psychoanalysis and the Psychoanalytic Review 3 (1960).

— Politics: Who Gets What When How, in: The Political Writings of Harold D. Lasswell, Glencoe, Ill., 1951 (1936) (zit. Lasswell, Politics, in The Writings).

— Power and Personality, New York 1962 (1948) (Compass Books) (zit. Lasswell, Personality).

— Propaganda, 12 Enzyclopaedia of the Social Sciences 521 (1930).

— Psychoanalyse und Sozioanalyse, Imago 1933, 377.

— Psychoanalytic Conceptions in Political Science, in Jules H. Massermann (ed.), Science and Psychoanalysis, Vol. IV, p. 60 (1960).

— Psychopathology and Politics, in: The Political Writings of Harold D. Lasswell, Glencoe, Ill., 1951 (1930) (zit. Lasswell, Psychopathology, in The Writings).

— Review of Karl N. Llewellyn, The Common Law Tradition — Deciding Appeals, 61 Columbia Law Review 940 (1961).

— Sino-Japanese Crisis: The Garrison State versus the Civilian State, 1937 China Quarterly 643.

— The Analysis of Political Behaviour, London 1951 (1948).

— The Contribution of Freud's Insight Interview to the Social Sciences, 45 The American Journal of Sociology 375 (1939/40).

— The Future of Political Science, New York 1963.

— The Garrison State, 46 The American Journal of Sociology 455 (1940/41).

— The Interplay of Economic, Political and Social Criteria in Legal Policy, 14 Vanderbilt Law Review 451 (1961).

— The Major Trends in World Politics, in: Harold D. Lasswell and Harlan Cleveland (ed.), The Ethics of Power: The Interplay of Religion, Philosophy, and Politics, New York 1962.

Lasswell, Harold D.: The Political Science of Science, An Inquiry into the Possible Reconciliation of Mastery and Freedom, 50 The American Political Science Review 961 (1956).

— The Qualitative and the Quantitative in Political and Legal Analysis, 88 Daedalus: Journal of the American Academy of the Arts and Sciences 633 (1959).

— Universality in Perspective, 1959 Proceedings of the American Society of International Law 1.

— World Politics and Personal Insecurity, New York and London 1935.

Lasswell, Harold D. and Abraham *Kaplan:* Power and Society, A Framework for Political Inquiry, New Haven 1950 (zit. Lasswell und Kaplan).

Lasswell, Harold D. and Richard C. *Donnelly:* The Continuing Debate Over Responsibility: An Introduction to Isolating the Condemnation Sanction, 68 Yale Law Journal 869 (1959).

Lasswell, Harold D. and Myres S. *McDougal:* Legal Education and Public Policy: Professional Training in the Public Interest, 52 Yale Law Journal 203 (1943).

— The Jurisprudence of a Free Society: Studies in Law, Science and Policy. Unveröffentlichtes, vervielfältigtes Manuscript, New Haven 1961.

Lasswell, Harold D.: Vgl. auch Richard Arens, George H. Dession, Myres S. McDougal und Arnold A. Rogow.

Lerner, Max: The Mind and Faith of Justice Holmes, New York 1943.

Levi, Edward H.: An Introduction to Legal Reasoning, Chicago 1962 (1948) (Phoenix Books).

Linton, Ralph: The Study of Man, New York and London 1936.

Llewellyn, Karl N.: Jurisprudence, Realism in Theory and Practice, Chicago 1962.

— Präjudizienrecht und Rechtsprechung in Amerika, Leipzig 1933.

— The Bramble Bush, On Our Law and Its Study, 3rd Edition, New York 1960.

— The Common Law Tradition — Deciding Appeals, Boston and Toronto 1960.

Löffelholz, Thomas: Die Rechtsphilosophie des Pragmatismus, Meisenheim/Glan 1961.

Lorenz, Konrad: Das sogenannte Böse, Zur Naturgeschichte der Aggression, Wien 1963.

Marcuse, Herbert: Eros and Civilization, A Philosophical Inquiry into Freud, New York 1961 (1955) (Vintage Books).

Marcuse, Ludwig: Amerikanisches Philosophieren, Pragmatisten, Polytheisten, Tragiker, Hamburg 1959.

— Sigmund Freud, Sein Bild vom Menschen, Hamburg 1956.

Marx, Karl: Die Frühschriften, hrsg. von Siegfried Landshut, Stuttgart 1953.

Mason, Alpheus, Thomas: Brandeis, A Free Man's Life, New York 1956 (1946).

— Harlan Fiske Stone: Pillar of the Law, New York 1956.

Mayda, Jaro: Gény's Méthode after 60 Years, in: Louisiana State Law Institute, Méthode d'Interprétation et Sources en Droit Privé Positif, 1963.

McClosky, Herbert: Consensus and Ideology in American Politics, 58 American Political Science Review 361 (1964).

McDougal, Myres S.: Fuller v. The American Legal Realists: An Intervention, 50 Yale Law Journal 827 (1941).

— Law as a Process of Decision: A Policy-Oriented Approach to Legal Study, 1 Natural Law Forum 53 (1956).

— Some basic theoretical concepts about international law: a policy-oriented framework of inquriry, 4 Conflict Resolution 337 (1960).

— The Law School of the Future: From Legal Realism to Policy Science in the World Community, 56 Yale Law Journal 1345 (1947).

McDougal, Myres S. and Associates: Studies in World Public Order, New Haven 1960 (zit. McDougal, Studies).

McDougal, Myres S. and William T. *Burke:* The Public Order of the Oceans, A Contemporary International Law of the Sea, New Haven and London 1962.

McDougal, Myres S. and Florentino P. *Feliciano:* Law and Minimum World Public Order, The Legal Regulation of International Coercion, New Haven and London 1961.

Moore, Underhill: Rational Basis of Legal Institutions, 23 Columbia Law Review 609 (1923/24).

Moritz, Manfred: Über Hohfelds System der Juristischen Grundbegriffe, Lund 1960.

Myrdal, Gunnar: An American Dilemma, Vol. I New York 1964 (1944) (McGraw-Hill Paperback).

Nassauer, Kurt: Die Rechtsphilosophie William James', Bern 1943.

Nietzsche, Friedrich: Der Wille zur Macht, Stuttgart 1952 (1930) (Kröner).

Northrop, Filmer S. C.: Law, Language and Morals, 71 Yale Law Journal 1017 (1962).

— The Complexity of Legal and Ethical Experience, Boston and Toronto 1959.

Nussbaum, Arthur: Fact Research in Law, 40 Columbia Law Review 189 (1940).

Oakley, Francis: Mediaeval Theories of Natural Law: William of Ockham and the Significance of the Voluntarist Tradition, 6 Natural Law Forum 65 (1961).

Oberndörfer, Dieter: Von der Einsamkeit des Menschen in der modernen amerikanischen Gesellschaft, Freiburg i. Br. 1958.

Ogden, C. K.: Bentham's Theory of Fictions, Paterson, N. J., 1959 (1932).

Oliphant, Herman: A Return to Stare Decisis, 14 American Bar Association Journal 71 (1928).

Oliphant, Herman and Abram *Hewitt:* Introduction to Rueff, From the Physical to the Social Sciences, Baltimore 1929.

Packer, Herbert L.: Review of Richard Arens and Harold D. Lasswell, In Defense of Public Order, The Emerging Field of Sanction Law, 29 The University of Chicago Law Review 586 (1962).

Paine, Thomas: The Complete Writings of Thomas Paine, Collected and Edited by Philip S. Foner, Vol. I, New York 1945.

Parsons, Talcott: Structure and Process in Modern Societies, Glencoe, Ill., 1960.

Paul, Julius: The Legal Realism of Jerome N. Frank, The Hague 1959.

Peirce, Charles S.: Values in a Universe of Chance, ed. by Philip P. Wiener, New York 1958 (Doubleday Anchor Book).

Platon: Politeia (Rowohlts Klassiker der Literatur und Wissenschaft, Platon, Sämtliche Werke, Bd. 3, In der Übersetzung von Friedrich Schleiermacher mit der Stephanus-Numerierung, Hamburg 1958).

Pollock, Frederick: Holmes-Pollock Letters, siehe Mark DeWolfe Howe (ed.), Holmes-Pollock Letters.

Pound, Roscoe: An Introduction to the Philosophy of Law, Revised Edition, New Haven 1954 (1922).

— Jurisprudence, vol. I and III, St. Paul, Minn. 1959.

— The Spirit of the Common Law, Francestown, N. H., 1947 (1921).

Pritchett, C. Herman: Libertarian Motivations on the Vinson Court, 47 American Political Science Review 321 (1953).

— The Roosevelt Court: A Study in Judicial Politics and Values, 1937—1947, New York 1948.

Radbruch, Gustav: Der Geist des englischen Rechts, Göttingen 1958 (1956).

— Rechtsphilosophie, hrsg. von Erik Wolf, 6. Aufl., Stuttgart 1963.

— La Théorie anglo-américaine du droit vue par un juriste du continent, Archives de Philosophie du Droit 1936, p. 29.

Radin, Max: Scientific Method and the Law, 19 California Law Review 164 (1931).

— Legal Realism, 31 Columbia Law Review 824 (1931).

Rehbinder, Manfred: Karl N. Llewellyn als Rechtssoziologe, Kölner Zeitschrift für Soziologie und Sozialpsychologie 18, 532 (1966).

Rieff, Philip: Freud, The Mind of the Moralist, Garden City, N. Y., 1961 (1959) (Anchor Book).

Rodell, Fred: Judicial Activists, Judicial Self-Deniers, Judicial Review and the First Amendment — or, how to hide the melody of what you mean behind the words of what you say, 47 Georgetown Law Journal 483 (1958).

Rogat, Yosal: The Judge as Spectator, 31 University of Chicago Law Review 213 (1964).

— Mr. Justice Holmes: A Dissenting Opinion, 15 Stanford Law Review 3, 254 (1962-63).

Rogow, Arnold A. and Harold D. *Lasswell:* Power, Corruption, and Rectitude, Englewood Cliffs, N. J., 1963.

Rostow, Eugene: The Sovereign Prerogative, The Supreme Court and the Quest for Law, New Haven and London 1962.

Sartori, Giovanni: Democratic Theory, Detroit 1962.

Schaar, John H. and Sheldon S. *Wolin:* Essays on the Scientific Study of Politics: A Critique, 57 American Political Science Review 125 (1963).

Schneider, Herbert W.: Geschichte der amerikanischen Philosophie, Übersetzt und bearbeitet von Peter Krausser, Hamburg 1957.

Schubert, Glendon: From Public Law to Judicial Behavior, in: Glendon Schubert (ed.), Judicial Decision-Making, New York, 1963.

Shklar, Judith N.: Legalism, Cambridge, Mass. 1964.

Spencer, Herbert: Social Statics, London 1851.

Spranger, Eduard: Lebensformen, Geisteswissenschaftliche Psychologie und Ethik der Persönlichkeit, 8. Aufl., Tübingen 1950.

— Psychologie des Jugendalters, 16. Aufl., Leipzig 1928.

Steffens, Lincoln: The Autobiography of Lincoln Steffens, New York 1931.

Stevenson, Charles L.: Ethics and Language, New Haven 1960 (1944) (Yale Paperbound).

Stone, Julius: Human Law and Human Justice, Stanford, Cal., 1965.

— Legal System and Lawyers' Reasonings, Stanford, Cal., 1964.

— The Province and Function of Law, Law as Logic, Justice and Social Control, A Study in Jurisprudence, Second Printing, Sydney 1950.

— Social Dimensions of Law and Justice, Stanford, Cal., 1966.

Stumpf, Samuel Enoch: L'Elément nouveau dans la philosophie américaine du droit, Archives de Philosophie du Droit 1960, p. 177.

Sturges, Wesley A. and Samuel O. *Clark:* Legal Theory and Real Property Mortgages, 37 Yale Law Journal 691 (1928).

Sullivan, Harry Stack: The Meaning of Anxiety in Psychiatry and Life, 11 Psychiatry 1 (1948).

Sumner, William Graham: The Challenge of Facts, New Haven-London-Oxford 1914.

Tanenhaus, Joseph, Marvin *Schick*, Matthew *Muraskin*, Daniel *Rosen:* The Supreme Court's Certiorari Jurisdiction: Cue Theory, in: Glendon Schubert (ed.), Judicial Decision-Making, New York 1963.

Thayer, James Bradley: The Origin and Scope of the American Doctrine of Constitutional Law, 7 Harvard Law Review 129 (1893).

Veblen, Thorstein: The Theory of the Leisure Class, An Economic Study of Institutions, New York 1934 (1899) (Modern Library).

Viehweg, Theodor: Topik und Jurisprudenz, 2. Aufl., München 1963.

Ward, Lester F.: Dynamic Sociology, 2 vols., New York 1883.

Weber, Max: Rechtssoziologie, Aus dem Manuskript herausgegeben und eingeleitet von Johannes Winckelmann, Neuwied 1960.

Weinstein, Leo: The Group Approach: Arthur F. Bentley, in: Herbert J. Storing (ed.), Essays on the Scientific Study of Politics, New York 1962.

Weyrauch, Walter O.: The Personality of Lawyers, New Haven, Conn., 1964.

White, Morton: Social Thought in America, Boston 1961 (1947) (Beacon Press).

Wiener, Philip P.: Evolution and the Founders of Pragmatism, Cambridge, Mass., 1949.

Wiese, Leopold von: Beziehungssoziologie, in: Alfred Vierkandt (Hrsg.), Handwörterbuch der Soziologie, Stuttgart 1931.

Wilson, Woodrow: The Law and the Facts, 5 American Political Science Review 1 (1911).

Wolf, Erik: Das Problem der Naturrechtslehre, Versuch einer Orientierung, 3. durchgearbeitete und erweiterte Auflage, Karlsruhe 1964.

— Große Rechtsdenker der deutschen Geistesgeschichte, 4. durchgearbeitete und ergänzte Auflage, Tübingen 1963.

Wolin, Sheldon S.: Politics and Vision, Boston and Toronto 1960.

Wyss, Dieter: Die tiefenpsychologischen Schulen von den Anfängen bis zur Gegenwart, Entwicklung, Probleme, Krisen, Göttingen 1961.

Yntema, Hessel E.: The Hornbook Method and the Conflict of Laws, 37 Yale Law Journal 468 (1927/28).

Register

Das folgende Register ist kein Autorenverzeichnis. Es enthält biographische Kurzangaben über einige ausgewählte, in der Regel häufiger erwähnte amerikanische Wissenschaftler und Richter. Ein Überblick über amerikanische Rechtsdenker soll nicht gegeben werden. Das Register dient lediglich der Orientierung beim Lesen. Die Berufsangaben sind in zeitlicher Reihenfolge geordnet. Sie sind nicht vollständig.

Arendt, Hannah, geb. 1906

Politische Wissenschaftlerin und Philosophin. Seit 1940 in den Vereinigten Staaten. Professor an der Princeton University, Wesleyan University, jetzt University of Chicago.

Arnold, Thurman W., geb. 1891

Professor der Rechte u. a. an der Yale University, Assistant Attorney General der Vereinigten Staaten, Bundesrichter, Anwalt.

Bentley, Arthur F., geb. 1870, gest. 1957

Gesellschaftswissenschaftler und Philosoph.

Bingham, Joseph W., geb. 1878

Professor der Rechte an der Stanford University (u. a. Völkerrecht).

Black, Hugo L., geb. 1886

Anwalt, Senator von Alabama, seit 1937 Richter am Obersten Gerichtshof der Vereinigten Staaten.

Brandeis, Louis D., geb. 1856, gest. 1941

Anwalt, 1916—1939 Richter am Obersten Gerichtshof der Vereinigten Staaten.

Cardozo, Benjamin N., geb. 1870, gest. 1938

Anwalt, Präsident des New York Court of Appeals, 1932 Richter am Obersten Gerichtshof der Vereinigten Staaten.

Clark, Charles E., geb. 1889, gest. 1964.

Anwalt, 1919 Professor der Rechte an der Yale University, 1929—1939 Dekan der Yale Law School, seit 1939 Richter am United States Court of Appeals, 2nd Circuit.

Cohen, Felix S., geb. 1907, gest. 1953

Anwalt, 1933—1948 im United States Department of Interior, Professor der Rechtsphilosophie u. a. an der Yale University.

Commager, Henry Steele, geb. 1902

Historiker. Seit 1939 Professor der Geschichte an der Columbia University.

Cook, Walter W., geb. 1873, gest. 1943
Mathematiker, Professor der Rechte (u. a. Equity und Kollisionsrecht) an den Universitäten von Nebraska, Wisconsin, Chicago, Columbia, Yale, John Hopkins.

Corbin, Arthur L., geb. 1874
Professor der Rechte (u. a. Schuldrecht) an der Yale University.

Dession, George H., geb. 1905, gest. 1955
Professor des Strafrechts an der Yale University.

Dewey, John, geb. 1859, gest. 1952
Philosoph und Pädagoge. Professor u. a. an der University of Chicago und Columbia University (1904—1930).

Douglas, William O., geb. 1898
Anwalt, Professor der Rechte an der Yale University, Chairman Securities and Exchange Commission, seit 1939 Richter am Obersten Gerichtshof der Vereinigten Staaten.

Frank, Jerome N., geb. 1889, gest. 1957
Anwalt, Chairman Securities and Exchange Commission, 1941 Richter am United States Court of Appeals, 2nd Circuit.

Frankfurter, Felix, geb. 1882, gest. 1965
Professor der Rechte an der Harvard University (1914—1939), Richter am Obersten Gerichtshof der Vereinigten Staaten 1939—1962.

Fuller, Lon L., geb. 1902
Rechtsphilosoph. Seit 1939 Professor an der Harvard University.

Gray, John Chipman, geb. 1839, gest. 1915
Anwalt und Professor der Rechte an der Harvard University (u. a. Sachenrecht).

Hand, Learned, geb. 1872, gest. 1961
Anwalt, Richter, 1924 United States Court of Appeals, 2nd Circuit.

Harlan, John M., geb. 1839, gest. 1911
Anwalt, Politiker, 1877 Richter am Obersten Gerichtshof der Vereinigten Staaten.

Holmes, Oliver Wendell, geb. 1841, gest. 1935
Anwalt, Professor der Rechte an der Harvard University, 1882—1902 Richter und Präsident am Supreme Judicial Court of Massachusetts, 1902—1932 Richter am Obersten Gerichtshof der Vereinigten Staaten.

Jackson, Robert H., geb. 1892, gest. 1954
Anwalt, Justizminister, 1941 Richter am Obersten Gerichtshof der Vereinigten Staaten. Amerikanischer Hauptankläger in Nürnberg.

James, William, geb. 1842, gest. 1910
Psychologe und Philosoph. Seit 1872 Professor an der Harvard University.

Langdell, Christopher C., geb. 1826, gest. 1906
Anwalt, Professor der Rechte an der Harvard University, 1875—1895 Dekan der Harvard Law School.

Lasswell, Harold D., geb. 1902
Politischer Wissenschaftler. Professor in Chicago, seit 1946 an der Yale Law School. Während des Krieges Director of War Communications Research, Library of Congress.

Linton, Ralph, geb. 1893
Ethnologe, Soziologe. Professor an den Universitäten von Wisconsin, Columbia und Yale.

Llewellyn, Karl N., geb. 1893, gest. 1962
Professor der Rechte (Rechtstheorie, Handelsrecht) an den Universitäten von Yale, Columbia und Chicago.

Marshall, John, geb. 1775, gest. 1835
Anwalt, Politiker, 1801—1835 Präsident des Obersten Gerichtshofs der Vereinigten Staaten.

McDougal, Myres S., geb. 1906
Seit 1934 Professor der Rechte an der Yale University (Sachenrecht, Völkerrecht, Rechtstheorie).

Merriam, Charles E., geb. 1874, gest. 1953
Politischer Wissenschaftler. Seit 1905 Professor an der University of Chicago.

Moore, Underhill, geb. 1879, gest. 1949
Rechtssoziologe, Anwalt, Professor der Rechte (u. a. Wertpapierrecht) an den Universitäten von Wisconsin, Columbia und Yale.

Northrop, Filmer S. C., geb. 1893
Philosoph. Seit 1923 Professor an der Yale University, seit 1947 an der Yale Law School.

Oliphant, Herman, geb. 1884, gest. 1939
Professor der Rechte (u. a. Handels- und Schuldrecht) an den Universitäten von Chicago, Columbia und John Hopkins.

Parsons, Talcott, geb. 1902
Soziologe. Seit 1936 Professor an der Harvard University.

Peirce, Charles S., geb. 1839, gest. 1914
Philosoph.

Pound, Roscoe, geb. 1870, gest. 1964
Rechtsphilosoph und -soziologe. Seit 1910 Professor an der Harvard University, 1916—1936 Dekan der Harvard Law School.

Roberts, Owen J., geb. 1875, gest. 1955
Professor der Rechte an der University of Pennsylvania, Justizminister, 1930—1945 Richter am Obersten Gerichtshof der Vereinigten Staaten.

Rostow, Eugene V., geb. 1913

Seit 1938 Professor der Rechte an der Yale University (u. a. Wirtschaftsrecht), 1955—1965 Dekan der Yale Law School, seit 1966 Staatssekretär im amerikanischen Außenministerium.

Stone, Harlan Fiske, geb. 1872, gest. 1946

Professor der Rechte an der Columbia University, Dekan der Columbia Law School, Justizminister, 1925 Richter am Obersten Gerichtshof der Vereinigten Staaten, 1942-1946 dessen Präsident.

Sturges, Wesley A., geb. 1893, gest. 1963

Seit 1924 Professor der Rechte an der Yale University (Handelsrecht), 1945—1954 Dekan der Yale Law School.

Sumner, William Graham, geb. 1840, gest. 1910

Soziologe und Volkswirtschaftler. Pfarrer, seit 1872 Professor der politischen Wissenschaften an der Yale University.

Thayer, James B., geb. 1831, gest. 1902

Anwalt, Professor der Rechte an der Harvard University (u. a. Verfassungs- und Prozeßrecht).

Ward, Lester F., geb. 1841, gest. 1913

Soziologe und Paläontologe. Seit 1906 Professor an der Brown University.

Warren, Earl, geb. 1891

Anwalt, Staatsanwalt, Justizminister und im Jahre 1943 Gouverneur von Kalifornien. Seit 1953 Präsident des Obersten Gerichtshofs der Vereinigten Staaten.

Wright, Chauncey, geb. 1830, gest. 1875

Philosoph und Psychologe.

FSC
www.fsc.org
MIX
Papier | Fördert
gute Waldnutzung
FSC® C083411

Kolibri 360 GmbH
Ferdinand-Jühlke-Straße 7
99095 Erfurt, Deutschland
produktsicherheit@kolibri360.de

Druck:
CPI Druckdienstleistungen GmbH
im Auftrag der
Kolibri 360 GmbH
Ferdinand-Jühlke-Str. 7
99095 Erfurt